Die europäische Sozialunion

Europäische Hochschulschriften

Publications Universitaires Européennes
European University Studies

Reihe V
Volks- und Betriebswirtschaft

Série V Series V
Sciences économiques, gestion d'entreprise
Economics and Management

Bd./Vol. 2822

PETER LANG
Frankfurt am Main · Berlin · Bern · Bruxelles · New York · Oxford · Wien

Elmar Waldschmitt

Die europäische Sozialunion

Ordnungspolitischer Prüfstein des europäischen Integrationsprozesses

PETER LANG
Europäischer Verlag der Wissenschaften

Die Deutsche Bibliothek - CIP-Einheitsaufnahme

Waldschmitt, Elmar:

Die europäische Sozialunion : ordnungspolitischer Prüfstein des europäischen Integrationsprozesses / Elmar Waldschmitt. -Frankfurt am Main ; Berlin ; Bern ; Bruxelles ; New York ; Oxford ; Wien : Lang, 2001
(Europäische Hochschulschriften : Reihe 5, Volks- und Betriebswirtschaft ; Bd. 2822)
Zugl.: Marburg, Univ., Diss., 2001
ISBN 3-631-38655-9

D 4
ISSN 0531-7339
ISBN 3-631-38655-9

www.peterlang.de

"Die Menschen unserer Zeit werden mit Wissen aller Art vollgestopft,
aber etwas Wesentliches lernen sie nicht: die Wirkungsweise und
den Sinn des eigenen Gesellschafts- und Wirtschaftssystems zu verstehen,
dessen Glieder sie sind und von dessen Funktion ihr Lebensschicksal abhängt."

Wilhelm Röpke (1953)

Vorwort

Mit jeder Revision der Gemeinschaftsverträge wurden bislang nationale sozialpolitische Kompetenzen auf die Organe der Europäischen Gemeinschaft übertragen. Die Gründe hierfür werden im Wandel des für die ordnungspolitische Orientierung der Gemeinschaft maßgeblichen sozialpolitischen Leitbildes vermutet.
Spätestens seit den siebziger Jahren des letzten Jahrhunderts sind Bestrebungen in Gang, die wirtschaftliche Integration Europas um eine "soziale Dimension" zu erweitern. Die Diskussion über den ordnungspolitischen Charakter dieser "sozialen Dimension" der Gemeinschaftspolitik wird seit einiger Zeit kontrovers unter dem Schlagwort "Sozialunion" geführt.
Liegt es nicht auf der Hand, im Zuge von Binnenmarkt, Währungsunion und den zukünftigen Erweiterungen der Gemeinschaft auch gemeinsame Grundsätze für eine einheitliche europäische Sozialpolitik zu finden und im Hinblick auf das Ziel einer Angleichung der Lebens- und Arbeitsbedingungen in Europa die sozialen Sicherungssysteme einander anzunähern? Hiernach stünde die Sozialunion als ergänzendes "Korrekturwerk" neben der Wirtschafts- und Währungsunion. Dies ist die eine Sicht.
Diejenigen aber, die diese Sicht nicht teilen, sehen in einer solchen Entwicklung einen Bruch der ursprünglichen Integrationskonzeption, der in Richtung eines europäischen Wohlfahrtsstaates führen könnte. Ein europäischer Wohlfahrtsstaat würde sich aber nicht nur negativ auf die wirtschaftliche Leistungsfähigkeit Europas, sondern auch auf seine Erweiterungsfähigkeit auswirken.

Ziel dieser Arbeit ist es, einen Beitrag zur Versachlichung der Diskussion um eine europäische Sozialunion zu leisten. Dabei hat es sich als hilfreich erwiesen, diese Diskussion vor dem Hintergrund konkurrierender sozialpolitischer Leitbilder zu führen. Denn der Wandel im sozialpolitischen Leitbild der Gemeinschaft, so eine der zentralen Thesen dieser Arbeit, prägt maßgeblich den Wandel des gesamten europäischen Integrationsprozesses.

Eine Doktorarbeit ist ein langwieriges Unterfangen, ihr erfolgreicher Fortgang und Abschluss einer Vielzahl von Einflüssen ausgesetzt. Dass ich diese Arbeit beginnen und beenden konnte, ist das Verdienst einer Vielzahl von Personen. Ihnen will ich hiermit danken.
Dank sagen möchte ich vor allem meinem geschätzten akademischen Lehrer und Doktorvater, Herrn Prof. Dr. Alfred Schüller von der Philipps-Universität Marburg. Er verstand es, meine wissenschaftliche Neugier zu wecken und – was vielleicht noch wichtiger ist – zu erhalten. Trotz der recht großen geographischen Entfernung zwischen uns entwickelte sich doch ein fruchtbarer Austausch an Gedanken, der wesentlich zum erfolgreichen Abschluss der Arbeit beigetragen hat. Hilfreich war dabei sicher auch die Herzlichkeit, mit der ich bei meinen Besuchen in der "Forschungsstelle" empfangen wurde. Hierfür gilt der Dank in erster Linie Frau Christel Dehlinger, die mich stets auf dem Laufenden hielt und eine immer zuverlässige Ansprechpartnerin war. Bedanken möchte ich mich auch bei Herrn Prof.

Dr. Wolfgang Kerber, der freundlicherweise das Zweitgutachten übernahm, obwohl er mich persönlich gar nicht kannte. Just in den Monaten, als Prof. Kerber von der Ruhr-Universität Bochum an die Philipps-Universität nach Marburg berufen wurde, zog es mich nach Bochum, so dass ich als Student Herrn Prof. Kerber nie kennenlernen durfte.

Ich danke meiner Frau, die meine eifrigste Korrekturleserin war. Ohne ihr Verständnis und ihre Unterstützung in den zurückliegenden Jahren wäre diese Arbeit vielleicht nie vollendet worden. Ich danke auch meinen Schwiegereltern und meinen beiden Schwägerinnen, die besonders zum Schluss noch einmal "mit spitzer Feder" den Text gelesen und mit Anmerkungen versehen haben.
Besonderer Dank gebührt meiner Familie im Taunus, insbesondere meinen Eltern. Sie ermöglichten mir den Besuch einer guten Schule und Universität, haben sich meinen Plänen nie in den Weg gestellt und mich nach Kräften unterstützt. Ihnen sei diese Arbeit gewidmet.

Bochum, im Juli 2001 Elmar Waldschmitt

Inhaltsverzeichnis

Abkürzungsverzeichnis

Abb.	-	Abbildung
Abs.	-	Absatz
Anm. d. Verf.	-	Anmerkung des Verfassers
Art.	-	Artikel
BIP	-	Bruttoinlandsprodukt
BMBF	-	Bundesministerium für Bildung, Wissenschaft, Forschung und Technologie
BSE	-	Bovine Spongiforme Enzephalopathie
bzw.	-	beziehungsweise
ca.	-	circa
CEEP	-	Centre Européen des Entreprises Publiques
DDR	-	Deutsche Demokratische Republik
DGB	-	Deutscher Gewerkschaftsbund
EAGFL	-	Europäischer Ausrichtungs- und Garantiefonds für die Landwirtschaft
EEA	-	Einheitliche Europäische Akte
EFRE	-	Europäischer Fonds für regionale Entwicklung
EG	-	Europäische Gemeinschaft
EGB	-	Europäischer Gewerkschaftsbund
EGKS	-	Europäische Gemeinschaft für Kohle und Stahl
EGV	-	Vertrag zur Gründung der Europäischen Gemeinschaft
ESF	-	Europäischer Sozialfonds
etc.	-	et cetera
EU	-	Europäische Union
EuGH	-	Europäischer Gerichtshof
EURES	-	European Employment Services
EUV	-	Vertrag über die Europäische Union
EVP	-	Europäische Volkspartei
EWG	-	Europäische Wirtschaftsgemeinschaft
EWGV	-	Vertrag zur Gründung der Europäischen Wirtschaftsgemeinschaft
FAZ	-	Frankfurter Allgemeine Zeitung
F&E	-	Forschung und Entwicklung
FIAF	-	Finanzinstrument für die Ausrichtung der Fischerei
ggf.	-	gegebenenfalls
i.d.R.	-	in der Regel
ISPA	-	Strukturpolitisches Instrument zur Vorbereitung auf den Beitritt
i.S.v.	-	im Sinne von
IDC	-	International Data Corporation
KMU	-	kleine und mittelständische Unternehmen
lat.	-	lateinisch

lit.	-	Litera (lat. für "Buchstabe")
m.E.	-	meines Erachtens
MISSOC	-	Mutual Information System on Social Protection in the Member States of the European Union
NUTS	-	Niveaux d'Unités Territoriales Statistiques
o.V.	-	ohne Verfasser
OECD	-	Organization for Economic Cooperation and Development
sog.	-	so genannten
SPD	-	Sozialdemokratische Partei Deutschlands
Tab.	-	Tabelle
u. dgl.	-	und dergleichen
u.a.	-	unter anderem
u.U.	-	unter Umständen
u.v.m.	-	und vieles mehr
UNICE	-	Union of Industrial and Employers' Confederations of Europe
USA	-	United States of America
usw.	-	und so weiter
Verf.	-	Verfasser
Vgl.	-	Vergleiche
VO	-	Verordnung
WSA	-	Wirtschafts- und Sozialausschuss
WTO	-	World Trade Organization

Abbildungsverzeichnis

Tabellenverzeichnis

Anhangsverzeichnis

Zeichenerklärungen

[ ]	Ergänzungen und Hervorhebungen des Verfassers
(.)	Auslassung eines Buchstabens innerhalb eines Zitates
(..)	Auslassung eines Wortes innerhalb eines Zitates
(...)	Auslassung mehrer Wörter innerhalb eines Zitates

1 Problemstellung und Argumentationsweise

Im europäischen Integrationsprozess ist zu beobachten, wie die Gemeinschaft auch in der Sozialpolitik ihre Kompetenzen ausbaut. Diese Entwicklung wird neuerdings unter dem Schlagwort Sozialunion diskutiert. Der Wortschöpfung Sozialunion liegt der Gedanke zugrunde, dass die wirtschaftliche Integration Europas um eine zunächst nicht näher erläuterte soziale Dimension erweitert und im weiteren Verlauf mit ihr verschmolzen werden müsse. Damit sind vor allem Forderungen nach einem gemeinsamen europäischen Sozialrecht und einheitlichen sozialpolitischen Grundsätzen verbunden. Solche Forderungen sind jedoch Anlass kontroverser Beurteilungen.
Für die eine Seite gehen die sozialpolitischen Kompetenzen der Union nicht weit genug. Vertreter dieser Meinung sehen die Sozialunion als Korrektiv der wirtschaftlichen Integration Europas, zuletzt vor allem der Wirtschafts- und Währungsunion. Für die andere Seite ist das, was auf dem Weg zur Sozialunion angestrebt wird, Ausdruck einer Entwicklung der EU zu einem europäischen Wohlfahrtsstaat. Hierin wird ein Bruch in der bisherigen Integrationskonzeption gesehen, der sich nachteilig auf die wirtschaftliche Leistungs- und Innovationsfähigkeit der Union erweisen könnte.

Anliegen dieser Arbeit ist es, die Entwicklung der Sozialunion, so wie sie sich derzeit darstellt und abzeichnet, systematisch nachzuvollziehen und in die konkurrierenden Integrationskonzepte der Europäischen Union einzuordnen. Anschließend wird nach den Auswirkungen der Sozialunion auf den weiteren Integrations- und Erweiterungsprozess der Union gefragt. Hierzu ist es zunächst notwendig, den ordnungspolitischen Charakter der Sozialunion zu bestimmen und zu prüfen, an welchem Leitbild der Sozialpolitik sich die Sozialunion orientiert. Die Diskussion um das sozialpolitische Leitbild der Gemeinschaft nimmt in dieser Arbeit deshalb eine so zentrale Stellung ein, weil sich ein Leitbild stets an der "gewollten Ordnung" (Kloten) orientiert. Es gibt damit die Richtung vor, an der sich die praktische europäische Sozialpolitik orientiert.

Die ordnungspolitische Dimension des sozialpolitischen Leitbildes hat weit reichende Konsequenzen für die allgemeine Integrationskonzeption der Union. In der Logik der Systementfaltung und -bewahrung erfordert die Aufrechterhaltung einer Wirtschaftsordnung eine mit ihr konforme Sozialordnung. Befindet sich das sozialpolitische *Leitbild* - also die gewünschte Sozialordnung - mit der allgemeinen *Integrationskonzeption* im Widerspruch, so liegt auch ein Bruch in dieser Hinsicht vor. Hierin ist der "ordnungspolitische Prüfstein" des europäischen Integrationsprozesses zu sehen. Ist die Sozialunion so konzipiert und dergestalt, die bestehende europäische Wirtschaftsordnung zu bewahren und zu unterstützen, also ordnungskonform, so lässt sie sich auch als Teil des Ganzen in die allgemeine Integrationskonzeption der Union integrieren. Steht sie hierzu im Widerspruch, so kann aufgrund der Interdependenzen der Teilordnungen einer Gesellschafts- und Wirtschaftsordnung ein solcher Bruch eine Änderung der gesamten Integrationskonzeption der Union zur Folge haben.

Zur Argumentationsweise: Kapitel 2 stellt die Verbindung her zwischen der allgemeinen Leitbilddiskussion und sozialpolitischen Leitbildern im Speziellen. In Deutschland orientiert sich die Diskussion über Sozialpolitik im Spannungsfeld der konkurrierenden Ordnungsvorstellungen des ordoliberalen und wohlfahrtsstaatlichen Leitbilds der Sozialpolitik. Die konstitutiven Prinzipien dieser Leitbilder machen deutlich, dass mit der Entscheidung für ein sozialpolitisches Leitbild zugleich eine Entscheidung darüber getroffen wird, welcher Entscheidungs- und Handlungsspielraum den Individuen bei der Gestaltung ihres Daseins verbleibt und in welchem Maße der Staat und seine Einrichtungen in die Verantwortung hierzu herangezogen werden. Die Entscheidung zugunsten des einen oder anderen Leitbildes wird, wie Kapitel 3 zeigt, Auswirkungen auf die allgemeine Integrationsmethode der Union haben, da sozialpolitische Leitbilder und Integrationsmethoden in einem Interdependenzverhältnis zueinander stehen. Die Integrationskonzeption der Union als Ganzes ist nämlich Ergebnis einer bestimmten Integrationsmethode. Den verschiedenen infrage kommenden Integrationsmethoden liegen grundsätzliche Ordnungsvorstellungen über den Entscheidungs- und Handlungsspielraum der Individuen und des Staates zugrunde. Analog zu den beiden entgegengesetzten sozialpolitischen Leitbildern konkurrieren hierbei die Marktintegration und die Politikintegration um den Stellenwert im Integrationsprozess. Der Marktintegration liegt als dominierendes Koordinationsprinzip der Wettbewerb zugrunde, während bei der Politikintegration politisch-bürokratische Verhandlungen als Koordinationsprinzip überwiegen.

Welches sozialpolitische Leitbild die Union verfolgt und welcher Integrationsmethode sie sich dabei bedient, ist Gegenstand von Kapitel 4. Darin wird der Versuch unternommen, anhand des europäischen Vertragswerkes und seiner Umsetzung nachzuvollziehen, welche Bereiche ihrer Politik die Union unter sozialpolitischen Zielsetzungen durchführt und wie sich Stellung und Inhalt dieser Politiken auf die allgemeine Integrationskonzeption im Laufe der Zeit ausgewirkt haben.
Kapitel 5 greift die Ergebnisse der vorangegangenen Kapitel kurz wieder auf und eröffnet einen Ausblick auf die Konsequenzen des gewählten sozialpolitischen Leitbilds auf die Frage der Integrationsmethode und die anstehende Erweiterung der Union.

2 Sozialpolitische Leitbilder und Sozialpolitik in Marktwirtschaften

Für den Integrationsprozess der Europäischen Union verdient eine fundamentale Erkenntnis der "Freiburger Schule" besondere Aufmerksamkeit: die Beachtung der Interdependenzen zwischen politischer, rechtlicher und wirtschaftlicher Ordnung. Aber auch unter ihren Teilordnungen müssen gegenseitige Abhängigkeiten und Verflechtungen beachtet werden. Deshalb ist bereits bei der gedanklichen Konstruktion einer Wirtschaftsordnung den möglichen Wechselwirkungen innerhalb und unter den Teilordnungen (der Währungs-, Finanz-, Sozial-, Unternehmens- und Außenwirtschaftsordnung) Rechnung zu tragen.
Die Leistungsfähigkeit einer Wirtschaftsordnung bemisst sich daran, die Grundprobleme des Wirtschaftens - das Informations-, Akkumulations-, Allokations- und Distributionsproblem - zu lösen. Diese Fähigkeit ist abhängig von den Konstruktionsprinzipien der Wirtschaftsordnung und der Art und Weise, wie ihre einzelnen Teilordnungen verknüpft sind (Schüller/Weber 1998: S. 394).

Über Notwendigkeit, Aufgaben und Inhalte einer staatlichen Sozialpolitik gehen wegen der unterschiedlichen Deutungen des Attributs "sozial" die Auffassungen auseinander. Das jeweilige Verständnis von "sozial"[1] zieht wiederum sozialpolitisches Handeln nach sich. Es kann als richtungweisend für den europäischen Integrationsprozess angesehen werden. Auf europäischer Ebene wird mit der Wahl eines sozialpolitischen Leitbildes letztlich auch über die Methode der Osterweiterung der EU entschieden.

2.1 Leitbilder und Ziele

Kloten (1967: S. 334) definiert Leitbild als „Inbegriff einer gedachten und zugleich gewollten Ordnung gesellschaftlicher und wirtschaftlicher Zustände." Und weiter heißt es: „Ein Leitbild ist (...) Ausdruck des menschlichen Wollens, ein Maßstab für das menschliche Urteil und ein Motor des menschlichen Handelns" (Kloten 1967: S. 334). Leitbilder sind hiernach wertebezogene Idealvorstellungen, die gesellschaftsordnende Funktionen haben: Sie enthalten „Vorstellungen über die erwünschte Gesellschaft, ihre Struktur, ihre Ordnung, die Stellung des Individuums in ihr u. dgl." (Sanmann 1973a: S. 62). Diese Vorstellungen können in einer Gesellschaft den Charakter eines dominierenden ordnungspolitischen Leitbildes annehmen. Häufig gibt es in dieser Hinsicht konkurrierende Konzeptionen.

---

1 Siehe dazu statt vieler von Hayek (1981: S. 112ff.) und Zacher (1988: S. 153).

In Vorahnung einer Wiedervereinigung Deutschlands zeigt K. Paul Hensel (1992: S. 176f.), dass die Spaltung Deutschlands „nur durch eine ordnungspolitische Gesamtentscheidung für diese oder jene Grundform der Wirtschaftsordnung überwunden werden (kann)“. Unterbliebe diese Gesamtentscheidung, so würde eine Wiedervereinigung letztendlich an der gegensätzlichen Konstruktion der Teilordnungen scheitern.[2] Es besteht eine Interdependenz, eine gegenseitige Bedingtheit und eben keine bloße einseitige Abhängigkeit der einen Ordnung von der anderen (Eucken 1952/1990: S. 183; Schlecht 1986: S. 56).

Das ist besonders aus normativer Sicht bedeutend: Innerhalb einer Gesamtordnung sind ihre Teilordnungen (die sittlich-kulturelle Ordnung, die Staats- und die Wirtschaftsordnung) nach übereinstimmenden Ordnungsprinzipien auszuformen, wobei aufgrund der Interdependenzen die der Gesamtordnung zugrunde liegenden gesellschaftstheoretischen Vorstellungen Berücksichtigung finden müssen (Schüller 1991a: S. 5; Thieme 1992: S. 4ff.). Die gesellschaftstheoretischen Vorstellungen finden ihren Niederschlag in Leitbildern, die der konkreten Gestaltung der Ordnungen vorangehen. Leitbild- und Interdependenzfragen sind demnach miteinander verwoben.

Auch innerhalb der Teilordnungen selbst erfordert das Interdependenzproblem Beachtung, besonders im Hinblick auf ihre konstitutiven Ordnungsformen. Für den Fall der Wirtschaftsordnung bestimmen die Planungs- und die Eigentumsordnung als ihre konstitutiven Ordnungsformen den Grundtypus der Wirtschaftsordnung. Sollen die ergänzenden Ordnungsformen[3] nicht den Grundtypus der Wirtschaftsordnung in seiner Funktionsfähigkeit beeinträchtigen, so bedürfen diese "einer widerspruchsfreien Gestaltung im Verhältnis zu den konstitutiven Ordnungsformen" (Schüller 1991a: S. 5). So gilt etwa die Sozialordnung als ergänzende Ordnungsform einer mittels Marktpreisen koordinierten privatwirtschaftlichen Marktwirtschaft dann als ordnungskonform, wenn sie sich in Übereinstimmung mit deren konstitutiven Ordnungsformen befindet.[4] Dies hat Konsequenzen für die Formulierung eines sozialpolitischen Leitbildes.

Sozialpolitische Leitbilder als Inbegriff einer angestrebten Sozialordnung umfassen Aussagen über die „Gesamtheit der Institutionen und Normen zur Regelung der sozialen Stellung von Individuen und Gruppen in der Gesellschaft (...) sowie zur Regelung der (...) sozialen Beziehungen zwischen Gesellschaftsmitgliedern (...)" (Lampert 1995: S. 65). Damit sind sozialpolitische Leitbilder entscheidend für die

---

2 "Staatliche, gesellschaftliche und wirtschaftliche Ordnung eines Gemeinwesens müssen (...) dem gleichen Prinzip folgen." Und weiter: "Aus alledem ergibt sich: nicht nur die Unfreiheit, sondern auch die Freiheit ist unteilbar" (Hensel 1992: S. 178). Ebenso Leipold (1994: S. 723ff.)

3 Hierzu zählen zum Beispiel die Unternehmensordnung, die Marktordnung mit der Art der Preisbildung, die Sozialordnung, die Geld- und die Außenwirtschaftsordnung.

4 Bezüglich der Planungsordnung wäre das die Koordination der einzelwirtschaftlichen Pläne über Marktpreise. In die Daseinsvorsorge übersetzt hieße dies, dass die Individuen, nicht der Staat oder jemand anderes, über ihre Daseinsvorsorge gemäß eigener Präferenzen und Leistungsfähigkeit entschieden. Die Zuordnung der Eigentumsrechte an der Daseinsvorsorge müsste dann anhand einer individuellen Zuordnung erfolgen und nicht anhand einer gruppenweisen Zuordnung von Eigentumsrechten. Siehe hierzu Kapitel 2.3.4.

konkrete Ausgestaltung der Sozialpolitik und besitzen eine wichtige Rolle für die Stabilisierung der sozialpolitischen Erwartungen der Menschen - besonders in Situationen des wirtschaftlichen und gesellschaftlichen Umbruchs. In der positiven Betrachtungsweise können sozialpolitische Leitbilder ex-post einen Beitrag zur Legitimation sozialpolitischer Institutionen leisten.
Da sozialpolitische Leitbilder wertbezogen sind, unterscheiden sich ihre Inhalte je nach Gesellschaftssystem, aber auch nach den jeweiligen historischen Umständen. Dies gilt auch für die Ziele der Sozialpolitik.
Ziele sind den Leitbildern logisch und tatsächlich nachgeordnet. Gemeinsam ist ihnen jedoch die Vorstellung über erwünschte und angestrebte Zustände. Ebenso gelten Leitbilder über alle Politikbereiche hinweg, während Ziele als „sachbereichs-spezifische Konkretisierungen von Leitbildern“ aufgefasst werden können (Sanmann 1973a: S. 65). In der praktischen Sozialpolitik werden Ziele meistens in Unterziele aufgebrochen, die oft eigene Handlungsfelder begründen. So kann beispielsweise das Ziel "Verbesserung des Arbeitsschutzes" dem übergeordneten Ziel „Verbesserung der Lebens- und Arbeitsbedingungen“ dienen. Der "Verbesserung des Arbeitsschutzes" dienen u.a. Arbeitszeitregelungen, die somit zu einem Instrument der Sozialpolitik werden.

Entscheidend für die praktische Sozialpolitik ist - wie gesagt - das zugrunde liegende sozialpolitische Leitbild. Auftreten und Bewertung sozialer Probleme hängen jedoch sowohl von den Ordnungsregeln als auch von den sozialpolitischen Leitbildern und Zielen ab. Deshalb müssen bei einer Untersuchung der Sozialpolitik im Prozess der europäischen Integration auch die grundlegenden Ordnungsregeln, die gesellschafts-politischen Leitbilder und Zielsetzungen einbezogen werden (Kleinhenz 1996a: S. 10).

2.2 Sozialpolitik in Marktwirtschaften

In Marktwirtschaften zielt staatliche Sozialpolitik nach einem weit verbreiteten Verständnis darauf, im Sinne der von der Mehrheit der Gesellschaftsmitglieder verfolgten wirtschaftlichen und sozialen Ziele eine Verbesserung der Situation benachteiligter Gruppen zu erreichen (Lampert 1988: S. 61). Dies soll der "Wahrung des sozialen Friedens" dienen und leitet sich von der Annahme ab, dass die wirtschaftliche Leistungsfähigkeit und politische Stabilität eines Staatswesens großteils von in der Gesellschaft weithin akzeptierten sozialen Verhältnissen abhängen. Demzufolge wird eine freiheitliche Gesellschafts- und Wirtschaftsordnung nur dann auf Dauer bestehen können, wenn ihre Funktionsprinzipien und Ergebnisse von der Mehrheit der Gesellschaft, also auch von den schlechter gestellten Individuen, angenommen werden. Die Sicherung der Loyalität dieser Gruppe kann durch Kompensationen in welcher Form auch immer durch diejenigen erfolgen, die einen größeren Nutzen aus der geltenden Wirtschaftsordnung ziehen. Dann kann man

staatliche Sozialpolitik als Teil eines Gesellschaftsvertrags interpretieren, in dem ein gewisses Maß an Umverteilung den Preis des sozialen Friedens darstellt.[5]
Über Ausmaß und Handlungsbereiche der Sozialpolitik wird ständig im politischen Prozess gerungen. Dort konkurrieren die beiden für Marktwirtschaften dominierenden sozialpolitischen Leitbilder um ihre Verwirklichung.

2.2.1 Leitbilder der Sozialpolitik in Marktwirtschaften

Leitbilder der Sozialpolitik können als gedankliche Vorentwürfe der Grundprinzipien einer zukünftigen Sozialordnung verstanden werden. Über die Grundprinzipien, denen die praktische Sozialpolitik folgen soll, gehen die Ansichten auseinander.
Unterscheiden lassen sie sich nach dem

- Grad der *Mitverantwortung* und Entscheidungsbefugnis des Individuums im Hinblick auf die Gestaltungsmöglichkeiten seiner eigenen Lebensbedingungen und
- dem Ausmaß äußerer *Einflussnahme* durch staatliche oder quasi-staatliche Institutionen auf eben diese Gestaltungsmöglichkeiten.

Hierbei kann vereinfachend zwischen dem Individualprinzip und dem Kollektivprinzip unterschieden werden.

2.2.1.1 Subsidiarität und Individualprinzip: Der ordoliberale Ansatz

Im Zentrum des ordoliberalen Ansatzes der Sozialpolitik steht die Wahrung der persönlichen Freiheit des Individuums. Für Eucken (1952/1990: S. 126) ist die Freiheit überhaupt der Kernpunkt der sozialen Frage. Die Wahrung der Freiheit des Individuums bedeutet, ihm die Entfaltungsmöglichkeiten zur Persönlichkeit zu gewähren und wird deshalb als konstitutives Element der Menschenwürde erachtet. Dies rückt das Individualprinzip in das Zentrum ordoliberalen Denkens und Handelns.
Erst der bestmögliche Schutz individueller Gestaltungsräume vor äußeren Eingriffen in die Verfügungsrechte[6] ermöglicht die Nutzung der wohlstandsfördernden Wirkungen der marktwirtschaftlichen Antriebskräfte. Der Versuch, die Individuen vor Daseinsrisiken zu schützen, erfolgt gemäß ihren individuellen Präferenzen vor allem durch private Versicherungen nach dem Äquivalenzprinzip (Versicherungsprinzip).[7]
Dieses Verfahren wird auch im Interesse der bestmöglichen Allokation der Mittel

---

5 Vgl. Buchanan (1975/1984: S. 252-254), ebenso Vaubel (1989: S. 39) und Thuy (1999: 174).

6 Etwa in der Form von Zwangsversicherungen, die immer mehr Bereiche des täglichen Lebens abzusichern trachten (Eingriff in die Vertragsfreiheit), eine weit reichende "Sozialbindung" der Einkommen, die die Verfügungsmöglichkeiten über das eigene Einkommen einschränken oder die Transformation des Arbeitsvertrages in ein öffentlich-rechtliches Arbeitsverhältnis, dessen Bedingungen von Gruppen oder vom Staat weitgehend festgelegt werden.

7 Siehe hierzu statt vieler Thuy (1999: S. 12ff.) und Kath (1992: S. 433f.).

bevorzugt. Die Offenhaltung individueller Entscheidungsfreiheit und die Effizienz der Versicherungslösung stehen in dieser Sicht vor einem wie auch immer definierten Verteilungsziel (Schüller 1994b: S. 219).[8]
Das Hauptanliegen des ordoliberalen Ansatzes der Sozialpolitik besteht in der Vermeidung sozialer Fragen. Die Lösung der sozialen Frage wird vor allem in der Herstellung jener Bedingungen gesehen, die es jedem, der dazu in der Lage ist, erlauben, am Produktionsprozess teilzunehmen. Der Marktmechanismus mit seinem korrespondierenden Ordnungsgrundsatz Wettbewerb gilt als jener Mechanismus, der diese Bedingungen am ehesten zu schaffen vermag. Durch seine Macht vermeidende Wirkung sorgt der Wettbewerb dafür, dass der Wohlstandszuwachs möglichst breite Schichten der am Produktionsprozess beteiligten Personen erfassen kann (Hamm 1989: S. 365).
Mit der Überlegung, Bedingungen herzustellen, die die Entstehung sozialer Fragen vermeiden, enthält der ordoliberale Ansatz auch implizit eine Gerechtigkeitsnorm: nämlich die der System- oder Leistungsgerechtigkeit. Werden dabei von jedermann die zugrunde liegenden Regeln als gerecht erachtet - und dies ist nur möglich, solange sich niemand übervorteilt sieht - so werden auch die Ergebnisse der Transaktionen als gerecht erachtet (von Hayek 1967/1994: S. 118; Weise 1991: S. 473).

Nach diesem Verständnis von Wettbewerb besitzt für Eucken die Herstellung und Sicherung der Funktionsbedingungen[9] der Wettbewerbsordnung oberste Priorität. Da soziale Missstände in erster Linie aus einem ungenügenden Funktionieren der Wettbewerbsordnung resultieren, hat die Sozialpolitik zunächst Wirtschaftsordnungspolitik zu sein. Die Wettbewerbsordnung verfolgt also nicht nur wirtschaftliche, sondern auch soziale Ziele. Sodann leitet Eucken (1952/1990: S. 313) daraus eine Reihenfolge sozialpolitischer Aktivitäten ab: Zunächst soll der Staat durch allgemeine Ordnungspolitik dafür Sorge tragen, dass soziale Missstände überhaupt nicht erst auftreten. In einem zweiten Schritt wäre dann zu prüfen, ob die beobachteten sozialen Missstände nicht gar auf vorangegangene Maßnahmen, vielleicht auch auf solche, die auf anderen Gebieten verursacht wurden, zurückzuführen sind. Schon Euckens Verweis auf die Beachtung der Interdependenzen legt diese Reihenfolge nahe. In

8 In der Politik wird Sozialpolitik häufig gleichgesetzt mit Umverteilung von Einkommen. Siehe von Hayek (1967/1994: S. 119) und Hamm (1989: S. 364f.).

9 Ausgehend von der Annahme, dass Wettbewerbsbeschränkungen sowohl von staatlicher als auch von privater Seite freiheitszerstörend wirken, sieht Eucken die Funktionsfähigkeit der Wettbewerbsordnung mit der Durchsetzung folgender Prinzipien als gesichert an. Er nennt sieben konstituierende Prinzipien, die sich um das Grundprinzip "funktionsfähiges Preissystem" ranken. Diese sind das Primat der Währungspolitik, offene Märkte, Privateigentum, Vertragsfreiheit, Haftung und Konstanz in der Wirtschaftspolitik (Eucken 1952/1990: S. 254ff.). Diese Prinzipien stehen aufgrund der Interdependenz in einem komplementären Verhältnis zueinander. Bei isolierter Anwendung würden sie ihren Zweck verfehlen (ebenda: S. 291). Ergänzt werden die konstituierenden Prinzipien durch vier regulierende Prinzipien, nämlich Monopolkontrolle, Einkommenspolitik, Einbeziehung externer Effekte in die Wirtschaftsrechnung und Vorkehrungen gegen anomales Verhalten des Angebots.

einem dritten Schritt kann der Staat als ultima ratio Maßnahmen zur Überwindung der Missstände ergreifen (Hamm 1989: S. 364/365).[10]
Der Schwerpunkt des ordoliberalen Ansatzes der Sozialpolitik liegt demzufolge in der Prophylaxe. Dadurch, dass die Funktionsfähigkeit der Wettbewerbsordnung gewährleistet wird, gibt diese den Individuen die Möglichkeit, Einkommens- und Beschäftigungsquellen zu suchen, finden und zu verbessern. Sollte ein Individuum jedoch außer Stande sein, diese Aufgabe zu erfüllen, so soll ihm Hilfe zuteil werden, damit es ein menschenwürdiges Leben führen kann (von Hayek 1967/1994: S. 123).

Dem Individualprinzip entspricht die sozialethische Norm des Subsidiaritätsprinzips. Dieses hat einen individuellen und einen kollektiven Aspekt:

- Der individuelle Aspekt fordert Gewähr und Schutz freier Entfaltungsmöglichkeiten der Individuen, wodurch sie in die Lage versetzt werden sollen, ihre Potentiale zu nutzen. Dafür tragen sie auch Verantwortung (Prinzip der Personalität). Hierin findet das Individualprinzip offensichtlich seine Entsprechung.
- Dem gegenüber steht der kollektive Aspekt des Subsidiaritätsprinzips: Das Gemeinwesen kann im Dienste des Gemeinwohls eingreifen, doch sollen seine Hilfen zunächst als "Hilfe zur Selbsthilfe" ausgestaltet seien, bevor es Aufgaben an sich zieht (Thuy 1999: S. 24). Trotzdem wird dadurch die individuelle Freiheit eingeschränkt.

Von Nell-Breuning (1983: S. 53) hat das Wesen des Subsidiaritätsprinzips zusammengefasst: "Das Prinzip handelt von der *Hilfe*, die das Gemeinwesen seinen Gliedern schuldet. (...) Die beste (..) Hilfe ist die Hilfe zur *Selbsthilfe*.[11] (...) Wer stattdessen mit seiner Hilfe sich an die Stelle dessen setzt, dem geholfen werden soll, hilft ihm in Wahrheit nicht, sondern hält ihn in Unmündigkeit und Unselbständigkeit, indem er ihn am Regen der eigenen Kräfte *hindert*; das ist das genaue Gegenteil von Hilfe und verstößt darum gegen das Prinzip." Ein Gemeinwesen darf demzufolge einem Individuum, der Bezugsgröße des Subsidiaritätsprinzips, Aufgaben nur dann entziehen und an sich reißen, wenn die Kräfte des Individuums für eine von ihm zu erbringende Leistung nicht ausreichen.

Deshalb verlangt das Subsidiaritätsprinzip vom Staat, zunächst die Voraussetzungen für die individuelle Selbstbestimmung und Verantwortungsübernahme zu sichern. Er soll durch einen geeigneten Rahmen die Selbsthilfekraft der Individuen fördern, damit diese selbst mittels Aufbau von Arbeits-, Spar- und Geldvermögen Vorsorge treffen können. Ferner obliegt ihm als Aufgabe die Sicherung und Stärkung von Handlungsspielräumen für die staatsfreie, freiwillige Solidarität durch Privatpersonen und

---

10 Etwa zur Herstellung von Startgerechtigkeit im Bildungswesen, zur Beschränkung der Vertragsfreiheit, Maßnahmen der Umverteilung von Einkommen.

11 "Nun aber kommt dem Menschen für das, worin wesentlich sein Wohl besteht, nämlich für die Entfaltung seiner Persönlichkeit, nicht anderes so sehr zustatten wie das *eigene* Tun, die *eigene* Leistung, die *Selbst*bewährung" (von Nell-Breuning 1980: S. 48).

Selbsthilfeorganisationen (Schüller 1999a: S. 191). Allerdings ist das Subsidiaritätsprinzip besonders im Hinblick auf seinen Umgang mit der individuellen Freiheit des Menschen mit erheblichen Unschärfen behaftet. Hierauf hat Nörr (1997: S. 241ff.) aufmerksam gemacht:
Zunächst weist er darauf hin, dass das Subsidiaritätsprinzip nach einer hierarchisch gegliederten gesellschaftlichen Struktur verlangt. Innerhalb dieser Hierarchie offenbart das Subsidiaritätsprinzip seinen Januskopf. Verstanden als "Subsidiarität von unten" delegiert das mit "originärer Allzuständigkeit" ausgestattete Individuum nach eigenen Kriterien Kompetenzen nach oben. Der Staat bestätigt und sichert dieses Verhältnis. Anders liegen die Dinge bei einem Subsidiaritätsverständnis "von oben nach unten": Hier definieren die übergeordneten Ebenen den Umfang und die Grenzen der Selbstbestimmung des Individuums. Sie entscheiden im Übrigen auch, welche Leistungen oder Aufgaben das Individuum zu übernehmen in der Lage ist.[12] Die individuelle Freiheit gerät somit in Abhängigkeit zur "Leistungsfähigkeit" (ebenda: S. 244). Oben wurde erwähnt, dass die Hilfe zur Aufgabenbewältigung durch die übergeordnete Ebene an eine untergeordnete stets als "Hilfe zur Selbsthilfe" gewährt werden soll. Eine solche "Hilfe zur Selbsthilfe" wird ebenfalls nur eingedenk der zu erfüllenden Aufgabe gestattet, welche sich außerdem am Gemeinwohl orientieren soll.[13] Somit ist das Subsidiaritätsprinzip nicht nur ein gesellschaftsordnendes Prinzip, sondern dient gleichzeitig auch zur Sicherung dieser Ordnung.

Die persönliche Freiheit, die Eucken als Kernproblem der sozialen Frage ausmacht, wird bei dieser Deutung des Subsidiaritätsprinzips allerdings dem Gemeinwohl untergeordnet. Für den ordoliberalen Ansatz der Sozialpolitik kommt es nun darauf an, Subsidiarität als "von unten her" zu verstehen oder - wie es Schüller ausdrückt - als "subsidiäre Kompetenz" (Schüller 1997: S. 70), nach der dem Individuum die Freiheit eigenverantwortlichen Handelns eingeräumt werden soll. "Subsidiäre Assistenz" von oben soll dem Individuum zuteil werden, um "preisbedingte Unsicherheiten durch ein Arrangement wirtschaftspolitisch gestaltbarer Institutionen zu reduzieren" (ebenda: S. 84). Staatliches Handeln muss folglich darauf gerichtet sein, möglichst breiten Schichten die Teilnahme am Wirtschaftsprozess zu ermöglichen. Dadurch wird der eigenverantwortlichen Gestaltung der Lebensumstände durch leistungsweckende Anreize der Boden bereitet - mit Institutionen, die Zukunftserwartungen stabilisieren und wie sie Eucken mit seinen konstituierenden und regulierenden Prinzipien benannt hat.

Dem Anspruch wohlfahrtstaatlich orientierter Kreise zur Gestaltung der Gesellschaft und dem weit verbreiteten Denken in Endzuständen erteilt der ordoliberale Ansatz der Sozialpolitik eine klare Absage und vertraut auf die Innovations- und

12 Etwa bei Baumgartner (1997: S. 19): "Eine Aufgabe muß der Einzelperson bzw. der kleineren Gemeinschaft zugewiesen bleiben, solange die humane Effizienz ihrer Lösungsmöglichkeiten nicht hinter der Effizienz [!] in umfassenderen Gemeinschaften zurückbleibt."

13 Ob dem Individuum eine Aufgabe entzogen wird, oder ob es sie unter Vormundschaft erledigen müsse, bringe kaum einen Unterschied, so Nörr (1997: S. 245).

Evolutionspotentiale des Wettbewerbs. In der Stärkung der subsidiären Kompetenz und des Individualprinzips liegt danach für die Sozialpolitik eine Chance, als integraler Bestandteil der Wettbewerbsordnung ihre irenische Wirkung zu entfalten und zu bewahren.

2.2.1.2 Solidarität und Kollektivprinzip: Der wohlfahrtsstaatliche Ansatz

Dem ordoliberalen Ansatz der Sozialpolitik kann der wohlfahrtsstaatliche Ansatz als alternative Ordnungskonzeption gegenübergestellt werden. Dieser Ansatz richtet sich nach den Ordnungsvorstellungen des "Demokratischen Sozialismus" frei nach der Maxime Karl Schillers "Wettbewerb soviel wie möglich, Planung soviel wie nötig" (Ortlieb/Lösch 1988: S. 33).[14] Man könnte diese Formulierung auch auf die Begriffe "Marktintegration" und "Politikintegration" beziehen. Sie würde dadurch freilich nicht an Operationalität aus sich heraus gewinnen.
Beim wohlfahrtsstaatlichen Ansatz der Sozialpolitik wird zwar der Marktmechanismus als dominierender Koordinationsmechanismus nicht prinzipiell infrage gestellt, jedoch gelten seine Ergebnisse insbesondere aufgrund der daraus resultierenden Unterschiede in den Einkommens- und Vermögenspositionen als ungerecht. Aus dieser Kritik der Marktergebnisse heraus leiten wohlfahrtsstaatlich orientierte Politiker einen umfassenden Handlungsbedarf ab. Eingriffe des Staates in das Preissystem werden als gerechtfertigt erachtet, "da sie im politischen Prozeß der Demokratie so abgestimmt sind (...), so daß das Gesamtergebnis den Wertungen und Zielen entspricht, die aus dem demokratischen politischen Prozess hervorgegangen sind" (Myrdal 1959: S. 47/48). Im Namen "sozialer Gerechtigkeit" und "nationaler Solidarität" wird nicht nur ein weitgehender Einkommensausgleich für breite Bevölkerungskreise und die "perfektere" Verteilung materieller Güter[15] angestrebt, sondern auch die kollektive Abdeckung möglichst vieler individueller Lebensrisiken.[16]

Den Ordnungsvorstellungen des Demokratischen Sozialismus folgend wird Sozialpolitik nun als Korrektiv marktwirtschaftlicher Ordnungen im Hinblick auf bestimmte erwünschte Prozessergebnisse begriffen.[17] Der "Wohlfahrtsstaat" schaltet

---

14 Zum Demokratischen Sozialismus siehe Willgerodt (1985: S. 229ff.) und Schüller (1985: S. 159ff.).

15 Dazu zählen etwa Bildungs- und Gesundheitsleistungen, aber auch vertikale Verteilungsmaßnahmen von Reich zu Arm, von Kinderlosen zu Kinderreichen, von Jungen zu Alten, von Unternehmern zu Arbeitnehmern (Zimmermann 1996: S. 3).

16 Myrdal (1959: S. 45) spricht hierbei von einer "künstlich geschaffenen Harmonie", die in jenen Ländern anzutreffen sei, in denen die staatlichen Eingriffe verhinderten, dass soziale Gruppen weit hinter der Entwicklung anderer zurückblieben.

17 In dieser Ergebnis- und Prozessorientierung liegt übrigens der Hauptunterschied zu den regulierenden Prinzipien in Euckens Politik der Wettbewerbsordnung. Euckens regulierende Prinzipien sollen zwar auch die Ergebnisse der Wettbewerbsordnung korrigieren. Sie konzentrieren sich allerdings auf die Behebung der Mängel der Wettbewerbsordnung und nicht

sich aktiv in die gesellschaftlichen Verhältnisse ein und beansprucht ausdrücklich eine gesellschaftsgestaltende Funktion (Streit 1996: S. 259ff.; Thuy 1999: S. 9). Die Fähigkeit zur Selbsthilfe der Individuen oder der freiwilligen "staatsfreien Solidarität" (Schüller 1999a: S. 191f.) wird von den Befürwortern des "Wohlfahrtsstaats" skeptisch beurteilt, und in dieser Konsequenz wird der Bürger Teilen seiner Mündigkeit beraubt. Das staatliche Wissen um das, was die Bürger eines Gemeinwesens als notwendig erachten, wird hingegen durchweg als vorhanden angesehen.

Zudem wird das Subsidiaritätsprinzip weitgehend vom Solidaritätsprinzip dominiert. Während das Subsidiaritätsprinzip in der ordoliberalen Deutung Selbstverantwortlichkeit mit Solidarität zu verbinden vermag, wird "Solidarität" jetzt nicht mehr als "wechselseitiges Verhaftetsein in Verantwortung" (von Nell-Breuning 1957: S. 217) gedeutet, sondern durchweg als Verantwortlichkeit und Zuständigkeit des Staates für die Existenzsicherung des Bürgers. Der personale Bezugspunkt sozialpolitischer Maßnahmen geht mehr und mehr verloren, indem diese auf mehr oder weniger anonyme Kollektive oder Großgruppen ausgerichtet werden. Individuelle Lebenslagen fallen dem Fokus auf das durchschnittliche Gruppenmitglied zum Opfer. Besonders in dieser Hinsicht sind durchaus Parallelen zum Kollektivprinzip sozialistischer Sozialpolitik erkennbar.[18]

Individuelle Risiken, die nach dem versicherungswirtschaftlichen Äquivalenzprinzip selbstverantwortlich internalisiert werden könnten, werden durch staatliche Intervention sozialisiert.[19] Solche Interventionen schwächen die Äquivalenz zwischen individueller Daseinsgestaltung und entsprechender Absicherung - mit den bekannten negativen Anreizen für das individuelle Verhalten der Gruppenmitglieder.[20]

---

auf das Erreichen eines quantitativen Verteilungsziels. Die einzige Maßnahme, die Eucken - übrigens im Gegensatz zu von Hayek (1971: S. 390/398ff.) - zur Umverteilung von Einkommen zulässt, ist die Steuerprogression. Diese dürfe aber nur so weit gehen, dass sie die Neigung zum Investieren nicht behindert (Eucken 1952/1990: S. 301).

18 Zur Sozialpolitik im Sozialismus, ihren Begründungen und Wirkungen aus sozialistischer Sicht siehe Autorenkollektiv (1972) und Rumjanzew (1973). Zum Kollektivprinzip der Sozialpolitik im Sozialismus siehe auch Schüller/Weber (1998: S. 397ff.).

19 Aber nicht nur Risiken werden sozialisiert. Außerdem unterliegen Anspruch und die Art und Weise der "Atomisierung der Schadensfolgen" dem politischen Prozess. "Die erworbenen Eigentumsrechte [an sozialer Sicherheit, Anm. des Verf.] im ökonomischen Sinn unterliegen politischer Dezision" (Watrin 1977: S. 977).

20 Zum Beispiel kappt die fehlende Risikoäquivalenz zwischen Beitrag und Leistung in der gesetzlichen Krankenversicherung in Deutschland den Zusammenhang zwischen gesundheitsbewusster Lebensgestaltung und individueller Versicherungsprämie. So kann die fehlende Berücksichtigung individuellen Risikos zum Erlahmen der Bemühungen um eine gesundheitsbewusste Lebensweise führen, zumal sich eine gesundheitsschädliche Lebensweise nicht in den Prämien niederschlägt. Im entgegengesetzten Fall kann sich ein Versicherter wegen der Nichtberücksichtigung des eigenen geringen Gesundheitsrisikos in der Prämienberechnung veranlasst sehen, seine gezahlten Beiträge und erhaltenen Leistungen gegenüberzustellen. Kommt es dabei nach seiner Auffassung zu einem Missverhältnis, so kann er sich aus individuellen Gerechtigkeitsvorstellungen heraus gezwungen sehen, gegebenenfalls auch durch Manipulationen seine als gerecht erachtete Gegenleistung zu erhalten. Diese und ähnliche Verhaltensweisen sind aus der ökonomischen Theorie der Vertretung, oder auch Principal-

Die Begründungen für den überwiegend staatlichen Regelungsanspruch sind vielschichtig. Sie reichen von der möglichen Unterschätzung zukünftiger Risiken durch weite Teile der Bevölkerung über die Schaffung positiver externer Effekte für ihr Erwerbs- und Humanvermögen bis hin zur Feststellung, dass Bezieher niedriger Einkommen oftmals nicht in der Lage seien, eine adäquate Vorsorge zu treffen (Kath 1992: S. 432/433).
Die Forderung nach "sozialer Gerechtigkeit", die als ein Axiom - gleich einem moralischen Wert sui generis - aufgefasst wird, fungiert als Platzhalter für Forderungen einer "gerechteren" Verteilung im Sinne der Verteilungs- und Bedarfsgerechtigkeit.[21] Das dominierende "Gerechtigkeitsprinzip" der Existenzsicherung ist das Versorgungsprinzip. Hierbei wird der Anspruch auf Bezug öffentlicher Mittel zum Rechtsanspruch. Der Empfang von Mitteln richtet sich nicht nach Höhe oder Dauer gezahlter Beiträge, sondern nach der Art des erlittenen Nachteils, wobei die Zahlungen in der Regel der Höhe nach fixiert sind. Die bevorzugte Organisationsform dieser staatlich organisierten Solidarität ist die Zwangsmitgliedschaft großer Personengruppen in Einrichtungen des öffentlichen Rechts, zum Beispiel Pflichtmitgliedschaften in gesetzlichen Renten-, Kranken- oder Pflegekassen.
Die Institutionen der Wettbewerbsordnung werden mehr und mehr auf die Ziele des Wohlfahrtsstaats ausgerichtet.[22] Typisch und notwendig hierfür ist die allmähliche Abwendung von der Privatrechtsgesellschaft (Franz Böhm). Anders gewendet bedeutet dies eine Transformation des Individualrechts hin zum Kollektivrecht etwa in der Art und Weise, wie es im deutschen Arbeitsrecht zu beobachten ist (Junker 1997: S. 1305ff.). Dies zeigt sich nicht zuletzt in der ständigen Expansion richterlicher Inhaltskontrollen von Rechtsgeschäften (Junker 1997: S. 1306). Zudem können die politischen Entscheidungsträger durch die "Kollektivierung des Rechts" die erwünschten wirtschaftlichen und sozialen Zustände für große Gruppen besser erreichen.

Typisch sind aber auch mannigfache andere Interventionen des Wohlfahrtsstaates, die nur mittelbar auf die sozialen Verhältnisse einwirken. Dazu zählen beispielsweise

---

Agent-Theorie, bekannt und werden als "moral-hazard"-Problem bezeichnet. Siehe hierzu u.a. Richter (1994: S. 16ff.).

21 Im Gegensatz zur Leistungsgerechtigkeit (Identität zwischen Leistung und Gegenleistung) bezeichnet Bedarfsgerechtigkeit die Zuteilung von Gütern und Leistung nach Maßgabe eines immer neu zu definierenden und als gerecht erachteten Mindestbedarfs.

22 Als Beispiel kann hierfür die "Sozialpflichtigkeit" des Eigentums im Grundgesetz der Bundesrepublik Deutschland genannt werden ("Eigentum verpflichtet"). Diese Sozialpflichtigkeit äußert sich vor allem in vielerlei sozialpolitisch motivierten Beschränkungen der Eigentumsrechte im Arbeitsrecht (Eigentum an der eigenen Arbeitskraft), in der Unternehmensverfassung (Betriebsverfassungsgesetz: Mitspracherechte der Arbeitnehmer bei unternehmerischen Entscheidungen), im Wohnungsbau (Vergleichsmietenregelung) usw. Diese Liste ließe sich fortsetzen. Siehe auch Watrin (1977: S. 964): Die Generalnorm im Grundgesetz der Bundesrepublik Deutschland wird vielfach als Verfassungsauftrag gedeutet, "um staatliches Tätigwerden im sozialen Bereich zu begründen."

Struktur erhaltende Subventionen, in der Außenwirtschaft vor allem tarifäre und nichttarifäre Handelshemmnisse jeder Art, Beschränkungen der Freizügigkeit von Arbeitnehmern durch "Entsendegesetze", die gezielte Förderung von Industrien, Personengruppen oder Regionen. All diese Politiken sind in letzter Konsequenz nach dem wohlfahrtsstaatlichen Leitbild sozialpolitisch motiviert und ändern für den jeweiligen Markt die Regeln der Koordination (Watrin 1980: S. 482/483).
Zusammenfassend lässt sich festhalten: Sozialpolitik wird nach dem wohlfahrtsstaatlichem Ansatz nicht als integraler Bestandteil der Wettbewerbsordnung gesehen, sondern als Instrument mit Sonderstatus, um politisch erwünschte Ziele zu erreichen. Auch der Verweis auf die prinzipielle Beibehaltung des marktlichen Koordinationsmechanismus kann nicht darüber hinwegtäuschen, dass der Wohlfahrtsstaat den Ergebnissen marktlicher Koordination skeptisch bis ablehnend gegenübersteht und dass er "Verteilungsmängel" in erster Linie auf das Marktgeschehen und nicht auf das Interventionsgeschehen zurückführt. Die Politikkoordination dominiert insoweit mit dem Anspruch sozialer Vorsorge die Marktkoordination.

2.2.2 Begründungen für sozialpolitische Eingriffe

Mit der Anerkennung des Marktmechanismus müssen in Marktwirtschaften Argumente für staatliche Eingriffe gefunden werden, die die Ergebnisse einer Marktlösung für den betreffenden Fall infrage stellen und eine staatliche Regelung rechtfertigen.
Bei den Begründungen staatlicher Eingriffe werden immer wieder Argumente wie "Marktversagen" oder "verzerrte Präferenzen" der Bürger aufgeführt. Diesen Argumenten soll nun nachgegangen werden. Sie liefern Anhaltspunkte dafür, wann der Staat als sozialpolitischer Akteur auftreten sollte.

2.2.2.1 Marktversagen

Marktversagen im allokativen Sinn liegt dann vor, wenn bei vollständiger Konkurrenz durch die marktliche Koordination das Wohlfahrtsoptimum nicht erreicht werden kann. Aufgrund der unrealistischen Annahmen der neoklassischen Wohlfahrtstheorie wäre nach dieser Orientierungsnorm allerdings jedes real zu beobachtende Marktergebnis konsequenterweise ein Marktversagen. Dieser Befund entstünde schon aus der einfachen Gegenüberstellung von Modell und Realität, was Demsetz in diesem Zusammenhang plakativ mit dem Ausdruck "Nirvana Approach" des Marktversagens betitelt (Demsetz 1969: S. 1).
Die Koordinationsleistung des Marktes kann allerdings so unbefriedigend ausfallen, dass ein staatlicher Eingriff gerechtfertigt erscheint. Solche unbefriedigenden Ergebnisse der marktlichen Koordination können aufgrund mangelnden Wettbewerbs,

externer Effekte oder asymmetrisch[23] zwischen den Marktseiten verteilter Informationen entstehen. Auf die letzten beiden Aspekte wird im Folgenden näher eingegangen.

Die Koordinationsleistung des Marktes kann z.B. darunter leiden, dass die Verfügungsrechte der an einer Transaktion beteiligten Akteure nicht oder nur unvollständig spezifiziert worden sind. Die so entstehenden externen Effekte gehen nicht in die Wirtschaftsrechnungen der Individuen ein; Produktion oder Konsum eines Gutes sind dann mit Vor- oder Nachteilen für Dritte verbunden.
Externe Effekte werden insbesondere für jene Arten von (Versicherungs)verträgen diskutiert, die Interessenkonstellationen wahrscheinlich machen, bei denen Formen des Opportunismus aufgrund asymmetrischer Informationen vor Vertragsabschluss (sog. "adverse Selektion") und nach Vertragsschluss (sog. "moral-hazard") angenommen werden können (siehe hierzu Richter/Furubotn 1996: S. 152f.). Damit Schädigungen Dritter nicht zum Zusammenbruch der Versicherungsmärkte führen, wir im Extremfall für eine staatliche Zwangsversicherungslösung plädiert.
Das Argument der adversen Selektion wird vor allem bei der Rechtfertigung einer staatlichen Arbeitslosen- und Krankenversicherung herangezogen. Hierbei führe die Informationsasymmetrie beim individuellen Versicherungsrisiko dazu, dass bei wenig differenzierten Prämien die "guten Risiken" die Versicherung verließen und nach anderen Absicherungsformen Ausschau halten würden. Damit würden beim Versicherer zu viele "schlechte Risiken" bleiben, und dieser würde im Zweifel gar keine Versicherung mehr anbieten. Das Problem würde auch nicht mit steigenden Versicherungsprämien gelöst werden können. Mit steigendem Preis der Police werden die Leute, die sich trotzdem versichern, jene sein, die sich zunehmend sicher sind, daß sie die Versicherung auch in Anspruch nehmen werden (Åkerlof 1970: S. 492).
Negative externe Effekte nach Vertragsabschluss ("moral-hazard") können dann entstehen, wenn die Versicherungsnehmer in der Lage sind, Art, Höhe und Häufigkeit des Versicherungsfalls zu beeinflussen. Dies wird insbesondere bei der Arbeitslosen- und Krankenversicherung angenommen, da es sich dabei zu einem großen Teil um vermeidbare Risiken handelt (Berthold 1991: S. 148ff.). Auch hier würde bei ungenügend differenzierten Prämien der Versicherungsnehmer danach trachten, mehr Versicherungsleistungen in Anspruch zu nehmen, als beim Vertragsabschluss vom Versicherer ursprünglich angenommen wurden.
Bei diesen Beispielen wird von den Verfechtern staatlicher Zwangsversicherungslösungen explizit unterstellt, dass die Versicherungen nicht in der Lage seien, genügend homogene Versichertengruppen zu bilden, denen ein risikoäquivalenter Tarif zugewiesen werden könnte. Die oben genannten Risiken wären dann schlicht nicht versicherbar.[24] Bei einer privaten Arbeitslosenversicherung würde zudem noch das Problem hinzukommen, dass ein konjunkturell bedingter

23 Allerdings sind Situationen symmetrischer Informationsverteilung in Realität wohl kaum anzutreffen.

24 Über die Bedingungen, zu denen ein Risiko versicherbar ist, siehe Thuy (1999: S. 207).

Beschäftigungseinbruch den versicherungsinternen Risikoausgleich gefährden könnte. Dieser funktioniert nämlich nur, solange die Risiken voneinander unabhängig sind. Dies ist bei einer konjunkturell bedingten Arbeitslosigkeit nicht der Fall.
Jedoch sind die Möglichkeiten von Versicherern weit ausgefeilter, als dies bisweilen angenommen wird. Das Problem der adversen Selektion verliert auch dadurch an Schärfe, dass den Versicherungen in der Regel ein sehr differenziertes Instrumentarium zur Verfügung steht, homogene Risikogruppen zu bilden, denen bestimmte Risikomerkmale zugeordnet werden können.[25] So existieren, wie Berthold (1991: S. 154) darlegt, bereits Versicherungslösungen für das weitgehend als unversicherbar geltende Problem der Arbeitslosigkeit (so etwa Kleinhenz 1997: S. 407). Auch das "moral-hazard"-Problem ist versicherungstechnisch in den Griff zu bekommen.[26]
Die Bildung von Arbeitslosenversicherungen nach dem Äquivalenzprinzip ist indes unwahrscheinlich, solange die Ursachen der Arbeitslosigkeit in tief greifenden, ordnungspolitischen Störungen des Preiszusammenhangs zwischen den Produkt- und Arbeitsmärkten und in der "Verantwortlichkeitslücke zwischen Entscheidung und Haftung" im Bereich der Tarifautonomie liegen. Darauf hat Schüller (1999a: S. 207ff.) hingewiesen. Die deutsche Arbeitslosenversicherung "hat sich in dem Maße vom Versicherungsprinzip entfernt, in dem der Staat sich bereit erklärt hat, für die finanziellen Konsequenzen aufzukommen, die aus dem Missbrauch der Tarifautonomie für Verteilungszwecke und aus einer Absonderung der Arbeitsmarktverhältnisse vom Geschehen auf den Produktmärkten entstehen (...)" (ebenda: S. 207).
Die vorangegangenen Ausführungen legen es nahe, dass prinzipiell jedes Risiko versicherbar ist, solange die Versicherungen die Möglichkeit haben, eine interne "Mischkalkulation" bzw. Streuung der Risiken durchzuführen. Allerdings können die Versicherungsprämien für "schlechte Risiken" recht hoch werden, was den hierzulande angestrebten Solidarausgleich gefährden könnte. Diesen Konflikt könnte man aber durch eine größere Wahlfreiheit bezüglich Auswahl und Umfang des Versicherungsschutzes auflösen helfen. Um dennoch die externen Effekte der individuellen Nichtversicherung zu vermeiden, wäre eine *Mindestversicherungspflicht* denkbar, die über alle Versicherungsunternehmen hinweg einen Mindestschutz garantiert. Außerdem könnte ein Solidarausgleich schon im Steuersystem angelegt werden.
Aber in erster Linie muss die Ordnungspolitik dafür sorgen, dass Versicherungen die Möglichkeit erhalten, ihre versicherten Risiken genügend zu diversifizieren. "Die Existenz staatlicher Zwangsversicherungen, die den privaten Markt zu klein werden lassen, um Risiken profitabel zu diversifizieren (...), haben wohl bisher das Angebot privater Versicherer beschränkt" (Berthold 1991: S. 154).

---

25 Alter, Beruf, Geschlecht, Bildung, Branche, Konjunkturverlauf, gesundheitliche Prädispositionen, Freizeitgestaltung u.v.m.

26 Beispielsweise durch Beitragsrückerstattung bei Nicht-Inanspruchnahme von Versicherungsleistungen, Selbstbeteiligung, aber auch durch Kontrollen der Versicherungsunternehmen, Erstattungskataloge etc.

Nun können die Marktergebnisse auch aus distributiver Sicht als nicht hinnehmbar angesehen werden. Aus allokativer Sicht stellt dies allerdings kein Marktversagen dar. Aber trotz Funktionsfähigkeit des Marktmechanismus bei Einhaltung der Regeln des vorgegebenen Ordnungsrahmens können die Verteilungsergebnisse des Marktes von Teilen der Gesellschaft als unannehmbar und ungerecht angesehen werden. Dies betrifft nicht nur Vermögens- und Einkommenskategorien, sondern allgemein die Verteilung der Lebenschancen, die mittelbar aus den Marktprozessen resultieren. Dabei werden die Systeme der sozialen Sicherung immer mehr als Korrektiv des Marktes und als Systeme zur Lebensstandardsicherung verstanden.
In diesem Spannungsfeld wird der Konflikt zwischen marktlicher Effizienz und Gerechtigkeitsaspekten der Verteilung ausgetragen. Nach Thuy (1999: S. 196) kommt hier die Vorstellung zum Ausdruck, "der Markt habe für Effizienz und der Staat für soziale Gerechtigkeit zu sorgen." Welche Verteilung der Einkommen als gerecht anzusehen ist, bleibt allerdings umstritten. Weitgehend Einigkeit besteht lediglich darin, aus Gründen des sozialen Friedens innerhalb einer Gesellschaft, den Differenzierungsgrad der Einkommen nicht zu weit auseinanderklaffen zu lassen, auch wenn man sich damit unter Umständen weit vom Leistungsprinzip entfernt.
Mit dem Umverteilungsziel als Korrekturinstrument eines "distributiven Marktversagens" dürfte im Übrigen die in der realen Welt relevanteste Motivation von Staatseingriffen beschrieben sein.

2.2.2.2 Verzerrte Präferenzen

Politiker können ein Interesse an bestimmten "wünschenswerten Bedürfnissen" und Verhaltensweisen der Bevölkerung haben. Nun ist es aber wahrscheinlich, dass sich die Präferenzen der Individuen nicht unbedingt mit den Vorstellungen ihrer "Landesväter" decken, und dass diese bestimmte Präferenzen ihrer Bürger oder Gruppen von Individuen als verzerrt und deshalb korrekturbedürftig ansehen.
Ein privates Angebot an wünschenswerten Gütern wäre hier zwar grundsätzlich möglich, die Nachfrage würde aber unter der als wünschenswert erachteten Menge bleiben (Lampert 1995: S. 49). Eine zu geringe Nachfrage nach einem solchen "meritorischen Gut" kann damit begründet werden, dass die Individuen bisweilen die zukünftige Tragweite heutiger Entscheidungen unzureichend wahrnehmen. So ist die Einschränkung der Wahlfreiheit in der Gegenwart unter Berufung auf das Konzept der meritorischen (verdienstvollen, wohlwollenden) Eingriffe immer dann gerechtfertigt, wenn die Freiheit in der Zukunft gefährdet zu sein scheint (Thuy 1999: S. 191). Die unzureichende Wahrnehmung der Tragweite heutiger Entscheidungen für die Zukunft kann vielerlei Gründe haben. Einen staatlichen Eingriff rechtfertigen sie alleine noch nicht. Ein meritorischer Bedarf erscheint aber gerechtfertigt, "wenn die Individuen nicht oder nur eingeschränkt entscheidungsfähig sind, nicht über die entsprechenden Informationen verfügen, die für eine sachgerechte Entscheidung erforderlich sind, die Entscheidungen von existentieller Bedeutung sind und/oder zugunsten Dritter gefällt werden" (Berthold 1991: S. 148).

In solchen Situationen kann eine staatliche Maßnahme[27] - nicht gleichzusetzen mit staatlichem Angebot - helfen, Risiken für Individuen sichtbar zu machen und zu minimieren.
Des Weiteren kann ein meritorischer Bedarf aber auch in Richtung auf ein Gemeinwesen festgestellt werden, wenn es darum geht, dieses gegen kostspielige zukünftige Ansprüche aus zurückliegenden individuellen Fehleinschätzungen zu schützen.
Bleibt zu erwähnen, dass es im Gegensatz zu den öffentlichen Gütern, die mittlerweile hinreichend spezifiziert sind, keine "meritorischen Güter" im eigentlichen Sinne gibt, sondern lediglich Vorstellungen darüber, welche Güter als meritorisch anzusehen sind. Da diese Güter prinzipiell auch über Märkte angeboten werden können, bestehen je nach sozialpolitischem Leitbild unterschiedliche Auffassungen über die Notwendigkeit eines meritorischen Eingriffs durch staatliche Einrichtungen (Recktenwald 1988: S. 146; Zimmermann/Henke 1994: S. 49).
Das Argument verzerrter Präferenzen und die Notwendigkeit meritorischer Eingriffe werden oft im Zusammenhang mit den Bereichen Schulausbildung, Gesundheitsschutz und Alterssicherung aufgegriffen. Hierbei geht man ausdrücklich von der Annahme aus, dass die meisten Individuen nicht in der Lage seien, die Daseinsrisiken in adäquater Weise in ihrer Lebensgestaltung zu berücksichtigen. Dabei ist es zunächst unerheblich, ob diese "verzerrten Präferenzen" aus Uneinsichtigkeit oder aufgrund fehlender Information zustande kommen. Politiker und Bürokratie sehen es hier als ihre Aufgabe an, vorbeugend tätig zu werden. Allerdings stellt sich wiederum die Frage, ob sie mit dem System der Zwangsversicherungen auch hier nicht über das eigentliche Ziel hinausschießen. Analog zur Schulpflicht, die übrigens die Wahl des Schultyps freistellt, dürfte m.E. auch aus "meritorischen Überlegungen" eine Versicherungspflicht für die Alters- und Gesundheitssicherung völlig ausreichen. Die Aufgabe für die Ordnungspolitik lautet demnach auch hier, vor allem die privaten Versicherungsmärkte funktionsfähig zu machen.

2.2.3 Ziele der Sozialpolitik in Marktwirtschaften

Das übergeordnete und recht allgemein gehaltene Ziel der Sozialpolitik besteht darin, allen Gesellschaftsmitgliedern eine menschenwürdige Existenz zu ermöglichen (Eucken 1952/1990: S. 313). Die Gewährleistung einer menschenwürdigen Existenz besteht zunächst in wie auch immer ausgestalteten Vorkehrungen gegen den Verlust der Existenzgrundlagen. Über dieses Sicherheitsstreben hinausgehende quantitative Vorstellungen der Existenzsicherung zielen meist darauf ab, aus Gerechtigkeitsüberlegungen Einkommen und Vermögen abweichend vom Markteinkommen zu verteilen. Dies geschieht oft im Hinblick auf Postulate der distributiven Gerechtigkeit oder der Wahrung des sozialen Friedens innerhalb eines Gemeinwesens. Dieser Aspekt lässt sich als sozialpolitische Zielsetzung der Gerechtigkeit bezeichnen.

---

27 Etwa eine Versicherungspflicht.

2.2.3.1 Sicherheit

Für Walter Eucken besteht die Wurzel des Bedürfnisses nach Sicherheit in den Begleiterscheinungen einer weit gegliederten menschlichen Arbeitsteilung. Diese habe zwar die Produktivität der Arbeit gesteigert, zugleich jedoch neue Unsicherheiten hervorgerufen: Denn der Mensch steht - so Eucken - einerseits in der Abhängigkeit eines komplizierter gewordenen Wirtschaftsprozesses, andererseits in der Abhängigkeit von anderen Menschen (Eucken 1952/1990: S. 317; Watrin 1977: S. 969). Die Gefahren, denen der in arbeitsteiliges Wirtschaften eingebundene Mensch ausgesetzt ist, sind die "wirtschaftliche Not" durch Krankheit, Invalidität und Arbeitslosigkeit und in Verbindung damit der "Verlust seiner Möglichkeiten als Person", nämlich der Verlust der Freiheit.
Durch Verlust der materiellen Existenzgrundlage kann der Mensch in der Tat schuldlos an den Rand der Gesellschaft gedrückt werden - mit schlimmen Folgen für die wirtschaftliche Existenz, die Entfaltungsmöglichkeiten und für das Selbstwertgefühl des Menschen. Die andere Gefahr aber, der Verlust der persönlichen Freiheit, sieht Eucken im Vergleich zur wirtschaftlichen Not (er nennt beispielhaft die Massenarbeitslosigkeit) in nicht hinreichendem Maße gewürdigt (Eucken 1952/1990: S. 318). "Sicherheit" bedeutet für ihn nicht nur die Sicherung der materiellen Existenz, die auch durch eine kollektivistische Ordnung gewährleistet sein kann, sondern auch und insbesondere die Sicherung der persönlichen Freiheit.[28]
Sicherheit vor materieller Not: Hierzu dienen neben der Garantie einer Mindestsicherung als Schutz vor Not Maßnahmen zur Bewahrung der Existenzgrundlage beim Eintritt so genannter "Wechselfälle des Lebens" wie Krankheit, Arbeitslosigkeit, Alter, Pflegebedürftigkeit etc., aber auch vorbeugende Maßnahmen im Arbeits- und Gesundheitsschutz.[29] Außerdem ist zu gewährleisten, dass auch diejenigen Sicherheit und Schutz vor Existenz gefährdender Not erhalten, die nicht für ihren eigenen Lebensunterhalt aufkommen können.[30]

---

28 Ähnlich neuerdings auch Sen (1999: S. 15): Er sieht soziale Sicherheit als Freiheitsinstrument und integralen Bestandteil eines Wirtschaftssystems. Die Ausgestaltung der Systeme sozialer Sicherung erfährt insbesondere in einer schrumpfenden, in die Rezession gleitenden Wirtschaft ihre Freiheit sichernde Wirkung, besonders für Gruppen, die unter der jeweiligen Situation mehr zu leiden haben als andere.

29 Hierzu zählen Maßnahmen der unmittelbaren Gefahren- und Risikoabwehr am Arbeitsplatz (Arbeitsschutzbestimmungen) und Maßnahmen der Gesundheitsvorsorge. In Deutschland wird der Arbeitsschutz vorwiegend durch ordnungsrechtliche Vorschriften der Gewerbeordnung geregelt. Nach ihr obliegt es den Unternehmern, in ihren Betrieben solche Bedingungen herzustellen, dass von der Arbeit im Betrieb keine Gefahren für Leib und Leben der Beschäftigten ausgehen. Dementsprechende Vorkehrungen sind durch den Unternehmer zu treffen.

30 Behinderte Menschen, Alte und Kinder. Ebenso von Hayek (1967/1994: S. 123): "Es gibt natürlich keinen Grund, warum eine Gesellschaft, die so reich ist wie die moderne, nicht *außerhalb des Marktes*, für diejenigen, die im Markt unter einen gewissen Standard fallen, ein Minimum an Sicherheit vorsehen sollte." Siehe auch Hamm (1989: S. 372).

Zur Vermeidung materieller Not sollte der Staat mit seiner Ordnungspolitik versuchen, die Funktionsfähigkeit der Arbeitsmärkte sicherzustellen, so dass sie möglichst vielen Menschen die Teilnahme am Produktionsprozess erlauben. Hierzu müssen Vermachtungstendenzen und Haftungsausschlüsse verhindert werden, die die Tarifparteien von ihrer beschäftigungspolitischen Verantwortung entbinden. Auch sollte die staatliche Ordnungspolitik auf den Versicherungsmärkten solche Bedingungen herstellen, die privatwirtschaftliche Lösungen der Existenzsicherung ermöglichen. Die Übernahme von Sicherungsleistungen durch den Staat hätte dann rein subsidiär zu erfolgen (siehe Kapitel 2.3.1.1). Da die Produktion des Gutes "Sicherheit" (Berthold 1997: S. 12) also durchaus privat erfolgen kann, sollte der Staat nur in solchen Fällen eingreifen, in denen die entstehenden Belastungen für das Individuum nicht mehr tragbar sind oder private Lösungen aufgrund allokativer Unzulänglichkeiten auf den Arbeits- und Versicherungsmärkten verhindert würden oder ineffizient wären.[31]

Sicherheit als Freiheit: Für Eucken ist der Verlust der Freiheit eine noch größere Gefahr als wirtschaftliche Not, denn dadurch wird "die viel schwerere Gefahr persönlicher Unsicherheit herauf[beschworen]" (Eucken 1952/1990: S. 318). In einem Zustand der Unsicherheit ist es dem Menschen immer weniger möglich, vorausschauend die eigene Zukunft zu gestalten.[32]

Ferner bedingen sich die Freiheit der Person und persönliche Sicherheit gegenseitig (Krüsselberg 1988: S. 305). Durch den Verlust der Freiheit wird der Mensch seiner Handlungsoptionen beraubt, dem "Recht der selbst bestimmten Nutzung individuellen Handlungsvermögens" (ebenda: S. 305).[33] Daraus leitet sich als Anforderung einer Freiheit sichernden Ordnungspolitik ab: Sie hat Vermögenspolitik in dem Sinne zu sein, dass sie den Individuen die Freiheitsräume eigenverantwortlicher Daseinsplanung eröffnet, und sie hat Sicherungspolitik zu sein, indem sie die Entscheidungen der Individuen so weit wie möglich den Interessen Dritter entzieht.

---

31 Das könnte der Fall sein bei nicht oder schwer versicherbaren Risiken (Berthold 1997: S. 13ff.). Das Problem der Nicht-Versicherbarkeit wird in Kapitel 2.3.2.1 (Marktversagen) relativiert. Allerdings ist die Herstellung solcher Bedingungen äußerst anspruchsvoll und in wohlfahrtsstaatlich geprägten Volkswirtschaften kurzfristig nicht zu bewerkstelligen. Dies würde einen großflächigen Rückzug des Staates aus der sozialen Sicherung bedeuten.

32 "Stets muß der Mann mit solchen Verfügungen rechnen, die ihn zwingen, zu tun, was er nicht will" (Eucken 1952/1990: S. 125). Der Mensch ohne Freiheit übergibt sich und seine Zukunft in die Hände anderer.

33 Kirsch/Lohmann (1997: S. 15) weisen in diesem Zusammenhang auf einen weiteren Aspekt der "Sicherheit" im Verständnis von Freiheit hin: Eine gute Ordnung muss ein Verständnis von Sicherheit vermitteln, das den Menschen *ohne Angst* und mit *Zuversicht* leben lässt. Angst verhindert eine Ordnung, die den Menschen genug eigenen Handlungsspielraum lässt, die transparent ist und deren Weiterbestand für den einzelnen vorhersehbar ist. Der Mensch muss die Ordnung dabei als stabil erleben und sich sicher sein können, dass die Zusicherung von Hilfe selbst sicher ist. Dies ist umso wichtiger, als der Erfolg der allermeisten ökonomischen Aktivitäten ohnehin ungewiss ist.

2.2.3.2 Gerechtigkeit

Wirtschafts- und Gesellschaftssysteme sind langfristig nur dann überlebensfähig, wenn die dort erzielten Ergebnisse von der Mehrheit der Bevölkerung auf Dauer als gerecht angesehen und akzeptiert werden (Thuy 1999: S. 176/177). In erster Linie stehen bei Forderungen nach "Gerechtigkeit" Fragen der Verteilung von Einkommen und Vermögen im Vordergrund, also materielle Gerechtigkeitsvorstellungen. Diese klaffen allerdings weit auseinander. Zudem erschwert eine der babylonischen Sprachverwirrung[34] nahe kommende Fülle von Definitionen des Begriffs "Gerechtigkeit" die Diskussion.
Gerechtigkeit betrifft die Beziehungen der Menschen untereinander und ist *gestaltbar*. Deshalb berührt Gerechtigkeit auch immer die Handlungs- und Gestaltungsfreiheit der Menschen (Gröner 1989: S. 309).

Den auf Handlungen oder Positionen bezogenen materialen Gerechtigkeiten ist in rechtsstaatlich verfassten Staatswesen die Norm der formalen Gerechtigkeit vorgelagert. Diese gewährt den Bürgern die gleichen Rechte und verkörpert damit einen allgemeinen Gleichheitsgrundsatz. Die Gewähr formaler Gerechtigkeit ist eine unmittelbare Voraussetzung für die Verwirklichung von Start- und Leistungsgerechtigkeit. Start- und Leistungsgerechtigkeit sind auf die Handlungsebenen[35] der Individuen bezogen und entsprechen am ehesten den ordoliberalen Vorstellungen von Gerechtigkeit, die auch dieser Arbeit zugrunde liegen.
Startgerechtigkeit umschreibt eine Ausgangsposition, von der aus die Individuen prinzipiell die gleichen realisierbaren Möglichkeiten haben. Diese auch als Chancengleichheit bezeichnete Gerechtigkeit wird vor allem in der Bildungspolitik diskutiert und bezieht sich auf die Möglichkeiten der Wahl von Bildungswegen, der freien Berufs- und Arbeitsplatzwahl.[36] Ergebnisse, die sich aus dieser Gleichheit der Startbedingungen bei Allgemeingültigkeit der "Spielregeln" heraus ergeben, sind als gerecht anzusehen.

---

34 "Auf, steigen wir hinab, und verwirren wir dort ihre Sprache, so dass keiner mehr die Sprache des anderen versteht" (Altes Testament, Genesis 11, 7).

Zum Problem der "sozialen" Gerechtigkeit" und der Frage, ob die Termini "sozial" und "gerecht" überhaupt auf Marktprozesse anzuwenden seien: Siehe von Hayek (1967/1994 und 1981) und ebenso Vanberg (1999).

35 Siehe von Hayek (1967/1994: S. 114): "Gerechtigkeit kann nur sinnvoll auf menschliche Handlungen bezogen werden und nicht auf einen Zustand als solchen (...)."

36 Startgerechtigkeit oder Chancengleichheit dürfen aber nicht in dem Sinne interpretiert werden, dass der freie Zugang zu Bildungseinrichtungen mit einem Recht auf die höchstmögliche Ausbildung beim Fehlen entsprechender Voraussetzungen gleichgesetzt wird. Zu den Resultaten einer solchen Bildungspolitik vgl. Schüller (1999b: S. 5f.). Auf der anderen Seite "(sollten) wirtschaftliche Gründe (...) der Ausbildung wirklicher Begabungen nicht im Wege stehen" (Eucken 1952/1990: S. 320). Ausführlicher die Erläuterungen Gröners über System- und Verteilungsgerechtigkeit in Gröner (1989: S. 309ff.).

Man bezeichnet Gerechtigkeit als Leistungsgerechtigkeit, wenn einer Leistung jene Leistung gegenübersteht, auf die sich die Vertragspartner in freiwilliger Übereinkunft geeinigt haben. Müller-Armack (1948: S. 143) bezeichnet diese Gerechtigkeit als Zuweisung des "suum cuique". Natürlich können aus diesen Übereinkünften unterschiedliche Einkommens- und Vermögenspositionen entstehen.[37] Deshalb wird Leistungsgerechtigkeit hier auch "nur" als Norm zur Beurteilung des Verhaltens verstanden und nicht als Norm zur Beurteilung einer Position (Streit 1995b: S. 13).[38]
Das Vorliegen von Einkommens- oder Vermögensunterschieden ist nach der Gerechtigkeitsnorm Leistungsgerechtigkeit zunächst kein Problem, sondern höchstens deren Zustandekommen, welches auch von der Marktform abhängt. Entstehen nämlich Einkommensdifferenzen nicht nach Maßgabe von Knappheiten, sondern aus der Ausnutzung von Monopolstellungen, so ist kein gerechter Austausch der Leistungen zustande gekommen und das Ergebnis nicht als (leistungs-)gerecht anzusehen (Eucken 1952/1990: S.). Deshalb folgert Eucken, dass die Verwirklichung der sozialen Gerechtigkeit[39] abhängig von der Anwendung der konstituierenden und regulierenden Prinzipien der Wirtschaftsordnung ist (ebenda: S. 315). Gerechtigkeit sollte man demnach vor allem dadurch zu erreichen versuchen, indem man die Einkommensbildung den strengen Regeln des Wettbewerbs unterwirft.

Hingegen wird die Forderung nach "sozialer Gerechtigkeit" oft und besonders nachdrücklich von organisierten Gruppenvertretern oder Politikern artikuliert. Fordern diese "soziale Gerechtigkeit", so meinen sie in der Regel Verteilungsgerechtigkeit oder eine Form der Bedarfsgerechtigkeit. Aufgrund eines Vergleichs der Einkommens- und Vermögenspositionen gesellschaftlicher Gruppen - etwa Unternehmer und Arbeitnehmer - wird oft auf einen "Unrechtstatbestand" im Sinne von Ungleichheiten geschlossen.
Soziale Gerechtigkeit ist hierbei identisch mit einer "gerechten" Angleichung der Einkommens- und Vermögenspositionen oder der Garantie eines wie auch immer definierten soziokulturellen Lebensstandards. Diese Sicht von Gerechtigkeit kann sich im Übrigen auch als Spezialfall sozialer Gerechtigkeit auf Regionen beziehen. Man

---

37 Rawls hat in seiner "Theorie der Gerechtigkeit" hierzu eine Bedingung formuliert, unter der soziale und ökonomische Ungleichheit als gerecht akzeptiert werden könne. Gerechtigkeit existiere dann, wenn die Ergebnisse zum größten Vorteil der am wenigsten begünstigten Personen sind. Dies ist die sog. Maximin-Lösung des Problems der sozialen Gerechtigkeit (Rawls 1971/1993: S. 177f.). Siehe auch Straubhaar (1993: S. 161).

38 Streit verwendet hierzu den Terminus "Verhaltensgerechtigkeit" als Norm zur Beurteilung des Verhaltens von Individuen gegenüber anderen. Gerechtes Verhalten liegt dann vor, wenn das Individuum "seine gesellschaftliche(n) Beziehungen entsprechend dem Recht gestaltet", auf dem Wege vertraglicher Vereinbarungen und Kooperationen (Streit 1995b: S. 13). Dieser Terminus ist also durchaus mit der formalen Gerechtigkeit und der Leistungsgerechtigkeit zu vergleichen. Verteilungsgerechtigkeit zum anderen ist "auf die Verteilung von Positionen und (..) von Handlungsergebnissen zwischen Personen und Gruppen bezogen" (ebenda: S. 13).

39 Nicht zu verwechseln mit sozialer Gerechtigkeit im Sinne von aus- und angleichender Verteilungsgerechtigkeit innerhalb des wohlfahrtsstaatlichen Leitbildes von Sozialpolitik.

spricht dann von interregionaler Gerechtigkeit, bei der eine Angleichung der Lebensbedingungen zwischen Regionen angestrebt wird (Berthold 1994: S. 3; Berthold 1998: S. 962ff.).

Abbildung 1: Gerechtigkeitsnormen

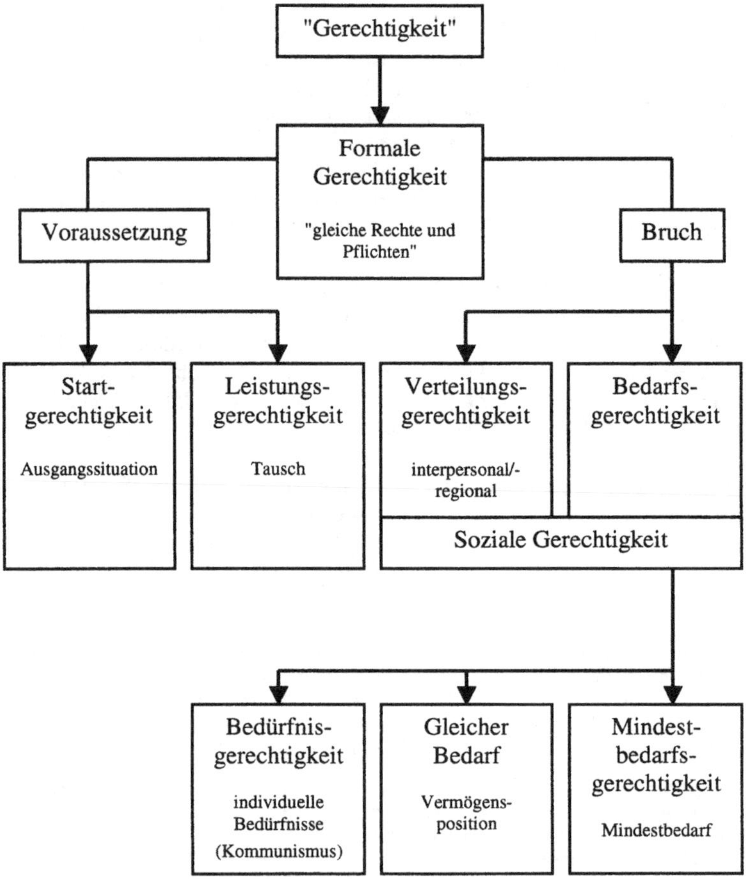

Der "sozialen Gerechtigkeit" liegt der Gedanke zugrunde, dass sich Gerechtigkeit auf die "Verteilung von Positionen und Handlungsergebnissen zwischen Personen und Gruppen" beziehen muss (Streit 1995b: S. 13).[40] Für die Verteilungsergebnisse, auch wenn sie unter den Bedingungen der Start- und Leistungsgerechtigkeit entstanden sein sollten, sieht man Korrekturbedarf. Der Geltungsbereich universeller Regeln wird dadurch allerdings mehr und mehr eingeschränkt (Streit 1995a: S. 7), wodurch ein Bruch mit der formalen Gerechtigkeit herbeigeführt und Unsicherheit geschaffen wird. Die Stellung der Vertragsfreiheit kann dann nur noch nachrangig sein, da sie sich an zuvor definierten Gerechtigkeitsvorstellungen orientieren muss. Das Privatrecht wird somit fallweise mittels öffentlichen Rechts "korrigiert".[41]
Bezugsobjekte für diese "austeilende Gerechtigkeit" sind in diesem wohlfahrtsstaatlichen Verständnis von Gerechtigkeit stets Kollektive und nicht das Individuum (Schüller 1999: S. 1). Dabei stellt sich, wie Hamm (1989: S. 378) bemerkt, ein Paradoxon ein: Die freizügige Vergabe von Vorteilen durch wahlkämpfende Politiker nach allen Seiten führt nicht zu allgemeiner Zustimmung für die Verteilungsergebnisse, sondern zu wachsender Unzufriedenheit mit den Verteilungsergebnissen. Zudem scheinen sich die Individuen als eigenverantwortliche Personen mehr und mehr aufzugeben, wenn Hamm einen Mentalitätswechsel in der Bevölkerung konstatiert, in der "(r)elative Verschlechterungen der eigenen Verteilungsposition (..) nicht als Herausforderung empfunden (werden), aus eigener Kraft etwas dagegen zu unternehmen (...). Vielmehr wird daraus ein Anspruch auf Leistungsergebnisse anderer abgeleitet" (ebenda: S. 378).

2.2.4 Anforderungen an sozialpolitisch motivierte Markteingriffe

Als Bezugspunkt einer Beurteilung sozialpolitischer Interventionen in das Marktgeschehen dient die Einschätzung ihrer Auswirkungen auf das menschliche Verhalten. Die Begründung für diese Vorgehensweise ist darin zu sehen, dass die "Menschen (..) stets im Rahmen der jeweils realisierten Ordnung der Wirtschaft (handeln). Ändert sich die Beschaffenheit der Wirtschaftsordnung im ganzen oder in ihren Teilen, dann reagieren die Menschen auf diese Änderung, sie ändern ihre Pläne (...)" (Hensel 1992: S. 16).

Sozialpolitik ist kein isolierter Bereich allgemeiner Wirtschaftspolitik, sondern eingebettet in die Interdependenzen rechtlicher, politischer und wirtschaftlicher Ordnung. Vielfach wird nämlich nicht beachtet, dass sozialpolitische Ziele nur Teile

40 Vgl. von Hayek (1967/1994: S. 114f.) und insbesondere ebenda S. 118: "(...) *„soziale"* oder *„distributive Gerechtigkeit"* (..) begnügt sich nicht damit, Verhaltensregeln für die Individuen aufzustellen, sondern strebt für bestimmte Personen ganz bestimmte Endergebnisse an (...)."

41 Hayek sieht dabei enorme Gefahren für die Freiheit. Das Recht ist letztlich nur noch Ausdruck des Willens bestimmter Menschen und nicht mehr Ergebnis eines unpersönlichen Prozesses (von Hayek 1994e: S. 48). "Der Telos oder die Zweckmäßigkeit verdrängt immer mehr den Nomos oder das Recht" (ebenda: S. 55).

eines umfassenderen Zielsystems darstellen. Besonders in den Marktwirtschaften Mittel- und Osteuropas, die sich im Aufbau befinden, ist dies von Belang. Hier gilt es, neben sozialpolitischen Zielsetzungen noch andere Herausforderungen, vorneweg die dauerhafte Realisierung von Rechtsstaatlichkeit, Demokratie und das wirtschaftliche Aufschließen zum Wohlstand westlicher Ökonomien zu bewerkstelligen. Sozialpolitische Ziele, die die notwendige Dynamik für wirtschaftliche Entwicklung und Wachstum bremsen, führen somit zu einem Konflikt mit anderen Zielen. Es gilt also bei allen Eingriffen in den Wirtschaftsprozess zu bedenken, dass diese Eingriffe unbeabsichtigte Neben- und Folgewirkungen haben können.

Gutmann (1986: S. 49ff.) formuliert zwei Bedingungen, denen die Wirtschaftspolitik in Marktwirtschaften und Zentralverwaltungswirtschaften genügen müssen:[42] Die Zielkonformität und die Ordnungskonformität.
Als "zielkonform" bezeichnet er Maßnahmen, die zum Erreichen zuvor gesetzter Ziele beitragen; "ordnungskonform" sind indes solche Maßnahmen, die die *gewollte* Wirtschaftsordnung zumindest erhalten oder herbeizuführen helfen. Für die Beurteilung der Wirkung einer wirtschaftspolitischen Maßnahme auf die Wirtschaftsordnung ist somit das wirtschaftspolitische Leitbild als Prüfmaßstab heranzuziehen (Gutmann 1986: S. 52).
Eine sozialpolitische Maßnahme kann im Verständnis des ordoliberalen Leitbildes von Sozialpolitik dann als ordnungskonform gelten, wenn sie zumindest nicht von diesem Leitbild wegführt. Das ist dann der Fall, wenn die konstitutiven Elemente der Sozialordnung und der Wirtschaftsordnung aufeinander abgestimmt sind, die Sozialordnung sich also konform zur Wirtschaftsordnung verhält. Dies kann man annehmen, wenn die zur Wettbewerbsordnung komplementären Grundsätze "Individualprinzip" und "Subsidiaritätsprinzip" als verwirklicht gelten können.
Mit der Sozialordnung inkonforme Maßnahmen können die Funktionsfähigkeit der Wirtschaftsordnung beeinträchtigen. Deshalb ist eine Konformitätsprüfung im Vorfeld einer sozialpolitischen Maßnahme durchzuführen. Aufgrund der Interdependenzen zwischen der Wirtschaftsordnung und ihrer Teilordnungen müssen mit dieser Prüfung zunächst die Auswirkungen der Maßnahme auf die Wirtschaftsordnung beurteilt werden. In einem zweiten Schritt müssen die Auswirkungen auf die Sozialordnung eingeschätzt werden. Bei diesen Beurteilungen sollten die Effekte auf die

42 Auf Zentralverwaltungswirtschaften wird im weiteren Verlauf nicht mehr eingegangen. Dennoch sei kurz erwähnt: Die Konformitätsbedingungen verlangen, dass alle wirtschafts- und sozialpolitischen Maßnahmen in Übereinstimmung mit den Prinzipien der Politischen Ökonomie des Sozialismus zu treffen sind. Je mehr beispielsweise von der zentralen Wirtschaftsrechnung, dem Zentralplan und der konstitutiven Eigentumsordnung, dem Staatseigentum an Produktionsmitteln, abgewichen wird, desto eher bewegt sich ein solches System hin in Richtung preisgesteuerter Wirtschaftsrechnung mit Privateigentum. Führen sozialistische Zentralverwaltungswirtschaften marktwirtschaftliche Elemente in ihre Wirtschaftsordnung ein, so könnte man durchaus von einem "Kuckucksei-Effekt" sprechen, wenn dadurch der Bevölkerung die Unzulänglichkeiten der eigenen Wirtschaftsordnung vor Augen geführt werden. Hierin ist einer der Ausgangspunkte für die Transformation ehemaliger Zentralverwaltungswirtschaften zu sehen.

Kompatibilität der jeweiligen konstitutiven Prinzipien der Ordnungen die größte Aufmerksamkeit erfahren.
Zwischenergebnis: Grundsätzlich ist bei sozialpolitischen Maßnahmen darauf zu achten, den Individuen ein Höchstmaß an Handlungs- und Gestaltungsfreiheit bei der individuellen Lebensplanung zu belassen. Die Maßnahmen sollten stets darauf gerichtet sein, die Bedingungen für die Teilnahme am Wirtschaftsprozess für möglichst viele Personen herzustellen und zu bewahren. Diese Bedingungen werden am ehesten dadurch erreicht, dass das Preissystem die Informationen über Knappheiten zuverlässig durchreicht und der Vermachtung der Wirtschaftsprozesse vorgebeugt wird. Sozialpolitik als Ordnungspolitik ist somit als Anreizpolitik zu verstehen, die die Individuen zur Nutzung ihrer Erwerbsmöglichkeiten im Marktprozess anspornt.
In diesem Sinne inkonform sind beispielsweise Produzentensubventionen als Erhaltungssubventionen, da diese nicht nur den Strukturwandel und die Wachstumsmöglichkeiten einer Volkswirtschaft hemmen können, sondern auch Arbeitnehmer davon abhalten können, rechtzeitig auf den Strukturwandel durch einen Wechsel des Arbeitsplatzes oder durch Umqualifizierung zu reagieren. Inkonform und anreizhemmend sind außerdem die mannigfachen Einschränkungen der Vertragsfreiheit insbesondere im Arbeitsrecht, aber auch im Gesundheitswesen und der Alterssicherung, wo kollektiven Zwangsversicherungen mit Solidarcharakter oft der Vorzug vor privatwirtschaftlichen Versicherungsmöglichkeiten gegeben wird.[43]
Im Mittelpunkt der Sozialpolitik sollte darum immer die Person stehen und die adäquate Befriedigung ihrer Bedürfnisse und nicht sozialpolitische Institutionen und deren Schutz. Soziale Ordnungspolitik ist demnach primär wertorientiert und nicht ergebnisorientiert. Der Wert, den es dabei zu realisieren und zu schützen gilt, ist die Freiheit (Vgl. auch Oberender (1992: S. 67) und Schlecht (1998: S. 37).
Die Grenzen der Sozialpolitik liegen außerdem dort, wo der Staat die wirtschaftlichen Fundamente der Sozialpolitik gefährdet, sei es durch leistungshemmende Anreize, überfordernde Abgaben zur sozialen Sicherung oder die Behinderung wirtschaftlicher Dynamik durch Schaffung wettbewerblicher Ausnahmebereiche.[44]
Wenn jetzt im Gefolge der anstehenden Erweiterungen der EU und der Wirtschafts- und Währungsunion Forderungen erhoben werden, diese sozialpolitisch zu flankieren, so stellen sich die Fragen: Welches sozialpolitische Leitbild verfolgt die Union dabei? An welchem Leitbild *sollte* sich die gewollte Sozialordnung orientieren?

---

43 Selbst hier sind privatwirtschaftliche Versicherungslösungen denkbar und werden diskutiert. Siehe statt vieler Hartwig (1997). Ebenso Queisser (1998: S. 17), Kronberger Kreis (1998a: S. 15), Soltwedel (1997: S. 15) und Börsch-Supan (2000: S. 10).

44 Zu den Grenzen sozialpolitischer Eingriffe siehe Hamm (1981 und 1989) und Schüller (1996b).

3 Zur Interdependenz von Integrationsmethode und sozialpolitischem Leitbild

3.1 Zusammenhang zwischen Leitbildern der Sozialpolitik und der Integrationsmethode

Das vorangegangene Kapitel zeigt die Charakteristika sozialpolitischer Leitbilder im Vergleich unterschiedlicher marktwirtschaftlicher Ordnungsvorstellungen. Sozialpolitischen Leitbildern liegen offenbar übergeordnete Ordnungsvorstellungen zugrunde. Deshalb erfordert in der Logik der Systementfaltung und -bewahrung die Etablierung und Aufrechterhaltung einer Ordnungsvorstellung eine mit ihr übereinstimmende Sozialpolitik.
Als wesentliches Unterscheidungsmerkmal für die ordnungspolitische Einordnung sozialpolitischer Leitbilder in Marktwirtschaften hat sich die Stellung des Individuums in den gesellschaftlichen Prozessen und die ihm dabei zugebilligten Entscheidungs- und Handlungskompetenzen erwiesen. Die Dominanz eines der beiden entgegengesetzten Gestaltungsprinzipien, Individual- oder Kollektivprinzip, bestimmt die Gestalt der praktischen Sozialpolitik.
Für die Art und Weise einer Integration der (nationalen) Sozialpolitik in den Prozess der europäischen Integration ist ebenfalls die Frage nach dem Ausmaß der Handlungs- und Gestaltungskompetenz der Individuen maßgeblich. Auch hier gelten die Konformitätsanforderungen: Soll den Individuen ein Maximum an Handlungs- und Gestaltungskompetenz vorbehalten bleiben, so muss eine wohlfahrtsstaatlich motivierte, durch verbindliche Vorgaben harmonisierende Integration weitgehend unterbleiben.

Je näher die Sozialpolitik vom Individualprinzip an das wohlfahrtsstaatlich motivierte Kollektivprinzip rückt, eröffnet sich im Übrigen eine weitere, für den Integrationsprozess bemerkenswerte Dimension: Erlangen Staat oder supranationale Institutionen Macht und Einfluss auf die Gestaltung zahlreicher individueller Lebenspläne, so werden diese Institutionen und der Staat in stärkerem Maße Partikularinteressen ausgesetzt sein. Organisierte Interessenvertreter werden danach trachten, staatliche oder behördliche Macht in ihrem Sinne zu lenken.
Trotz grundsätzlicher Beibehaltung des Preismechanismus als Koordinationsprinzip werden die verschiedenen ordnungspolitischen Leitbilder über die ihnen entsprechenden Integrationsmethoden unterschiedliche Lenkungswirkungen und Verhaltensweisen der Individuen entfalten.
Die Interdependenz sozialpolitischer Leitbilder und Integrationsmethoden muss folglich gemäß unserer Fragestellung von den Bezugsobjekten der Sozialpolitik (Kollektive oder Individuen) und von ihren komplementären Koordinationsmechanismen her betrachtet werden. Dies gilt in gleichem Maße für die nationale wie für die supranationale (europäische) Sozialpolitik.
Im Folgenden geht es zunächst darum, die möglichen Integrationsmethoden zu charakterisieren und herauszufinden, mit welchen sozialpolitischen Leitbildern sie

vereinbar sind. Dazu müssen zunächst die Grundformen derjenigen Integrationsmethoden identifiziert werden, die im Prozess der europäischen Integration eine Rolle spielen können. Diesen Integrationsmethoden wohnen bestimmte Deutungen des Begriffs "Integration" inne, die die Integrationsmethoden gut zu charakterisieren vermögen.

In der Außenwirtschaftstheorie versteht man unter Integration vornehmlich den bi- oder multilateralen Abbau von Beschränkungen des Waren-, Dienstleistungs- und Kapitalverkehrs zwischen Ländern oder Regionen.[1] Die Effekte der wirtschaftlichen Integration werden hierbei anhand verschiedener Formen regionaler Integration, die den erreichten Zustand wirtschaftlicher Integration bezeichnen, untersucht. Dabei handelt es sich um folgende Integrationsformen: Präferenzzone, Freihandelszone, Zollunion und der Binnenmarkt als Formen funktioneller Integration und die unvollständige und vollständige Wirtschaftsunion als Formen institutioneller Integration.[2]
Die Analyse dieser Integrationsformen beschränkt sich in statischer Sicht im wesentlichen auf die Betrachtung von Wohlfahrtseffekten regionaler Integrationsformen, die als Differenz zwischen Handelsschaffung und Handelsablenkung dargestellt werden. Im Vergleich zum Freihandel können die verschiedenen Formen regionaler Integration allerdings nur als "second-best-Lösungen" gelten, denn nur dieser führt zu einem optimalen Wohlfahrtsniveau und zur Angleichung regionaler Unterschiede (Tichy 1992: S. 108).
In dynamischen Betrachtungen werden Versuche unternommen, neben den Wohlfahrtseffekten auch zunehmend Wachstums-, Innovations- und Evolutionspotentiale der sich integrierenden Volkswirtschaften zu untersuchen (Adebahr/Maennig 1987: S. 345ff.). Diese sind insbesondere deshalb von Interesse, weil in höheren Integrationsstadien (ab Binnenmarkt) auch die Beschränkungen der Niederlassungsfreiheit von Arbeitnehmern und Unternehmen entfallen. Durch ihre Einbeziehung in die grenzüberschreitende Arbeitsteilung wird eine wesentlich effizientere Ressourcenallokation und die Ausnutzung von Innovationspotentialen ermöglicht.
Während bei den Formen der funktionellen Integration der Abbau von Handels- und Mobilitätshemmnissen und ihre Wohlfahrtseffekte im Vordergrund stehen, bezeichnen die Formen der institutionellen Integration Vorgänge der Vereinheitlichung von Politikfeldern. Die mit der institutionellen Integration angestrebte Vereinheitlichung

---

1 Der Prozess der europäischen Integration geht allerdings über die wirtschaftliche Integration der europäischen Volkswirtschaften hinaus. Insbesondere seit der Revision des Europavertrages durch den Unionsvertrag von Maastricht bestehen neben der Verwirklichung der Europäischen Wirtschafts- und Währungsunion Bestrebungen einer verstärkten Zusammenarbeit in den Bereichen Justiz und Innere Angelegenheiten sowie einer gemeinsamen Außen- und Sicherheitspolitik. Für diese drei Integrationsschwerpunkte hat sich die Bezeichnung "Die drei Säulen des Maastrichter Vertrages" durchgesetzt.

2 Siehe zu ihren Charakteristika Abb. 2: "Formen und Entscheidungslinien regionaler Wirtschaftsintegration". Vgl. auch Balassa (1961: S. 2), Adebahr/Maennig (1987: S. 332ff.).

der Handlungsstruktur kann unter anderem damit begründet werden, dass diese Formen der Integration als Vorstufe einer über den wirtschaftlichen Bereich weit hinausgehenden politischen Integration, einer politischen Union, verstanden werden können. Je mehr sich die Integrationsbestrebungen allerdings auf die Pfade der institutionellen Integration konzentrieren, desto eher müssen die beteiligten Staaten bereit sein, auf nationale Souveränitäten in der Wirtschaftsordnungspolitik und in der Wirtschaftsprozesspolitik zu verzichten.

Für die Integration der Sozialpolitik stellt sich daher auch die Frage nach dem zukünftigen Verhältnis der nationalen zu einer wie auch immer gearteten europäischen Sozialpolitik in einer Sozialunion. Grundsätzlich könnte es in einer Sozialunion zu einer Durchmischung, Ergänzung, vielleicht auch zu einer vollständigen oder teilweisen Ablösung der nationalen durch eine europäische Sozialpolitik kommen. Dabei hat die Leitbilddiskussion des vorangegangenen Kapitels schon erahnen lassen, dass es bei der Diskussion um eine Sozialunion um die Europäisierung von Tatbeständen geht, die auf nationaler Ebene bereits kontrovers diskutiert werden.

Als Integrationsmethoden, die sich den beiden konfligierenden Koordinationsmechanismen zuordnen lassen, stehen zwei Alternativen zur Verfügung, zu denen allerdings Mischformen hinzutreten (Schüller 1991c: S. 179ff.; Schüller 1994a: S. 84ff.):

- die wettbewerblich-marktwirtschaftliche Integrationsmethode (oft synonym verwendet: Marktintegration oder auch Integration durch Wettbewerb der Systeme) mit dem Preismechanismus als dem dominierenden Koordinationsmechanismus und
- die politisch-bürokratische Integrationsmethode (oft synonym verwendet: Politikintegration oder Harmonisierungsmethode). Trotz prinzipieller Beibehaltung des Preismechanismus werden hierbei immer mehr Bereiche des Integrationsprozesses zum Aufgabengebiet politisch-administrativer Gestaltung und Steuerung.

Wie Abb. 2 entnommen werden kann, erfordert der wettbewerblich-marktwirtschaftliche Integrationsweg die Ausdehnung der Wirtschaftsverfassung des Wettbewerbs sowohl auf private Güter und Dienstleistungen als auch auf das staatlich erstellte Angebot an Gütern und Dienstleistungen. Diese durch einen umfassenden Wettbewerb der Systeme gekennzeichnete Integrationsmethode lässt das Ausmaß integrationsbedingter Differenzierung und Harmonisierung über alle Integrationsformen hinweg offen. Im Gegensatz dazu wird bei der politisch-bürokratischen Integrationsmethode, der Harmonisierungsmethode, der Integrationsprozess anhand normativer Vorgaben geplant und gestaltet. Diese Vorgaben berühren jeweils ausgewählte Bereiche der Integrationspolitik über alle Integrationsformen hinweg.

Auch wenn die Tendenz, beim Übergang zu Integrationsformen der institutionellen Integration verstärkt auf die Methoden der politisch-bürokratischen Integration zurückzugreifen, nicht von der Hand zu weisen ist, so sei hier trotzdem noch einmal darauf hingewiesen, dass sich die beschriebenen Integrationsmethoden grundsätzlich mit allen Integrationsformen verbinden lassen. Die Integrationsmethoden bezeichnen lediglich Art und Weise, wie die Integrationsformen verwirklicht werden sollen.

Abbildung 1: Formen und Entscheidungslinien regionaler Wirtschaftsintegration

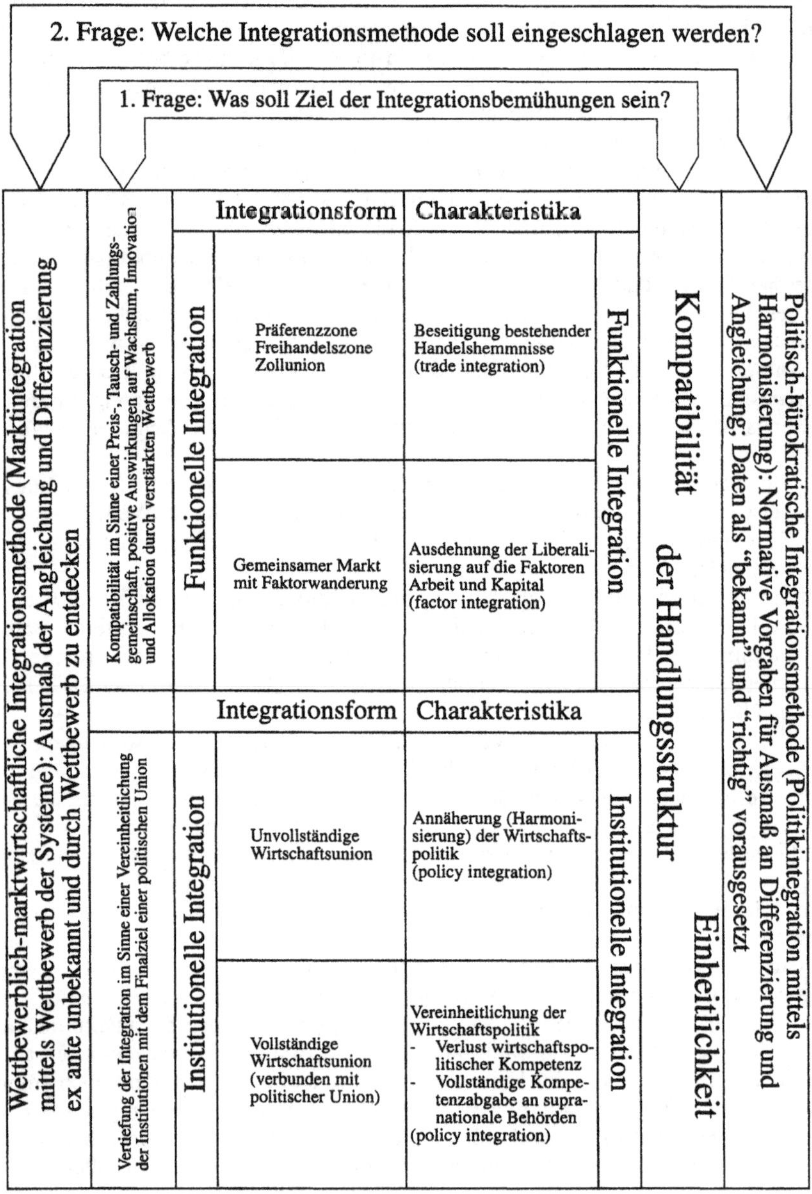

3.2 Integration durch Ex ante-Harmonisierung einzelstaatlicher Regeln

3.2.1 Voraussetzungen und Funktionsweise

Die Ex ante-Harmonisierung bezeichnet jene Integrationsmethode, bei der Verhandlungen zwischen Politikern, Bürokraten und Interessengruppen dominieren, um zu einer Angleichung einzelstaatlicher Regelungen verschiedener Rechtsgebiete zu gelangen. "Integration" bedeutet hierbei vor allem Angleichung oder Vereinheitlichung gemeinsamer Handlungsstrukturen *und* Ergebnisse. Dies geschieht vorherrschend auf dem politisch-bürokratischen Verhandlungsweg. Ansatzpunkte einer Ex ante-Harmonisierung in der EU sind die Rechts- und Verwaltungsvorschriften, die nach Maßgabe der Art. 94ff. EGV[3] (Angleichung der Rechtsvorschriften) erlassen werden können.
Stand und Erfolg der Integrationsbemühungen sind demzufolge danach zu bemessen und zu bewerten, wie viele Politikfelder vereinheitlicht und wie viele Ziele gemeinsamen Interesses erreicht wurden. Harmonisierung ist dann nicht als Ergebnis des Integrationsprozesses, sondern als dessen Voraussetzung anzusehen.

Die Befürworter der Harmonisierungsmethode favorisieren konsequenterweise ein kartellartiges Politikverhalten zum Erreichen ihrer Ziele. Besonders gut für den politisch-bürokratischen Zugriff erscheinen Aufgabengebiete mit allgemeinen Zielsetzungen, auf die man sich leicht verständigen kann. So bieten Zielsetzungen wie "Steigerung der Wettbewerbsfähigkeit Europas", "Verbesserung der Arbeits- und Lebensbedingungen" oder "Schutz des Wettbewerbs vor Verfälschungen" einen großen diskretionären Gestaltungsspielraum. Da solche Ziele in der öffentlichen Diskussion durchaus als "vernünftig" und im europäischen Interesse liegend "verkauft" werden können, dürfte von Seiten der unvollkommen informierten Öffentlichkeit kaum Gegenwehr zu erwarten sein. Der Öffentlichkeit erscheinen etwa Maßnahmen zur Förderung bestimmter Branchen vielfach willkommen, weil darin eine wirksame Vorkehrung gegenüber Nachteilen aus der wirtschaftlichen Globalisierung gesehen wird.[4]

---

3 Die Verweise auf Artikel des Vertrags zur Gründung der Europäischen Gemeinschaft (EGV) beziehen sich in dieser Arbeit stets auf die konsolidierte Fassung des EGV nach der Amsterdamer Vertragsrevision. Durch die neue Nummerierung kommt es zu Abweichungen im Vergleich zu früheren Vertragsfassungen. Falls andere Vertragsfassungen als Bezug dienen, ergibt sich dies entweder aus dem eindeutigen Zusammenhang oder wird im Einzelfall angegeben.

4 Die Globalisierung wird in Politik und Publizistik nicht selten als eine Art kriegerischer Auseinandersetzung betrachtet, bei der das eine Land (Exportland) das gewinnt, was das andere Land (Importland) verliert. In dieser merkantilistisch inspirierten "Globalisierungsfalle" müsse man deshalb Vorkehrungen treffen, um letztlich zu den Gewinnern zu zählen. Andere sehen in der Globalisierung nichts anderes als eine durch strukturelle Abhängigkeiten erwachsene, ungerechtfertigte Ausbeutung armer Regionen, die sich dem Handelsdiktat reicher Länder beugen müssten. Damit werden Argumente der "Dependencia-Schule", einer besonders in den

Die Fähigkeiten und das notwendige Wissen, die Integrationsziele erreichen zu können, werden als "vorhanden" und "richtig" eingeschätzt. Der "Glaube an die Überlegenheit bewusster Anordnung und Planung über die spontanen Kräfte des gesellschaftlichen Zusammenlebens" (von Hayek 1994b: S. 97) gilt bei Befürwortern der Harmonisierungsmethode als ausgeprägt. Diesem Lenkungsoptimismus liegt oftmals ein vereinfachendes Verständnis von ökonomischen Prozessen zugrunde. Diese vollzögen sich im allgemeinen innerhalb geschlossener Kausalketten und seien deshalb durch Interventionen nach Bedarf steuerbar (Mussler/Streit 1996: S. 2).
Dem Integrationsverständnis der Harmonisierungsmethode und der Einschätzung ihrer Sachnotwendigkeiten folgend entspricht es weiterhin, möglichst viele Regelungskompetenzen zu zentralisieren. Hiervon werden bessere Möglichkeiten erwartet, die Inhalte europäischer Politik zu beeinflussen und Abweichungen zu sanktionieren.

Maßnahmen der Ex ante-Harmonisierung sind das Ergebnis wenig transparenter Interaktion einer Vielzahl von Akteuren. Gemäß der Theorie der Verhandlung ist zu vermuten, dass die daraus entstehenden gemeinsamen Lösungen zu Lasten derer gehen, die nicht am Verhandlungsprozess beteiligt sind. Die Nachfrager entsprechender Regelangebote, also vor allem schlecht organisierbare europäische Bürger und Unternehmen der jeweiligen Rechtsgebiete, treffen dann immer öfter auf ein harmonisiertes, aber nicht ihren Präferenzen entsprechendes Angebot an Regeln. Aufgrund ihrer Einheitlichkeit können harmonisierte Regeln zwar Rechtssicherheit schaffen, den Außenhandel transparenter machen und grenzüberschreitende Diskriminierungen verhindern helfen. Es darf aber nicht übersehen werden, dass jede Harmonisierung von Regeln für deren Anbieter eine Wettbewerbsbeschränkung und für deren Nachfrager einen Verlust an Konsumentensouveränität und Handlungsspielraum darstellt.

70er Jahren populären Richtung der Entwicklungstheorie, wieder aufgegriffen. Zur "Dependencia-Schule" siehe Knall (1988: S. 433) und Nuscheler (1995: S. 167ff.).

Kurzweilig und nicht ohne Seitenhiebe auf die Argumentation der von ihm titulierten "Pop-Ökonomen" liest sich Paul Krugmans (1999) Buch über den "Mythos vom globalen Wirtschaftskrieg". Siehe als Beispiel hierfür das Buch von Lafontaine/Müller (1998).

Für kritische Argumente im Hinblick auf die europäische Computer- und Luftfahrtindustrie siehe Berg/Schmidt (1998: S. 873ff. sowie S. 904ff.) und Starbatty/Vetterlein (1998: S. 674ff.). Die Verfasser bestreiten die Notwendigkeit europäischer Forschungs- und Technologiepolitiken als geeignete Maßnahmen, um eine drohende, mangelhafte Wettbewerbsfähigkeit europäischer Hochtechnologie zu verhindern.

3.2.2 Begründungen für die Harmonisierung der Sozialpolitik in Europa

Die folgenden Argumente werden des Öfteren herangezogen, um Ex ante-Harmonisierungen von sozialpolitischen Regulierungen zu begründen. Die Argumentationsstruktur deckt sich mit den vorher behandelten Begründungsmustern. Im Kern geht es in beiden Fälle um externe Effekte, die es im negativen Fall zu verhindern, im positiven Fall zu sichern gilt.

3.2.2.1 Verhinderung von Wettbewerbsverzerrungen auf dem Binnenmarkt

Ein Binnenmarkt kann umfassend nur funktionieren, wenn bestimmte Ordnungsprinzipien realisiert werden. Diese sind:

- die Freiheit des Waren- und Dienstleistungsverkehrs,
- die Niederlassungsfreiheit,
- die Freizügigkeit der Arbeitnehmer und
- der freie Kapitalverkehr.

Zur Durchsetzung und Aufrechterhaltung dieser so genannten vier Grundfreiheiten sind Maßnahmen der Mitgliedsländer der EU notwendig. Dabei unterscheidet man zwischen Maßnahmen der negativen Integration - das sind Maßnahmen, die die Mitgliedstaaten zu unterlassen haben, um das Funktionieren des Binnenmarkts zu gewährleisten - und Maßnahmen der positiven Integration. Dies sind analog Maßnahmen, die die Mitgliedstaaten ergreifen müssen, um den Binnenmarkt zu verwirklichen.[5] Laut Artikel 3 EGV hat die EU die Aufgabe, ein System zu errichten, "das den Wettbewerb innerhalb des Binnenmarkts vor Verfälschung schützt." Des Weiteren ermöglicht der EGV in seinem Artikel 94, diejenigen Rechts- und Verwaltungsvorschriften anzugleichen, "die sich unmittelbar auf die Errichtung oder das Funktionieren des Gemeinsamen Marktes auswirken." Vor allem auf diese vertraglichen Erfordernisse beziehen sich die folgenden Harmonisierungsargumente, die der "positiven Integration" zuzurechnen sind. Sie werden als notwendig für das Funktionieren des Binnenmarktes erachtet.

Sozialpolitische Regulierungen können wie andere Regulierungen handels- oder mobilitätshemmend wirken und die Grundfreiheiten und damit die Funktionstüchtigkeit des Binnenmarkts beeinträchtigen. Nationale Unterschiede in Ausprägung und Umfang der Sozialpolitik können sich zudem auf die Wettbewerbssituation der auf ihren Territorien beheimateten Unternehmen positiv, aber auch negativ auswirken (Streit/Mussler 1995: S. 21). Dies ist am offensichtlichsten dort der Fall, wo sich sozialpolitische Maßnahmen unmittelbar in Form von Lohnzusatzkosten in den Kostenrechnungen der Unternehmen bemerkbar

---

5 Vgl. Gröner (1993: S. 7f.). Während sich die negative Integration im wesentlichen auf die Verminderung und Abschaffung tarifärer und nichttarifärer Handelshemmnisse beschränkt, gehen die Maßnahmen, die im Zuge einer positiven Integration ergriffen werden, zum Teil weit über den Abbau von Hemmnissen hinaus.

machen. Weniger augenscheinlich, aber nicht weniger wirkungsvoll, beeinflussen sozialpolitische Regulierungen dort die Wettbewerbsposition der Unternehmen, wo sie die Flexibilität unternehmerischen Handelns beeinflussen.
Die Auswirkungen der Sozialpolitik auf den Wettbewerb stellen denn auch den Kern der Argumente einer Harmonisierung im Bereich der Sozialpolitik dar. Sie werden im Folgenden als "Binnenmarktargument" bezeichnet: Nach seiner Logik werden Unterschiede in Niveau und Ausprägung nationaler Sozialpolitiken als Wettbewerbsverzerrungen gedeutet; hierdurch würden im Binnenmarkt die "wirtschaftlichen Fundamentaldaten" verfälscht. Um dadurch entstehende Vor- oder Nachteile zu verhindern, müsse im Binnenmarkt für einheitliche, sprich harmonisierte Ausgangsbedingungen gesorgt werden ("*level the playing field*") (Kronberger Kreis 1996: S. 17). Nur so könne die Fairness im Wettbewerb sichergestellt und dem entsprochen werden, was als vertragliche Pflicht gedeutet wird.[6]

Die Logik des Binnenmarktarguments scheint bei oberflächlicher Betrachtung eingängig und nachvollziehbar. Sie verkennt jedoch, dass sozialpolitische Regulierungen genauso wie der Produktionsfaktor Boden, Quantität und Qualität des Faktors Arbeit, die Stabilität der Preisniveaus, ja sogar Klima, Kultur usw. eines Landes allesamt den eher immobilen, doch Standort prägenden Faktoren angehören. Die Unterschiede in der Ausprägung der Faktoren sind aber auch alle Resultat unterschiedlicher Faktorausstattungen, -qualitäten und Präferenzen der Menschen und zudem Spiegel wirtschaftlicher Leistungsfähigkeit. Sie leisten damit einen Beitrag zur Erklärung der komparativen Vor- und Nachteile von Ländern, die nach der "seit fast 200 Jahren unwiderlegte[n] Theorie der komparativen Kosten" (Willgerodt 1992: S. 97) als Auslöser von grenzüberschreitenden Handelsbeziehungen gelten.

Eine zweite Ausprägung des Binnenmarktarguments besagt, dass sich durch den verstärkten Wettbewerb im Binnenmarkt die beteiligten Staaten in ihren Regulierungsniveaus so weit herunterkonkurrieren würden, bis ein optimales Niveau an Regulierung unterschritten werde ("*race to the bottom*"). In extremen Fällen würden die nationalen Regulierungen komplett verschwinden ("zero regulation") (kritisch Schäfer 1999: S. 14). Die unterschiedlichen nationalen Regulierungen würden also den Wettbewerb zwischen den Staaten derart beeinflussen, dass sich Länder mit einem hohen Niveau sozialpolitischer Aktivität und über Jahrzehnten gewachsenen Besitzständen gezwungen sehen könnten, Teile ihrer Sozialsysteme oder Arbeitnehmerrechte auf dem "Altar wettbewerbspolitischer Notwendigkeiten" zu opfern.[7]

---

6 In der Präambel des EGV wird von der Gewährleistung eines "redlichen Wettbewerbs" gesprochen. Die Vermutung liegt nahe, dass "redlicher Wettbewerb" zumindest in sozialpolitischer Hinsicht mit einem Wettbewerb gleichgesetzt wird, der Besitzstände gewährleistet. "Sozialpolitische Errungenschaften" der Nationen können somit wettbewerbliche Ausnahmebereiche begründen.

7 In diesem Sinne Schulten (1999: S. 37).

Insbesondere sorgt man sich auch um die Verlagerung von Direktinvestitionen und Arbeitsplätzen in Niedrigstandardländer (Däubler 1989: S. 62f.).
Begründet werden Harmonisierungsbestrebungen also überwiegend mit den "Gefahren", die ein unterschiedlicher sozialpolitischer Regulierungsstand zwischen Handelspartnern im Außenhandel bergen kann. Oftmals wird hierbei das Argument bemüht, dass Länder mit niedrigen Sozialstandards ein ungerechtfertigtes "Lohn-" oder "Sozialdumping" betreiben würden (Platzer 1994: S. 49; Bieling 1997: S. 73). Erstaunlich hierbei ist, dass der Terminus "Sozialdumping" selbst von der EU-Kommission in ihrem "Weißbuch der Sozialpolitik" so "unbeschwert" verwendet wird, als sei er allgemein akzeptiert und selbstverständlich richtig.[8] So sieht sich die Kommission darin auch als Wahrer des Zusammenhalts in der EU, indem sie einen "Damm gegen die Ausnutzung eines niedrigen sozialen Standards als Instrument unlauteren wirtschaftlichen Wettbewerbs und als Schutz gegen Sozialdumping zur Erhöhung der Wettbewerbsfähigkeit [aufrichtetet] und zugleich [den] politische[n] Willen bekundet, die Dynamik des sozialen Fortschritts beizubehalten" (Gemeinschaften 1994: S. 13). Nach dieser Argumentation, insbesondere mit dem Verweis auf die "Dynamik des sozialen Fortschritts", scheint die Kommission die Herstellung von "Fairness im Wettbewerb" als Auftrag zu verstehen, die Standards auf hohem Niveau anzugleichen. Ein solches Vorgehen könnte man durchaus als Versuch eines "raising rivals' costs" charakterisieren, mithin als Versuch, die komparativen Kostenvorteile von Mitbewerbern durch künstliche Erhöhung der Kosten auszuschalten (Schuster/Vaubel 1996: S. 191f.).[9]

---

8 Im üblichen Verständnis liegt Dumping nur vor, wenn Länder zu Preisen unter den Produktionskosten verkaufen oder auf einem auswärtigen Markt zu niedrigeren Preisen als auf dem Heimatmarkt anbieten. Dies ist aber hier nicht der Fall. Denn Länder mit geringen sozialpolitischen Aktivitäten haben auch weniger Ressourcen für Sozialpolitik aufzuwenden. Folglich müssen auch weniger Kosten an die Verbraucher weitergegeben werden. Um den Begriff "Sozialdumping" aufrecht zu erhalten, müssten die Standortbedingungen hoch regulierter Länder als "fair" normiert werden. Die gut ausgebaute Infrastruktur, die gute Qualifikation der Arbeitskräfte und die hohen Niveaus sozialer Sicherheit würden dann als Referenz für "faire" Wettbewerbsbedingungen gelten. Die Zustände in weniger hoch regulierten Ländern wären dann alleine schon ex-definitione "unfair". Niedrig regulierte Länder träfe dann der Vorwurf, sie unterließen dringend notwendige sozialpolitische Aktivitäten (Berthold 1998: S. 987ff.). Man könnte den Dumpingbegriff auch damit zu rechtfertigen versuchen, dass "die Arbeitskosten, die die Anbieter aus den ärmeren EU-Staaten tragen und im Preis weitergeben, unter den tatsächlichen - genauer: den "gesellschaftlichen" oder den "gleichgewichtigen" - Arbeitskosten liegen" (siehe Schuster/Vaubel 1996: S. 188). In beiden Fällen wird aber übersehen, dass das Ausmaß sozialpolitischer Möglichkeiten von der Produktivitätsentwicklung eines Landes abhängt.

9 Vgl. in Bezug auf Schwellenländer Franke (1999), ähnlich Berthold (1996b).

Dem entspricht die Forderung, hohe Sozialstandards durchzusetzen, um damit die faktische Freizügigkeit der Arbeitnehmer sicherzustellen. Dazu fordert der Deutsche Gewerkschaftsbund[10] nicht nur eine "Angleichung der Lebens- und Arbeitsbedingungen auf einem immer höheren Niveau", sondern auch eine europäische Kollektivvertragspolitik (Kleinhenz 1994: S. 145; Schmitz 1997: S. 138f.).

3.2.2.2 Existenz supranationaler externer Effekte

Das zweite häufig angeführte Argument zugunsten der Harmonisierungsmethode bezieht sich auf negative externe Effekte, die grenzüberschreitend wirken und integrationsbedingt auftreten können. So ist es für den Bereich der Sozialpolitik denkbar, dass ein Staat als Produzent sozialpolitischer Leistungen keine Kompensation (als Internalisierung eines externen Effektes) für den Nutzen erhält, den er Angehörigen fremder Rechtsgebiete, die sich auf seinem Territorium aufhalten, durch Gewährung sozialpolitischer Leistungen ermöglicht. Diese können die im Binnenmarkt gewährte Niederlassungsfreiheit zu einer Verhaltensweise nutzen, die man als "soziale Arbitrage" bezeichnet. Die hiermit verbundenen Lasten haben in der Regel die Länder zu tragen, die ein vergleichsweise hohes Niveau an sozialpolitischen Leistungen vorzuweisen haben. Demmer (1994: S. 82ff.) unterscheidet hierbei drei Ausprägungen

1. Armutsimport,
2. Sozialexport und das
3. erweiterte Ursprungslandprinzip.

1. Armutsimport

Unter Armutsimport versteht man grenzüberschreitende Wanderungen mit dem Ziel, sich in den Genuss von Sozialleistungen zu bringen, die höher als im Heimatland sind. Auslösendes Moment der Wanderung ist dabei die Hoffnung auf den Bezug von Sozialleistungen. Diese Möglichkeit wird in der EU durch das Prinzip der Inländerbehandlung tendenziell erleichtert, soweit Zuwanderern die gleichen Rechte wie Einheimischen gewährt werden.[11]

Die negativen externen Effekte dieses sog. "Sozialtourismus" für das Leistungsland bestehen zum einen in dem höheren Aufwand, der für die zusätzlichen Sozialleistungen entsteht, ohne dass dafür gegebenenfalls Abgaben entrichtet wurden. Zum anderen bedingen derartige negative externe Effekte einen schmaler werdenden wirtschaftspolitischen Gestaltungsspielraum der Gastlandregierung, die einen immer größeren Teil ihres Budgets für die Finanzierung sozialer Leistungen verwenden muss.

---

10 Aber nicht nur die Gewerkschaften fordern einheitliche hohe Standards, sondern auch Wirtschaftsverbände und multinationale Unternehmen. Alle fordern im Interesse gleicher Wettbewerbsbedingungen eine Angleichung auf hohem Niveau (Jacobi 1997: S. 4ff.).

11 Demmer weist allerdings auch darauf hin, dass nach geltendem EU-Recht Personen, die keine Beschäftigung anstreben, das Niederlassungsrecht verweigert werden kann (Demmer 1994: S. 185).

Bei der heimischen Bevölkerung kann zudem aufgrund steigender Abgabenlasten eine nicht exakt bestimmbare Grenze überschritten werden, die die Beschäftigung im "abgabenfreien" informellen Sektor der Schattenwirtschaft einer regulären Beschäftigung gegenüber zunehmend vorteilhaft erscheinen lässt. Im Extremfall begünstigen steigende Belastungen mit Abgaben einen Exodus der mobilen Steuerbürger und mobilen Kapitalgüter.

2. Sozialexport

Von einem Export von Sozialleistungen spricht man, wenn diese in monetärer Form entweder aus dem Leistungsland in das Heimatland überwiesen werden oder wenn Personen Sozialleistungen erhalten, während sie sich nicht im Leistungsland aufhalten. Unerwünscht sind solche Exporte jedoch nur, wenn sie Personen zugute kommen, die nicht anspruchsberechtigt sind, da sie ihre Ansprüche zunächst an andere Sozialsysteme stellen müssten. Außerdem sind sie unerwünscht, wenn sich die Leistungsnehmer einer an die Sozialleistung gebundenen Verhaltensauflage entziehen, was normalerweise den Verlust des Leistungsanspruchs zur Folge hätte, aber oft mangels kostspieliger Kontrollen unentdeckt bleibt.[12]

Zudem werden mit der großzügigen Auslegung des Arbeitnehmerbegriffs durch den Europäischen Gerichtshof die Grundlagen für einen Export von Sozialleistungen ständig erweitert.[13] Diese großzügige Auslegungspraxis erweitert den Kreis anspruchsberechtigter Personen erheblich.[14]

Fälle von Armutsimport oder unerwünschter Sozialexporte fallen empirisch bisher kaum ins Gewicht. Man kann jedoch vermuten, dass sich sozialpolitisch motivierte Wanderungen oder unerwünschte Sozialexporte in dem Maße häufen, wie das Wissen um die jeweiligen sozialen Standards und um die Voraussetzungen, diese Leistungen in Anspruch nehmen zu können, zunimmt.[15] Die niedrigen Standards und die Möglichkeiten der Teilhabe an höheren Standards verstärken die ökonomischen Fehlanreize zur Wanderung. Zum anderen liefern sie den Befürwortern der Ex ante-Harmonisierung gewichtige Argumente.

---

12 So muss ein Arbeitsloser mindestens vier Wochen im Land der letzten Beschäftigung verbleiben, um der dortigen Arbeitsvermittlung zur Verfügung zu stehen. Erst danach darf er sich ohne Gefahr des Verlustes der Arbeitslosenunterstützung in ein anderes Land begeben. Die Arbeitslosenunterstützung wird drei Monate nach Verlassen des letzten Beschäftigungslandes eingestellt (Feldmann 2000: S. 408). Beispiele auch schon bei Nienhaus (1994: S. 274).

13 Mehrere Beispiele bei Kuhn (1994: S. 263ff.) und FAZ (1998b: S. 12).

14 Als beispielhaft für den Export von Transferleistungen aufgrund der Auslegungsmöglichkeiten des Arbeitnehmerbegriffs durch den Europäischen Gerichtshof kann der Fall einer italienischen Studentin dienen, die, nachdem sie in den Niederlanden ein mehrwöchiges Arbeitspraktikum abgeleistet hatte, für ihr neu aufgenommenes Architekturstudium in Italien niederländische Studienbeihilfe beziehen konnte. Begründung bei Feldmann (2000: S. 413).

15 Mit dem "Italienischen Sozialsekretariat Landeshauptstadt Bayern, Patronat A.C.L.I." existiert bereits eine Stelle, die italienische Arbeitnehmer ausführlich über deutsche Kindergeldleistungen informiert (Kuhn 1994: S. 266).

3. Erweitertes Ursprungslandprinzip[16]

Ein drittes Harmonisierungsargument liegt nach Demmer in den Auswirkungen eines "erweiterten Ursprungslandprinzips". "Erweitert" heißt, dass das Ursprungslandprinzip auf das Territorium des Landes, in dem die Leistung erbracht wird, übertragen wird. Damit wird das Territorialprinzip ausgehebelt.[17] Würden also Personen oder Unternehmen des Niedrigstandardlandes A auf dem Territorium des Hochstandardlandes B Güter oder Dienstleistungen erstellen, so fänden dann die Regulierungen des Landes A Anwendung. Dies würde heimische Produkte auf heimischem Boden den gleichen Wettbewerbsbedingungen aussetzten wie ein nach dem reinen Ursprungslandprinzip geregelter Außenhandel. Dies käme einer Inländerdiskri-minierung gleich. Denkbar wäre auch, dass Unternehmen, die im Hochstandardland angesiedelt sind, das erweiterte Ursprungslandprinzip für eine Verlegung des Firmensitzes nach Land A nutzen, um aus den niedrigeren Regulierungen des Landes A einen Wettbewerbsvorteil "im eigenen Land" zu machen. Dies würde insbesondere gelten, wenn das erweiterte Ursprungslandprinzip uneingeschränkt im Arbeits-, Sozial- und Steuerrecht Anwendung fände. Die Verabschiedung der Entsenderichtlinie 1996 markiert die Umrisse einer möglichen zukünftigen Strategie der Gemeinschaft, sich auf diese Weise der (Standort-)Konkurrenz ausländischer Regulierungsregime zu entziehen.[18] Die Entsenderichtlinie[19] ist dabei eindeutig als Versuch zu verstehen, die Harmonisierung auf hohem Niveau für Protektionszwecke zu nutzen (Feldmann 1999: S. 15). Die gleiche Wirkung entsteht, wenn der Forderung nach einer Europäisierung der Tarifpolitik nachgegeben wird.

---

16 Vom Ursprungslandprinzip spricht man, wenn bei grenzüberschreitenden Transaktionen die Bedingungen (Arbeitszeit-, -entgelt, -schutzbestimmungen, Umweltauflagen, sonstige Produktionsauflagen, steuerliche Vorschriften und vieles mehr) des Ursprungslandes Anwendung finden. Das Bestimmungsland verzichtet damit auf seinen Anspruch auf Regulierung und anerkennt die institutionellen Bedingungen des Ursprungslandes als gleichwertig. In der Finanzwissenschaft wird das Ursprungsland meist in Zusammenhang mit Steuerfragen des grenzüberschreitenden Wirtschaftsverkehrs diskutiert. Die Geltung nationaler Normen in einem anderen Land durch das Ursprungslandprinzip kann zudem als externer Effekt nationaler Regulierung aufgefasst werden.

17 Das erweiterte Ursprungslandprinzip bezieht sich auf die Leistungserstellung vor Ort und setzt diese den gleichen Bedingungen aus wie grenzüberschreitender Handel. Unter Territorialprinzip versteht man, dass bei der Leistungserstellung die Regeln des Landes, in dem die Leistung erstellt wird, gelten. Deshalb spricht man auch vom "Produktionsortprinzip" (vgl. Demmer 1994: S. 87).

18 Etwa Schulten (1999: S. 36) oder Bieling (1997: S. 67): "Potentiell bietet die europäische Integration die Option, den Wettbewerb zwischen den arbeitsmarkt- und sozialpolitischen Systemen abzumildern." Die obige Argumentation in ihrer klarsten Form: "Deutschland z.B. engagiert sich daher vehement für die Entsenderichtlinie, um die Gefahren des Lohn- und Sozialdumpings abzumildern" (ebenda: S. 74).

19 Die Entsenderichtlinie sieht vor, dass ins Ausland entsendete Arbeitnehmer zu den Bestimmungen des Gastlandes beschäftigt werden müssen (Territorial- oder Produktionsortprinzip).

3.2.2.3 Polit-ökonomische Argumente

Jede Harmonisierungsmaßnahme ist Ergebnis komplizierter Verhandlungs- und Entscheidungsprozesse innerhalb und zwischen den "ordnenden Potenzen" (Eucken 1952/1990: S. 325) der Europäischen Union. Die verschiedenen Motive, sozialpolitische Tatbestände auf hohem Niveau zu normieren, können mit Hilfe der Neuen Politischen Ökonomik betrachtet werden. Dies beginnt mit der Frage nach den wichtigsten Akteuren[20] im Prozess der Willensbildung und Entscheidung:

- Der "Rat der Europäischen Union" (ehemals "Ministerrat"): "Der Rat ist das zentrale Rechtsetzungs- und Entscheidungsorgan der Gemeinschaft" (Leipold 1994a: S. 4). Er tagt heute in über 20 sektoral verschiedenen Zusammensetzungen; jedes Land ist in der Regel durch den entsprechenden Fachminister vertreten. Gegenstand der Ratstätigkeit sind die Verabschiedung von Richtlinien und Verordnungen.[21] Der Rat wird meist erst auf Vorschlag der Kommission tätig. Die Rechtsgrundlagen für das Tätigwerden des Rats finden sich in den Artikeln 202 - 210 EGV.
- Der "Europäische Rat" ist die Versammlung der Staats- und Regierungschefs der Mitgliedstaaten der EU und des Kommissionspräsidenten. Er "gibt der Union die für ihre Entwicklung erforderlichen Impulse und legt die allgemeinen politischen Zielvorstellungen für diese Entwicklung fest" (Art. 4 EUV). 1974 wurde der Europäische Rat zur Unterstützung des Ministerrats institutionalisiert. Mit der Aufgabe, eine klare Prioritätensetzung in der Integrationspolitik zu gewährleisten, hat sich sein Einfluss de facto erheblich erweitert (Engel 1995: S. 280). Auch wenn der Europäische Rat keine Entscheidungsbefugnis besitzt, so legt er doch alleine schon durch seine Autorität viele Ratsentscheidungen im Vorfeld fest. Charakteristisch für Verhandlungen des Europarats ist im Übrigen immer noch der Versuch, konsensfähige Lösungen anzustreben. Für diese Verhandlungsmethode ist typisch, dass schwierige Entscheidungskomplexe auf Verhandlungspakete reduziert werden. Über diese Verhandlungspakete wird eine einstimmige Einigung angestrebt, so dass auch dann, wenn das Mehrheitsprinzip formal praktiziert werden kann, kein Gebrauch davon gemacht wird.

---

20 "Akteure" ist im Wortsinn zu verstehen. Es ist eine Grundannahme der Neuen Institutionenökonomik, zu der auch die Neue Politische Ökonomik gehört, die einzelnen Individuen in den Mittelpunkt der Analysen zu rücken. Dieser so genannte methodologische Individualismus versucht dabei, den verschiedenen individuellen Präferenzen und divergierenden Zielen der beteiligten Akteure Rechnung zu tragen. Er eröffnet den Blick in die Gebilde hinein und lenkt ihn auf die Motivation der dort handelnden Individuen. Gebilde wie "Staat, Unternehmung, Organisationen" werden danach im Hinblick auf die handelnden Kräfte "aufgebrochen". Individuen vertreten darin eigene Interessen, soweit es die sie umgebenden institutionellen Rahmenbedingungen erlauben. Zu weiteren Annahmen der Neuen Institutionenökonomik siehe Richter/Furubotn (1996: S. 3ff.).

21 Richtlinien der Gemeinschaft sind für die Mitgliedstaaten nur hinsichtlich des zu erreichenden Ziels bindend. Der einzuschlagende Weg zur Umsetzung in nationales Recht bleibt den Mitgliedstaaten überlassen. Verordnungen hingegen sind in jedem Mitgliedsland unmittelbar und allgemein gültig. Dies macht sie mit innerstaatlichem Recht vergleichbar.

- Die "Kommission der Europäischen Gemeinschaften" (kurz: Kommission): Als Organ zur Wahrung des Gemeinschaftsinteresses wurde sie 1958 als Nachfolgerin der "Hohen Behörde" zunächst als "Kommission der Europäischen Wirtschaftsgemeinschaft" gegründet. Ihre prominente Bedeutung erlangt die Kommission vor allem durch ihre Initiativrolle ("agenda setter") im Entscheidungsprozess; demzufolge kann der Rat nur auf Vorschlag der Kommission beschließen. Daneben kann die Kommission im Rahmen der ihr zugewiesenen Befugnisse eigene Entscheidungen treffen. Ihre Rolle als Verwaltungs- und Kontrollorgan besteht darin, Exekutivaufgaben wahrzunehmen, die nationale Anwendung des EG-Rechts zu kontrollieren und durchzusetzen. Rechtsgrundlage für den Bereich der Europäischen Gemeinschaften sind die Artikel 211 - 219 EGV.
- Das "Europäische Parlament" wird seit 1979 direkt gewählt, ist aber kaum mit den nationalen Parlamenten der Mitgliedstaaten vergleichbar. Erst mit der Verabschiedung der Einheitlichen Europäischen Akte im Jahr 1987 und dem Inkrafttreten des Vertrages über die Europäische Union hat das Parlament überhaupt erst Mitwirkungsrechte bei Rechtsakten erlangt, sofern sie den Binnenmarkt betreffen. Seit dem Unionsvertrag von Maastricht hat das Parlament im Übrigen auch ein Zustimmungs- und Misstrauensrecht bei der Einsetzung und Absetzung der Kommission (die so genannte Investiturbefugnis). Hinsichtlich der Gesetzgebungs- und Regierungskontrollfunktionen ist es nicht mit nationalen Parlamenten vergleichbar. Die Rechtsgrundlagen sind die Artikel 189 - 201 EGV.
- Der "Europäische Gerichtshof" (EuGH) ist das einzige rechtliche und überstaatliche Kontrollorgan der EU. Seine Aufgabe besteht darin, bei der Auslegung und Anwendung des EGV und des EUV "das Recht" zu wahren. Dieses Recht ist aber auslegungsfähig und auslegungsbedürftig. Der EuGH hat deshalb mit seiner Rechtsprechung immer wieder Lücken im Gemeinschaftsrecht geschlossen. Vielfach wird deshalb im EuGH ein "Gesetzgeber der letzten Hand" gesehen. Dabei hat er in der Vergangenheit tendenziell zugunsten der Gemeinschaftsorgane und ihrer Integrationsziele entschieden. Seine Rechtsgrundlagen sind die Artikel 220 - 245 EGV.
- Europäische Interessenverbände sind in großer Zahl in den Machtzentren der EU vertreten.[22] Ihre Beziehungen zu den Institutionen der EU sind sowohl formeller als auch informeller Natur. Institutionalisiert werden sie durch die Möglichkeit, in verschiedenen Ausschüssen, die im allgemeinen beratende Funktion haben, mitzuwirken. Die informellen Gelegenheiten der Verbände, Entscheidungen zu beeinflussen, werden allerdings als wichtiger angesehen (Siebert 1995: S. 156); doch auch die formalen Kontaktmöglichkeiten bieten eine Fülle von Einflussgelegenheiten. So greift die Kommission vor der Ausarbeitung ihrer

22 Schätzungen sprechen von ca. 15000 Lobbyisten in Brüssel, die ca. 3000 Organisationen angehören. Außerdem finden sich dort ca. 500 europäische oder internationale Verbände, ca. 50 Ländervertretungen, ca. 200 Unternehmen, 500 Anwaltskanzleien und Beratungsunternehmen, die Lobbytätigkeiten anbieten (FAZ 2000: S. 28).

Vorschläge regelmäßig auf Expertisen und Anhörungen fallweise gebildeter oder ständig tagender Ausschüsse zurück, zum Beispiel des Wirtschafts- und Sozialausschusses oder des Ausschusses der Regionen.

Insbesondere Politiker und Interessengruppen aus hoch regulierten Volkswirtschaften haben ein Interesse daran, ihr eigenes sozialpolitisches Niveau europaweit durchzusetzen, um sich dem drohenden Wettbewerbsdruck zumindest teilweise zu entziehen. Da die Angehörigen des Rats und des Europarats allesamt Politiker sind, die sich in nationalen Wahlen behaupten müssen, haben sie verständlicherweise ein Interesse daran, ihrer Wählerschaft ein Verhandlungsergebnis präsentieren zu können, das die "vitalen nationalen Interessen" zu verteidigen vermag.[23]
Da die Hochstandardländer[24] auch allesamt zu den einflussreichen EU-Mitgliedsländern mit großem Stimmeneinfluss gehören, liegen Harmonisierungslösungen auch im Bereich des Möglichen. Wohlfahrtsverluste durch Harmonisierung werden in der politischen Debatte in aller Regel verschleiert, während Harmonisierungserfolge leicht als Sieg auf dem europäischen Verhandlungsparkett hingestellt werden. Anders gewendet können die europäischen Institutionen aber auch als "Sündenbock" für unbequeme nationale Maßnahmen herhalten. Nicht die eigene Regierung, die im Rat einer Harmonisierungsmaßnahme vielleicht sogar zugestimmt hat, sondern die europäischen Institutionen tragen dann die politische Verantwortung für eine Entscheidung, der sich der Unionsbürger beugen muss (Kösters 1998: S. 451). Möglich werden diese Stimmen maximierenden Strategien von Politikern durch ein Verhalten der Wahlbürger, das man als "rationale Ignoranz" bezeichnet (Johnson 1991: S. 142f.; Olson 1991: S. 31f.).
Beiden - Politikern und Interessenvertretern - kommt dabei zugute, dass mit dem Prozess der Zentralisierung, der die Harmonisierung in der Regel begleitet, die Kontrollmöglichkeiten des einzelnen Wahlbürgers oder Verbandmitglieds[25] nachlassen bzw. die Informationskosten so sehr zunehmen, dass die Grenzkosten der Informationsgewinnung stärker steigen als die Grenzerlöse, die durch die Stimmabgabe erwartet werden können. Je höher die Ebene, auf der die Entscheidungen getroffen werden, desto geringer sind die Auswirkungen der einzelnen Stimmabgabe auf das Ergebnis, und desto weniger Interesse an eigener Mitwirkung besteht. Eine "europäische öffentliche Meinung" ist zudem bisher wenig ausgeprägt, viele Europapolitiker und "europäische Themen" sind in den Mitgliedsländern schlichtweg unbekannt. Die Funktionsweise europäischer Institutionen stellt für viele

---

23 Vom Konkurrenzkampf um Macht und Ansehen ausgehend, müsse man sich klar werden, so Schumpeter (1993: S. 448), "daß die soziale Funktion (...) nur nebenher erfüllt wird - im gleichen Sinne, wie die Produktion eine Nebenerscheinung beim Erzielen von Profiten ist."

24 Länder mit einem im Vergleich hohen Anteil an Lohnnebenkosten und vergleichsweise hohen kostenwirksamen Regulierungen (z.B. Lohnfortzahlung im Krankheitsfall, Kündigungsschutz für einen bestimmten Personenkreis, Mindestlöhne etc.). Siehe auch FAZ (1999: S. 21).

25 Dies gilt insbesondere für Interessenverbände mit einer sehr großen Mitgliederzahl, die wiederum über europäische Dachverbände in Brüssel vertreten sind.

Menschen ein "Brief mit sieben Siegeln" dar, europäische Politik erscheint konturlos und anonym. Vermutlich sind dies die Gründe für das geringe Interesse an Europapolitik, was sich unter anderem in den stets sinkenden Wahlbeteiligungen bei Europawahlen zeigt (Statistisches Bundesamt 1999: S. 2ff.; Bundeswahlleiter 2000). Die Wahlbeteiligung ging allein in Deutschland von anfänglich 63,6 % (1979) über 54,2 % (1984), 59,3 % (1989), 57,5 % (1994) auf 41,7 % im Jahr 1999 zurück.[26]

Tabelle 1: Wahlbeteiligung in den Mitgliedstaaten der EU bei den Europawahlen 1989-1999

(in Prozent der Wahlberechtigten)

	1999	**1994**	**1989**
Vereinigtes Königreich	23,0	36,0	36,2
Niederlande	29,9	35,6	47,2
Finnland	30,1		
Schweden	38,3		
Portugal	40,4	35,7	51,2
Deutschland	45,2	60,0	62,3
Frankreich	47,0	53,5	48,7
Österreich	49,0		
Dänemark	50,4	52,4	46,2
Irland	50,5	39,0	68,3
Spanien	64,3	59,7	54,6
Griechenland	70,2	79,9	79,7
Italien	70,8	74,8	81,0
Luxemburg	85,8	99,0	87,4
Belgien	90,0	83,3	90,7
Europäische Union	**49,2**	**56,8**	**58,5**

Quelle: Statistisches Bundesamt (1999).

26 Die Unterschiede in den Wahlbeteiligungen aus dem direkten Vergleich der Zahlen des Statistischen Bundesamtes und des Wahlleiters sind auf unterschiedliche Erfassungsmethoden zurückzuführen. Die Bundeswahlleitung verzichtet im Gegensatz zum Statistischen Bundesamt in ihrer Aufstellung auf Personen mit Wahlschein. Des Weiteren ist erwähnenswert, dass die durchgängig hohen, fast "sozialistisch" hohen Wahlbeteiligungen Belgiens, Luxemburgs und Griechenlands auf die dortige Wahlpflicht zurückzuführen sind. Andere Länder, beispielsweise Spanien 1999, hatten aufgrund bedeutender nationaler Wahlen, die zeitgleich mit der Europawahl durchgeführt wurden, höhere Wahlbeteiligungen. Siehe zu den Sonderfaktoren bei den letzten Europawahlen (Statistisches Bundesamt 1999: S. 2f.).

Andererseits sind Lobbyisten an nachweisbaren Erfolgen ihrer Lobbyarbeit interessiert, besteht doch ihr Zweck gerade darin, für die von ihnen vertretenen Gruppen Sonderinteressen durchzusetzen (als so genannte selektive Anreize, vgl. Olson 1991: S. 25).[27] Verbandsfunktionäre werden daher bestrebt sein, den Einfluss ihrer Gruppe in Europa zu stärken bzw. für sie vorteilhafte Regelungen zu erreichen. Insbesondere gilt dies am Vorabend der Osterweiterung der EU, da von dieser eine massive Um- bzw. Neubewertung von Eigentumsrechten (property-rights) erwartet wird.

Das Verhältnis zum einzelnen Verbandsmitglied wird insbesondere bei großen mitgliederstarken Verbänden durch ein auf Informationsasymmetrien fußendes principal-agent-Verhältnis charakterisiert. Diese Konstellation bietet dem einzelnen Verbandsfunktionär genügend Spielraum, eigene Interessen zu verfolgen, mithin die Stellung im eigenen Verband zu stärken. Rationale Ignoranz seitens der Verbandsmitglieder (zum Beispiel der nationalen Gewerkschaftsmitglieder) erleichtert dem Funktionär, Forderungen nach hohen Sozialstandards zu rechtfertigen, obwohl ihre Realisierung zu Arbeitsplatzverlusten einzelner Gewerkschaftsmitglieder führen könnte.

Bei der Vielzahl von Interessenvertretungen auf der Ebene der Europäischen Union weist Leipold (1994a: S. 11) darauf hin, dass die Vertreter von Produzenteninteressen mit Abstand die an Zahl und Einfluss größte Gruppe darstellen. Diese werden die Wahrung ihrer Interessen darin suchen, eine Strategie zur Verteidigung des gruppenspezifischen Besitzstandes durchzusetzen, sprich den Markteintritt von dritten (osteuropäischen Produzenten) zu verhindern oder - wo dies nicht möglich ist - wenigstens zu verteuern. Eine Harmonisierung der Sozialpolitik auf hohem Niveau käme diesem Vorhaben entgegen, sie entspräche der Strategie eines "raising rivals costs".

Wichtigster Bezugspunkt im Gefüge der europäischen Institutionen für Lobbyisten ist die mit dem Vorschlagsrecht ausgestattete Kommission. Dort können Interessenverbände schon im Vorfeld einer Entscheidung des Rates inhaltlich Einfluss auf Vorschläge nehmen. Da die Kommission ohnehin verstärkt externe Experten in ihren Meinungsbildungsprozess einbezieht,[28] ist sie eine gute Anlaufstelle für Versuche, gruppenspezifische Interessen in die europäische Rechtsetzung einfließen zu lassen. Die Mitglieder des Rats hingegen sehen sich bereits innenpolitisch der

27 Damit ist die Motivation des Verbandfunktionärs ähnlich der des Politikers. Die Möglichkeit für Lobbyisten, politische Entscheidungen nach eigenen Gruppeninteressen ohne Legitimation durch den Wahlbürger zu beeinflussen, wird nach Stigler erst durch die Eigenheiten politischer Märkte in Demokratien attraktiv. Der Hauptunterschied im Entscheidungsprozess zwischen politischen und privaten Märkten besteht in der Zwanghaftigkeit politischer Entscheidungen und damit der Möglichkeit, Verfügungsrechte abseits des Marktprozesses zu verändern (Stigler 1971: S. 4/10). Während der Zwang durch politische Entscheidungen einseitig, d.h. ohne wirtschaftliche Gegenleistung, ausgeübt wird, dominiert auf Märkten der freiwillige Tausch. Vgl. auch Olson (1991: S. 42ff.), Richter und Furubotn (1996: S. 460ff.).

28 Art. 95 Abs. 3 (EGV) besagt, dass die Kommission "insbesondere alle auf wissenschaftliche Ergebnisse gestützten neuen Entwicklungen (berücksichtigt)."

Lobbytätigkeit nationaler Interessengruppen ausgesetzt. Auf europäischer Ebene bestehen jedoch zusätzliche Möglichkeiten der informellen und formellen Einflussnahme auf Ratsentscheidungen über Arbeitsgruppen und Ad hoc-Ausschüsse, die dem Rat bzw. der Kommission zugeordnet werden.
Der Einfluss europäischer Interessenverbände auf die Politik der europäischen Union sollte indes nicht unterschätzt werden. Vaubel (1995: S. 116) spricht davon, dass annähernd drei Viertel des EU-Budgets und fast 80 Prozent der EU-Rechtsetzung auf Lobbytätigkeit zurückgeführt werden können. Diesem Ergebnis zuträglich ist die Tatsache, dass Interessenvertretungen auf europäischer Ebene ihre Ressourcen auf relativ wenige Stellen in der EU konzentrieren können[29] und die Wählerkontrolle aufgrund der demokratischen Defizite der EU stark eingeschränkt ist (ebenda: S. 117). "Bei vollkommen informierten Bürgern könnten die gewählten Volksvertreter nicht den Künsten der Lobbyisten erliegen (...)" (Olson 1991: S. 32).[30]
Neben Politikern und Interessengruppen hat auch die europäische Bürokratie, die so genannte Eurokratie, ein Interesse an einer weitgehenden sozialpolitischen Regulierungstätigkeit. Vaubel identifiziert als Nutznießer von Zentralisierung und Harmonisierung vor allem die Europäische Kommission, die damit ihre Aufgabe als "Wächterin der Verträge" durch ihr Vorschlagsmonopol ausbauen kann, und den Europäischen Gerichtshof (Vaubel 1995: S. 118).
Die an der Maximierung ihres Budgets oder ihres diskretionären Handlungsspielraumes (Residuum) interessierten Bürokraten können bestehende Informationsasymmetrien zwischen ihnen, den Politikern und Wahlbürgern nutzen, eigene Ziele zu verfolgen und ihre Stellung auszubauen (Frey 1988: S. 663; Zimmermann/Henke 1994: S. 69ff.).[31]
Für die Kommission ergibt sich dadurch Folgendes: Insbesondere die Ausweitung des Mehrheitsprinzips bei Ratsentscheidungen, die den Binnenmarkt betreffen, stellt für die Kommission ein wirksames Instrument zur Steigerung eigener Einflussnahme dar. Dadurch erhöht sich alleine schon die rechnerische Wahrscheinlichkeit einer Übernahme von Kommissionsvorschlägen durch den Rat, da die lange Suche nach Konsens und Kompromiss entfallen kann (Leipold 1994a: S. 23f.).[32] Schon dadurch kann sich die Kommission eine Steigerung ihres Einflusses und ihrer Autorität

29 Sonst müssten sie Lobbying in den 15 Mitgliedstaaten der EU betreiben.

30 Ähnlich Eucken (1952/1990: S. 327): "Man stellt es sich meist nicht anschaulich genug vor, welch wesentlichen, oft entscheidenden aber unkontrollierten Einfluss Verbände der Industrie, Landwirtschaft und des Handels (...) auf die Willensbildung der Staaten ausüben."

31 Für Ludwig von Mises (1944/1997: S. 55ff./71f.) war dies bereits 1944 nicht neu. Siehe hierzu seine Ausführungen über "bürokratisches Wirtschaften".

32 In der Gemeinschaft der 15 liegt die qualifizierte Mehrheit derzeit bei 62 von 87 Stimmen oder 71%. Ein weiterer, interessanter Aspekt betrifft die demokratische Legitimation von Mehrheitsentscheidungen: Eingedenk der Tatsache, dass die nationalen Regierungen nur einen Teil der Wähler hinter sich haben, beläuft sich die "indirekte Zustimmungsrate" der durch sie repräsentierten Bevölkerung oftmals nur auf ca. 40%. Würde man hier eine "indirekte Mehrheit" verlangen, so müsste der Rat mit annähernd 90 prozentiger Zustimmung entscheiden. Siehe hierzu Vaubel (2000: S. 15).

ausrechnen. Kommt es daraufhin zur Verabschiedung einer Richtlinie oder Verordnung, so obliegt der Kommission als Exekutive zudem die verwaltungsmäßige Durchführung und Kontrolle.
Obendrein werden der Kommission Rechtfertigungen für Ex ante-Harmonisierungsbestrebungen auf einem "Silbertablett" in Form bestimmter Formulierungen des EGV serviert. "Die Kommission geht in ihren Vorschlägen nach Absatz 1 in den Bereichen Gesundheit, Sicherheit, Umweltschutz und Verbraucherschutz von einem hohen Schutzniveau aus (...)" (Art. 95 Abs. Abs. 3 EGV). Es ist anzunehmen, dass die Kommission dieser Aufforderung zur Harmonisierung auf hohem Niveau nachkommen wird. Dies lässt sich einerseits aus der eher marktskeptischen Grundhaltung der Kommission herleiten,[33] nachzulesen etwa im "Weißbuch - Europäische Sozialpolitik".[34] Andererseits sind im EGV Harmonisierungsverhandlungen für den Fall vorgesehen, dass Unterschiede in den Rechts- und Verwaltungsvorschriften die Wettbewerbsbedingungen auf dem Gemeinsamen Markt beeinträchtigen (Art. 96 EGV). Man darf nach alledem davon ausgehen, dass signifikante Unterschiede in den sozialen Standards als Verfälschungen des Wettbewerbs gedeutet werden dürften. Streit/Mussler (1995: S. 19) liegen meines Erachtens richtig, wenn sie feststellen, dass es der Kommission um mehr als die Einführung von Mindeststandards geht, die das Funktionieren des Binnenmarktes sicherstellen. Vielmehr werden hoch regulierte Länder die Möglichkeiten des Art. 96 Abs. 4 EGV nutzen, die eigenen höheren Standards unionsweit auszudehnen, um diese protektionistisch zu nutzen.
Ein weiteres Interesse an Harmonisierungslösungen kann der Kommission durch die damit verbundenen Zentralisierungstendenzen unterstellt werden. Ist die Kommission an einer Ausweitung ihrer eigenen Kompetenzen und Handlungsspielräume interessiert - und gemäß der Ökonomischen Theorie der Bürokratie darf man davon ausgehen - so wird sie ferner an möglichst geringer externer Kontrolle und Einflussnahme interessiert sein. Denn: "Die Informationsasymmetrie [zwischen Politik und Bürokratie, Anm. d. Verf.] zu überwinden, fällt dem Politiker leichter, wenn die Verwaltung klein und überschaubar ist. Ferner hat der Politiker auf dezentraler Ebene auch einen stärkeren Anreiz, die Bürokraten zu kontrollieren, da ihm der (..)erfolg auch eher zugerechnet wird" (Schuster/Vaubel 1996: S. 188). Daran kann eine an der Ausweitung ihres Residuums interessierte Bürokratie allerdings kein Interesse haben.
Neben der Kommission erweist sich der Europäische Gerichtshof (EuGH) immer wieder als "Organ der Ausbildung eines einheitlichen Europäischen Sozialrechts" (Kleinhenz 1994: S. 149). Diese Rolle kann auf die Entscheidungen des EuGH, die er in der Vergangenheit bezüglich des institutionellen Kerns des Binnenmarktes getroffen

33 Dies gilt insbesondere für die ehemaligen Kommissionen unter Delors und Santer. Über die derzeitige Kommission unter dem Wirtschaftsprofessor Prodi vermag man noch kein abschließendes Urteil zu fällen.

34 Vgl. dazu die "Sozialdumping"-Passage im Weißbuch der Sozialpolitik (Gemeinschaften 1994: S. 13).

hat, zurückgeführt werden.[35] Die herausragende Rolle des EuGH erklärt sich nach Streit unter anderem daraus, dass die "Verpflichtung der Gemeinschaft zur Herstellung der Grundfreiheiten in individuelle, einklagbare Freiheitsrechte der EG-Bürger transformiert wurde" (Streit/Mussler 1995: S. 13).[36] Diese "Konstitutionalisierung der Freiheitsgewährleistungen des Vertrages" (Mestmäcker 1994: S. 272) begründet eine direkte Zuständigkeit des EuGH, dessen Aufgabe ja in der Wahrung des Rechts bei der Auslegung und Anwendung des EGV besteht (Art. 220 EGV).[37] Je mehr sozialpolitische Kompetenzen auf EU-Ebene liegen, desto größer werden somit auch die Einflussmöglichkeiten des EuGH, dem aus bürokratietheoretischer Sicht daran ebenfalls gelegen sein dürfte.[38]

In der Rechtsfortbildung scheinen die Richter des EuGH ein geeignetes Mittel gefunden zu haben, nationales Sozialrecht zumindest teilweise unter supranationale Fittiche nehmen zu können. Dies zeigt sich vor allem in der Auslegung der Freizügigkeitsverordnungen für Arbeitnehmer (VO 1612/68 und VO 1408/71) und des Begriffs "Arbeitnehmer". Hierbei bevorteilt der EuGH mobile Arbeitnehmer gegenüber den immobilen. Er begründet dies (zitiert nach Kuhn 1994: S. 264) mit dem "Fehlen(.) eines gemeinschaftlichen Sozialversicherungssystems oder der mangelnden Vereinheitlichung der bestehenden nationalen Systeme."

Vielleicht kann man hiernach die Aussage des ehemaligen Richters am EuGH Günter Hirsch, der Gerichtshof habe die Grundfreiheiten bisweilen "überdehnt",[39] dahingehend interpretieren, dass man seitens des Gerichtshofes eingesehen hat, die teleologische Seite der Artikel zur Freizügigkeit im EGV bisweilen vernachlässigt zu

---

35 Den institutionellen Kern des Binnenmarktes machen sowohl die Wettbewerbsregeln des EGV als auch die vier Grundfreiheiten aus. Die Verwirklichung Letzterer ist für unsere Fragestellung die relevantere.

36 Erleichtert wird die Einklagbarkeit der Freiheitsrechte durch die Möglichkeiten von Bürgern der EU, direkt den EuGH anzurufen und sich vor den nationalen Gerichten direkt auf den EGV zu berufen. Der EGV begründet nach Auffassung des Gerichts nicht nur Rechte und Pflichten der Mitgliedstaaten, sondern auch Rechte einzelner. Welch hohe Bedeutung der EuGH dem Vorantreiben der europäischen Integration beimisst, lässt sich außerdem daran ersehen, dass er Richtlinien, sofern sie noch nicht in nationales Recht transformiert wurden, unmittelbare Wirkung zuschreibt. Bürger der EU können sich heute direkt auf Richtlinien berufen. Vgl. Bohl (1998: S. 17).

37 Vgl. die Äußerung des ehemaligen Richters am EuGH Hirsch (1998: S. 18): "Diese Grundfreiheiten setzen den Mitgliedstaaten auch dort Grenzen, wo ausschließlich ihnen die Regelungshoheit zusteht."

38 Vgl. auch Wenzler (1996). Es soll jedoch nicht die Rechtsprechungspraxis des EuGH generell in Zweifel gezogen werden. Dieser hat in vielen Rechtssprüchen Handelsbarrieren niedergerissen, nationale Monopole gebrochen und somit der Entwicklung des Binnenmarktes wichtige Impulse gegeben. Er hat das Gemeinschaftsrecht stets als "von den Mitgliedstaaten unabhängige Rechtsordnung verstanden und sie im Zweifel zugunsten der Gemeinschaft, ihrer Integrationsziele und ihrer Bürger ausgelegt" (Läufer 1995: S. 182).

39 "Der Gerichtshof hat jedoch die Gefahr erkannt, daß durch eine Überdehnung der Grundfreiheiten sinnvolle nationale Regelungen behindert und nationale Besonderheiten mißachtet werden können" (Hirsch 1998: S. 18).

haben. Schließlich sollen die europäischen Arbeitnehmer nicht "auf Teufel komm raus" wandern; es sollen nur jene Wanderungsbewegungen stattfinden, die die Effizienz der Märkte und die Allokation der Produktionsfaktoren begünstigen. Demzufolge sollen Wanderungen knappheitsgerechten Preissignalen[40] folgen. Bleibt abzuwarten, ob sich beim EuGH eingedenk der jüngsten Nichtigerklärung der so genannten "Tabak-Werberichtlinie" ein Paradigmenwechsel anbahnt.[41] Grundsätzlich aber ändert die neue Einsicht nichts an der bürokratietheoretischen Einschätzung des EuGH, der ein vitales Interesse an wachsenden Zuständigkeiten der EU-Organe haben dürfte.
Auch trotz seines eher geringen Gewichts im Institutionengefüge der EU (oder gerade deshalb!) könnte das Europäische Parlament in der Harmonisierung der Sozialpolitik eine Möglichkeit sehen, den eigenen Einfluss zu mehren. Jedenfalls würde ein den regulierenden Einfluss europäischer Institutionen minimierender Wettbewerb der Sozialpolitiken die ohnehin schon schwache Stellung des Parlamentes noch weiter schwächen. Aus diesem Grunde dürfte dem Parlament tendenziell weniger an Marktintegration, sondern mehr an Politikintegration gelegen sein. Diese Präferenz könnte man als Vorwegnahme einer zukünftigen stärkeren Rolle des Parlamentes deuten. Gelingt es dem Parlament, seine durch EEA und EU-Vertrag deutlich gesteigerten Kompetenzen, insbesondere verkörpert durch das Recht auf Mitentscheidung nach Artikel 252 EGV, auf alle Politiken auszudehnen,[42] so dürfte es sich zu einem Organ entwickeln, dessen Mitglieder versucht sein werden, die Regelungsbefugnisse nationaler Parlamente mehr und mehr einzuschränken (Demmer 1994: S. 140).

Wie man sehen kann, lassen sich für jede maßgebliche europäische Institution Harmonisierungs- und Zentralisierungsinteressen modellieren. Ob diese auch in ihren jeweiligen Reinformen realisiert werden können, ist indes mehr als fraglich. Dazu müssten einerseits die Interessen der Institutionen bezüglich der Machtverteilung untereinander zweifelsfrei identifiziert und analysiert werden. Außerdem müssten

---

40 Allerdings sei hier kritisch angemerkt, dass Wanderungen, die knappheitsgerechten Preissignalen folgen sollen, angesichts weithin bestehender Lohnkartelle kaum möglich sind.

41 Die "Tabak-Richtlinie" sieht vor, Werbung und Sponsoring für Tabakprodukte EU-weit bis auf wenige Ausnahmen zu verbieten, also eine Harmonisierung "auf dem Niveau Null" herbeizuführen. Diese Richtlinie hat der Gerichtshof am 5. Oktober 2000 für nichtig erklärt. Im Grundsatz ging es in der Entscheidung des EuGH jedoch nicht um den Gesundheitsschutz der Bevölkerung (hier haben die europäischen Institutionen ohnehin keine Harmonisierungsbefugnis!), sondern um die grundsätzliche Frage der Abgrenzung der Regelungskompetenzen zwischen Union und Mitgliedstaaten. Zu den Begründungen und möglichen Konsequenzen dieses Urteils für den weiteren Integrationsprozess siehe Schneider (2000: S. 12).

42 Das Mitentscheidungsverfahren begründete erstmals eine "Quasi-Gleichstellung" des Parlamentes mit dem Rat. Es ist zwar auf die Kultur-, Bildungs-, Gesundheits-, Verbraucher- und Umweltpolitik beschränkt, ermöglicht aber faktisch ein Vetorecht gegenüber Ratsvorschlägen. Die Ausübung des "Veto" hat ein Scheitern des Rechtsakts zur Folge. Zu den Entscheidungsregeln der EU siehe insbesondere Leipold (1994a).

dann in einem zweiten Schritt die sich im Zeitablauf möglicherweise verändernden Interessen der Mitgliedstaaten integriert werden.
Gleichwohl verlieren die Harmonisierungsbemühungen aus polit-ökonomischer Perspektive nicht an Relevanz. Es kann davon ausgegangen werden, dass die jetzigen europäischen Mitgliedstaaten als EU-Insider ein lebhaftes Interesse an der Verteidigung ihres sozialpolitischen Besitzstandes haben und diesen gegen die Beitrittskandidaten aus Mittel- und Osteuropa als den noch EU-Outsidern zu verteidigen gedenken. Die Integrationsmethode "Politikintegration", verkörpert durch das anspruchsvolle Beitrittserfordernis "Übernahme des Gemeinschaftlichen Besitzstandes", liegt somit im protektionistischen Interesse der Gemeinschaftsmitglieder.

Abbildung 2: Sozialpolitische Harmonisierungsinteressen der EU-Organe

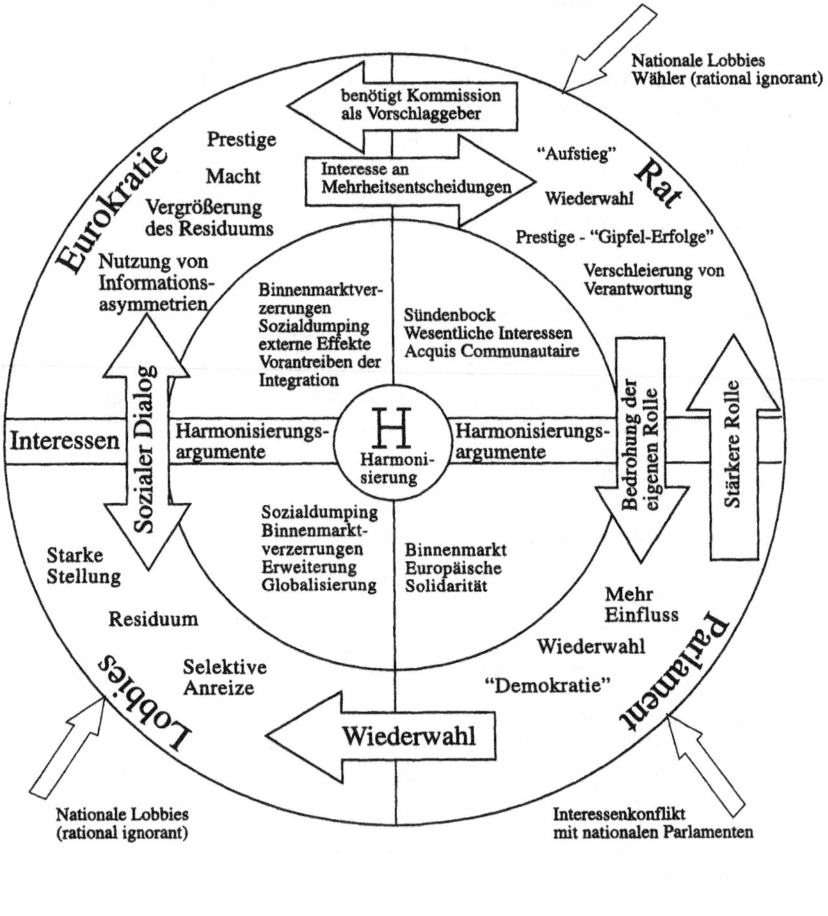

3.3 Integration durch Systemwettbewerb

Als Gegenstrategie zur politisch-bürokratischen Integrationsmethode mit ihrer Tendenz zu Zentralisierung und Harmonisierung gilt die wettbewerblich-marktwirtschaftliche Integrationsmethode auf Grundlage der Wirtschaftsverfassung des Wettbewerbs. Wird die Wirtschaftsverfassung des Wettbewerbs für private Güter und Dienste im Laufe des Integrationsprozesses auch auf das staatlich produzierte Angebot von Gütern und Diensten erweitert, so kann man von einem *umfassenden* Systemwettbewerb zwischen den Rechtsgebieten sprechen (Schüller 1994a: S. 84). Als Integrationsstrategie versucht Systemwettbewerb,[43] "die Eigenschaften von Wettbewerbsprozessen zur Entdeckung und Kontrolle sowohl ökonomischer als auch institutioneller Umstände zu nutzen" (Mussler/Wohlgemuth 1994: S. 18). Der Begriff "Integration" bekommt nun die Bedeutung eines evolutionären Austauschprozesses, dessen Ergebnisse - also das Ausmaß integrationsbedingter Harmonisierung und Differenzierung zwischen den Rechtsgebieten - prinzipiell offen und ex ante nicht bekannt sind.

Eine wettbewerbliche Auffassung von Integrationsprozessen verträgt sich somit nicht mit der Vorabdefinition normativer Integrationsziele. Solche Zielvorstellungen können nämlich entweder ex ante zur Legitimierung politisch-bürokratischer Kompetenzen führen im Nachhinein diskretionäre Korrekturhandlungen rechtfertigen, sollten die Integrationsziele nicht erreicht worden sein. Damit ist die wettbewerblich-marktwirtschaftliche Integrationsmethode der politisch-bürokratischen diametral entgegengesetzt.

3.3.1 Grundstruktur und Voraussetzungen des Systemwettbewerbs

3.3.1.1 Grundstruktur

Der Systemwettbewerb enthält Elemente sowohl des ökonomischen als auch des politischen Wettbewerbs. Politischer und ökonomischer Wettbewerb unterscheiden sich vor allem dadurch, dass ökonomischer Wettbewerb über den freiwilligen Tausch auf Basis sicherer Verfügungsrechte ausgetragen wird, während es beim politischen Wettbewerb darum geht, Regierungsgewalt zu erlangen respektive zu erhalten. Die Regierungsgewalt selbst beinhaltet die Macht, Verfügungsrechte und Regeln ändern zu können - und zwar nicht auf dem Weg des Tauschs, sondern einseitig (Richter/Furubotn 1996: S. 460f.). Es geht folglich darum, die (verfassungs- und gesetzmäßig begrenzte) Macht über Verfügungsrechte und Regeln zu gewinnen. Sieger im politischen Wettbewerb um die Regierungsgewalt ist man allerdings nur für die definierte Wahlperiode.

---

[43] Oft synonym verwendet: Wettbewerb der Systeme, Wettbewerb der Ordnungen, institutioneller Wettbewerb, Systemkonkurrenz.

Von Systemwettbewerb spricht man, wenn es den Individuen möglich ist, je nach Offenheit der Rechtsgebiete zwischen den verschiedenen institutionellen Arrangements[44] oder Regelangeboten der Rechtsgebiete zu wählen.
Diese Wahlmöglichkeiten beziehen sich erstens auf Güter oder Leistungen aus anderen Rechtsgebieten. Können die Individuen im Heimatland auf Güter oder Leistungen zurückgreifen, obwohl sie unter den Bedingungen des Ursprungslandes hergestellt und vertrieben wurden, so gilt das so genannte Ursprungslandprinzip. Die Herstellungsbedingungen im Ursprungsland können sich jedoch von denen im Bestimmungsland unterscheiden. Da sie im Bestimmungsland als gleichwertig akzeptiert werden, findet über die in den Gütern und Leistungen inkorporierten Herstellungsbedingungen neben der direkten Konkurrenzbeziehung der Güter auch ein institutioneller Wettbewerb um deren Herstellungsbedingungen statt. Die institutionellen Bedingungen im Ursprungs- und Bestimmungsland fließen nämlich als Kostenbestandteile in die Herstellung von Gütern oder Dienstleistungen ein und beeinflussen die komparativen Kosten und dadurch die grenzüberschreitenden Handelsströme.[45] Sie wirken somit über die komparativen Kosten als Wettbewerbsvor- oder nachteile. Kommt es durch Regulierungen bei der Herstellung von Gütern oder Leistungen ursächlicherweise zu einer Verschiebung der Handelsströme, so können sich die Anbieter der nationalen Regeln mit Forderungen von nationalen Wettbewerbern, Konsumenten und Interessenverbänden konfrontiert sehen, die eigenen Regeln zu ändern (Streit 1995c: S. 5).[46] Der Wettbewerb auf den

44 Als Institutionen werden im Folgenden alle "sozial anerkannten Regeln," die "Spielregeln einer Gesellschaft" (North 1992: S. 3), verstanden. Dabei ist es zunächst unerheblich, ob die Institutionen informeller (Sitten, Gebräuche, gemeinsame Wertorientierungen und historische Wurzeln, kulturelle Besonderheiten) oder formeller Art (Gesetze, Verordnungen, Gewerbeordnungen, Verfassungen, Organisationen) sind. Institutionen können spontan, das heißt ohne dass sie zum Erreichen eines bestimmten Ziels konstruiert wurden, entstehen oder gesetzt werden. Sie regeln jedoch alle das Verhalten der Akteure und minimieren die Unsicherheit insbesondere in anonymen Tauschbeziehungen. Im entscheidungstheoretischen Hintergrund werden Institutionen als Restriktionen verstanden, die bestimmte Handlungsalternativen zulassen oder ausschalten (Leipold 1989: S. 14f.).

45 Es wäre allerdings falsch anzunehmen, dass bei exklusiver Geltung des Bestimmungslandprinzips der Systemwettbewerb in Gänze zum Erliegen kommen würde. Schränkt man nämlich das Bestimmungslandprinzip begrifflich derart ein - wie es zum Beispiel in der Finanzwissenschaft üblich ist, wo man das Bestimmungsland in Steuerfragen des grenzüberschreitenden Wirtschaftsverkehrs thematisiert (Zimmermann/Henke 1994: S. 128) - so findet institutioneller Wettbewerb eben über die übrigen Parameter der Herstellungsbedingungen statt, die nicht Steuern sind. Es kann allerdings davon ausgegangen werden, dass bei Geltung des Ursprungslandprinzips der Systemwettbewerb wesentlich stärker wirkt.

46 Im Folgenden werden Handlungen von Individuen angesprochen, die sich durch die Möglichkeiten institutioneller Arbitrage einerseits und der Reaktionserfordernisse auf den Systemwettbewerb andererseits ergeben können. Hierzu hat Hirschman (1974) mit seinen Analysen über Widerspruch ("Voice") und Abwanderung ("Exit") die wirtschaftswissenschaftliche Diskussion nachhaltig geprägt. Widerspruch beschreibt die Verhaltensweise, einen als ungünstig eingeschätzten Zustand verändern zu wollen. "Aufgabe des Widerspruchs ist es, eine Firma oder Organisation auf ihre Fehler aufmerksam zu machen (...)" (ebenda: S. 27). Auf den Systemwettbewerb bezogen beschreibt Widerspruch

internationalen Güter- und Kapitalmärkten führt hiernach quasi durch die Hintertür zu einem Wettbewerb über die Vorteil- oder Unvorteilhaftigkeit alternativer nationaler Regulierungen. Mit der Geltung des Ursprungslandprinzips offenbart sich gleichfalls die Offenheit eines Systems und der Verzicht auf protektionistische Maßnahmen eines Rechtsgebietes.[47]

Die zweite Dimension des Systemwettbewerbs bezieht sich auf Elemente des politischen Wettbewerbs, die mit den politischen Reaktionen auf Faktorwanderungen zusammenhängen. Der politische Wettbewerb besteht in Reaktionen der Regelsetzer auf tatsächliche oder zu erwartende potenzielle Faktorwanderungen. Hiermit sind also in erster Linie Reaktionen von Regierungen oder im weiteren Sinne (Partei-)Politikern auf potenzielle Standortverlagerungen oder die Arbeitskräftemigration gemeint.[48] Faktorwanderungen, seien es Direktinvestitionen im Ausland oder der Wechsel qualifizierter Arbeitnehmer in ein anderes Land, können als Präferenzbekundungen für oder gegen die Problemlösungsqualität institutioneller Arrangements interpretiert werden. Werden die Regeln des Heimatlandes durch Faktorwanderungen gegen diejenigen anderer Rechtsgebiete "getauscht," so spricht man auch von "institutioneller

Handlungsalternativen innerhalb eines Rechtsgebietes. Widerspruch äußert sich dort beispielsweise in Referenden, Lobby- und Öffentlichkeitsarbeit oder Protesten. Er ist insbesondere in relativ geschlossenen Systemen das Mittel der Interessenartikulation, da Abwanderungsmöglichkeiten unter Umständen nicht gegeben oder mit hohen Kosten verbunden sind (z.B. die Reaktion auf das Angebotsverhalten eines Monopolisten oder die Verlagerung eines kompletten Produktionsbetriebes ins Ausland). Die Handlungsalternative Widerspruch wird eher dann gewählt, wenn ihr gewisse Aussichten auf Erfolg beigemessen werden. Schätzen hingegen die Individuen ihre Möglichkeiten zur Einflussnahme durch Widerspruch als gering ein, oder sind die Kosten der Abwanderung von Produktionsfaktoren, respektive die Substitutionskosten eines Gutes gering, so kann als Handlungsalternative die Abwanderung gewählt werden. Im Zusammenhang mit dem Wettbewerb zwischen Ordnungen ist hiermit das Wettbewerbsverhältnis zwischen den Rechtsgebieten angesprochen. Voraussetzung zur Abwanderung ist ein gewisser Grad an Mobilität der Produktionsfaktoren oder aber die Substitutionsmöglichkeit eines Gutes (Kundenwanderung). In diesem Zusammenhang ist außerdem zu bemerken, dass die Mobilität von Produktionsfaktoren auch von den institutionellen Bedingungen bestimmt wird. So kann beispielsweise durch restriktive Kapitalverkehrsbeschränkungen der naturgemäß sehr mobile Produktionsfaktor Kapital zur "Immobilie" gemacht werden. Zwei Dinge seien zum Schluss noch bemerkt: Erstens kann auch die Abwanderung einen Verbesserungsprozess innerhalb einer Organisation oder eines staatlichen Gebildes initiieren. Zweitens können sich sowohl Widerspruch als auch Abwanderung als illegale Reaktionen äußern. Dies ist z.B. bei einem Abgleiten in die Schattenwirtschaft oder der illegalen Flucht aus einem Staat der Fall.

47 Das Bestimmungslandprinzip kann prinzipiell immer auch ein (nichttarifäres) Handelshemmnis darstellen. Dabei kann es insbesondere auch zu Handelskonflikten kommen, wenn ein Rechtsgebiet für seine Importe auf dem Bestimmungsland beharrt, während es selbst vom Ursprungslandprinzip anderer Rechtsgebiete profitiert.

48 Vgl. die Reaktion des ehemaligen Bundesministers für Arbeit und Sozialordnung der Bundesrepublik Deutschland, Norbert Blüm, auf die Forderung osteuropäischer Staaten nach Freizügigkeit ihrer Arbeitskräfte. Mit Verweis auf eine mögliche "Völkerwanderung" fordert er Übergangsfristen (FAZ 1998: S. 5).

Arbitrage". Bei dieser institutionellen Arbitrage lassen sich die wandernden Faktoren von den erwarteten Nettoerträgen (denn die Wanderung birgt auch Transaktionskosten) ihrer individuellen Dispositionen leiten. Die Anziehungskraft eines Rechtsgebiets auf mobile Faktoren im Sinne der Fähigkeit, höhere Nettoerträge als andere Rechtsgebiete in Aussicht zu stellen, spricht für seine Qualität als Produktions-, Dienstleistungs- oder Kapitalanlagestandort (Streit 1995c: S. 4ff.).
Die an einer Wiederwahl interessierten politischen Akteure nehmen solche Wanderungen wahr und reagieren gegebenenfalls mit Regeländerungen.[49] Jetzt stellt sich nur noch die Frage nach der adäquaten Reaktion der Politik auf solche Wanderungen.[50] Den Wunsch nach Wiederwahl vorausgesetzt, kann sich eine Regierung prinzipiell für zwei Wege entscheiden:[51]
Zum einen kann sie in der Beeinträchtigung des Systemwettbewerbs ein probates Mittel sehen, die Wiederwahl zu sichern - z.B. durch Einschränkungen der Mobilität der Faktoren oder die Verschärfung nationaler Regulierungen. Dann wertet sie den Wählerstimmengewinn durch Wettbewerbsbeschränkung - insbesondere zugunsten vergleichsweise immobiler Bürger - höher als den dadurch bedingten Verlust an Wählerstimmen durch Wohlfahrtseinbußen der gesamten Volkswirtschaft. Eine Regierung kann aber auch den Systemwettbewerb fördern, um ihre Wiederwahl zu sichern. Denn von einer generellen stimmenwirksamen Präferenz der Wähler für nationale Wettbewerbsbeschränkungen kann nicht ausgegangen werden.
So haben die europaweiten Liberalisierungen der Telekommunikationsmärkte nicht nur zu deren Ausweitung, sondern auch zu Wohlfahrtssteigerungen der Konsumenten beigetragen. Die positiven Reaktionen auf gesunkene Telefonkosten im Zuge der Liberalisierungen, die maßgeblich durch das Wettbewerbskommissariat der Union initiiert wurden, zeigen, dass in der Bevölkerungen auch Präferenzen für eine Stärkung der Wettbewerbskräfte existieren können. Bei der Auflösung alter Staatsmonopole kann übrigens von einer Art Rückübertragung von Renten an die Konsumenten gesprochen werden.

---

49 Dies geschieht bisweilen auch auf Druck der Öffentlichkeit, wie die Debatte um den "Standort Deutschland" zeigt.

50 Dazu sind folgende Fragen zu klären:

- Wie groß sind die Auswirkungen auf die ökonomische Leistungsfähigkeit des betreffenden Gebiets?
- Wie werden die Wanderungen in den Augen von Interessenverbänden, der Opposition, den Wählern usw. wahrgenommen?
- Welche Reaktionen werden sie vermutlich hervorrufen (weitere Wanderungen, Widerstand)?
- Welche Art Handlungsbedarf wird signalisiert?

Zu der Entscheidungsproblematik politischer Akteure siehe Streit (1995a: S. 12).

51 Diese Entscheidung fällt sie in Abhängigkeit von den vermuteten Wählerreaktionen, wobei sie rechtliche Restriktionen zu beachten hat.

3.3.1.2 Voraussetzungen

Systemwettbewerb kann prinzipiell zwischen Rechtsgebieten mit grenzüberschreitenden Transaktionen stattfinden. Angestoßen wird er durch Möglichkeiten der Variation oder Substitution institutioneller Arrangements in Abhängigkeit von der Offenheit der Systeme.
Die Voraussetzungen für den Systemwettbewerb in Europa bestehen in den Freiheitsprinzipien des Binnenmarktkonzepts, die im Vertrag zur Gründung der Europäischen Gemeinschaft (EGV) niedergeschrieben sind:

- Gewährung der vier Grundfreiheiten sowohl für Bürger als auch für Unternehmen,
- Verzicht auf Wettbewerbsbeschränkungen von staatlicher und privater Seite und
- das grundsätzliche Belassen von Regelungskompetenzen auf der Ebene der Mitgliedstaaten.

Noch umfassender und intensiver wird der Wettbewerb der Systeme, wenn diese Regeln auch für Transaktionen mit Drittstaaten gelten. Je weitgehender die Grundfreiheiten umgesetzt werden und je weniger sich die beteiligten Staaten dem entziehen können, desto intensiver wird auch der Systemwettbewerb.
Halten wir zunächst fest: Im EGV existieren Regeln, die erstens Systemwettbewerb innerhalb von Europa ermöglichen und zweitens auch einen Ordnungsrahmen für ihn bilden. Allerdings ist hiermit noch nicht die Frage geklärt, ob die genannten Voraussetzungen und Regeln auch für einen "umfassenden Systemwettbewerb" innerhalb der Europäischen Union ausreichen. Für einen umfassenden Systemwettbewerb ist die Verwirklichung von Walter Euckens Wirtschaftsverfassung des Wettbewerbs sowohl für das private als auch für das staatliche Angebot an Gütern und Leistungen eine notwendige Bedingung (Schüller 1994a: S. 85). Mit dem "Grundsatz einer offenen Marktwirtschaft mit freiem Wettbewerb" hat sich die Gemeinschaft in den Römischen Verträgen im Wesentlichen schon auf eine Wirtschaftsverfassung des Wettbewerbs festgelegt (Gröner 1993: S. 7).[52]

Etwas anders stellen sich die Regelungen für das staatliche Angebot von Gütern und Leistungen dar. Zunächst wird die grundsätzliche Beibehaltung mitgliedstaatlicher Kompetenzen und Zuständigkeiten anerkannt.[53] In diese kann jedoch eingegriffen werden, wenn die Gemeinschaft im Zuge der ihr durch den Vertrag zugewiesenen Aufgaben tätig wird.[54] Dabei soll das sog. "Prinzip der limitierten Einzel-

---

52 Allerdings wird sie durch die Mannigfaltigkeit der Zielsetzungen im EGV oft unterlaufen. Siehe hierzu Kerber (1993: S. 279ff.).

53 Auf der Güterseite würde dies im Ursprungslandprinzip seine Entsprechung finden.

54 Vor allem nach Maßgabe der Aufgaben- und Tätigkeitsbeschreibungen der Gemeinschaft in Art. 2 und Art. 3 EGV. Im EGV findet sich allerdings eine Vielzahl gemeinschaftlicher Ziele, so auch in der Präambel und in den Titeln zu den verschiedenen Politikbereichen.

ermächtigung"[55] verhindern, dass gemeinschaftliche Kompetenzen entstehen, die nicht in Einklang mit den vertraglichen Zielen und Aufgaben der Gemeinschaft stehen. Dieser Schutz vor Kompetenzaneignungen ist allerdings recht unvollkommen:
Zum einen bieten sich durch Art. 308 EGV[56] Möglichkeiten für den Rat, der Gemeinschaft Aufgaben zu übertragen, auch wenn ihr diese nicht ausdrücklich in den Art. 2 und 3 EGV zugewiesen wurden. Zum anderen hat es die Union während der vergangenen Vertragsrevisionen stets geschafft, Aufgaben und Kompetenzen auf die Zentralebene zu ziehen. Damit hat sie die Möglichkeit erhalten, auf jenen Gebieten den Systemwettbewerb auszuschalten (Mussler/Wohlgemuth 1994: S. 22).[57]
Daraus kann gefolgert werden: Prinzipiell ist in der EU mit der Garantie der Grundfreiheiten und dem Belassen grundsätzlicher Regelungskompetenzen bei den Mitgliedstaaten ein Systemwettbewerb möglich. Er kann jedoch dort seine Grenzen finden, wo der EGV die zusätzliche Aneignung und Zentralisierung von Kompetenzen und die Vereinheitlichung von Regeln zulässt. Ein umfassender Wettbewerb der Systeme kann außerdem durch interventionistische Flanken des EGV, verkörpert vor allem in den teilweise dirigistischen Ausprägungen gemeinsamer Politikbereiche, erschwert werden.[58]
Von einer Verfassung des Wettbewerbs für staatlich produzierte Güter und Leistungen kann noch nicht gesprochen werden.[59] Dafür sind der Kompetenzermächtigungscharakter des Art. 308 EGV zu groß und die "Kompetenzbegrenzungsbefugnisse" des Europäischen Parlaments zu klein. In der Terminologie Euckens könnte man zu dem Schluss kommen, dass diese Konstellation dazu geeignet ist, den "Leistungswettbewerb" - also die parallele Anstrengung der Rechtsgebiete um mobile Faktoren - stark zu behindern (Eucken 1952/1990: S. 42f.).

55 Das "Prinzip der limitierten Einzelermächtigung" ist im ersten Satz des Art. 5 EGV niedergelegt: "Die Gemeinschaft wird innerhalb der Grenzen der ihr in diesem Vertrag zugewiesenen Befugnisse und gesetzten Ziele tätig."

56 Art. 308 EGV: "Erscheint ein Tätigwerden der Gemeinschaft erforderlich, um im Rahmen des Gemeinsamen Marktes eines ihrer Ziele zu verwirklichen, und sind in diesem Vertrag die hierfür erforderlichen Befugnisse nicht vorgesehen, so erläßt der Rat einstimmig (...) Vorschriften."

57 Eine Analyse über das System enumerativer Zuständigkeiten der Gemeinschaft und seiner fortschreitenden Aushöhlung liefert Mestmäcker (1994: S. 15).

58 Siehe dazu vor allem Kapitel 4.

59 Zur Diskussion einer Wettbewerbsordnung für den Systemwettbewerb siehe Kerber (1998).

Tabelle 2: Konstitutioneller Kern des Systemwettbewerbs im EGV

1.) Das wirtschaftliche Grundprinzip: Wettbewerb	
Artikel EGV	Wortlaut
Art. 4 Abs. 1 (Grundsätze)	Die Tätigkeit der Mitgliedstaaten und der Gemeinschaft (...) umfaßt (...) die Einführung einer Wirtschaftspolitik, die (...) dem Grundsatz einer offenen Marktwirtschaft mit freiem Wettbewerb verpflichtet ist.
Art. 98 (Wirtschaftspolitik)	(...) Die Mitgliedstaaten und die Gemeinschaft handeln im Einklang mit dem Grundsatz einer offenen Marktwirtschaft mit freiem Wettbewerb (...).
2.) Die Grundfreiheiten	
Art. 3 c) (Tätigkeit der Gemeinschaft)	[Die Tätigkeit der Gemeinschaft umfasst] einen Binnenmarkt, der durch die Beseitigung der Hindernisse für den freien Waren-, Personen-, Dienstleistungs- und Kapitalverkehr zwischen den Mitgliedstaaten gekennzeichnet ist;
Art. 12 (Grundsätze)	(...) jede Diskriminierung aus Gründen der Staatsangehörigkeit (ist) verboten.
Art. 14 Abs. 2 (Grundsätze)	Der Binnenmarkt umfaßt einen Raum ohne Binnengrenzen, in dem der freie Verkehr von Waren, Personen, Dienstleistungen und Kapital (...) gewährleistet ist.
Art. 23 Abs. 1 (Der freie Warenverkehr)	Grundlage der Gemeinschaft ist eine Zollunion, die sich auf den gesamten Warenaustausch erstreckt; sie umfaßt das Verbot, zwischen den Mitgliedstaaten Ein- und Ausfuhrzölle und Abgaben gleicher Wirkung zu erheben (...).
Art. 39 Abs. 1 (Freizügigkeit der Arbeitskräfte)	Innerhalb der Gemeinschaft ist die Freizügigkeit der Arbeitnehmer gewährleistet.
Art. 43 (Niederlassungsrecht)	Die Beschränkungen der freien Niederlassung von Staatsangehörigen eines Mitgliedstaats (...) sind (...) verboten. (...). (Die Niederlassungsfreiheit umfaßt) die Aufnahme und Ausübung selbständiger Erwerbstätigkeiten sowie die Gründung und Leitung von Unternehmen (...).
Art. 49 (Dienstleistungen)	Die Beschränkungen des freien Dienstleistungsverkehrs (...) sind (...) verboten.

Art. 56 Abs. 1 und Abs. 2 (Kapital- und Zahlungsverkehr)	(...) alle Beschränkungen des Kapitalverkehrs [Zahlungsverkehrs] zwischen den Mitgliedstaaten sowie zwischen den Mitgliedstaaten und dritten Ländern (sind) verboten.
3.) Verhinderung von Wettbewerbsbeschränkungen	
Art. 3 a) (Tätigkeiten der Gemeinschaft)	[Die Tätigkeit der Gemeinschaft umfasst] das Verbot von Zöllen und mengenmäßigen Beschränkungen bei der Ein- und Ausfuhr von Waren sowie aller sonstigen Maßnahmen gleicher Wirkung zwischen den Mitgliedstaaten;
Art. 3 g) (Tätigkeiten der Gemeinschaft)	ein System, das den Wettbewerb innerhalb des Binnenmarkts vor Verfälschungen schützt;
Art. 25 (Die Zollunion)	Ein- und Ausfuhrzölle oder Abgaben gleicher Wirkung sind zwischen den Mitgliedstaaten verboten.
Art. 28 und Art. 29 (Verbot von mengenmäßigen Beschränkungen)	Mengenmäßige Einfuhr[Ausfuhr]beschränkungen sowie alle Maßnahmen gleicher Wirkung sind zwischen den Mitgliedstaaten verboten.
Art. 81 Abs. 1 (Wettbewerbsregeln für Unternehmen)	Mit dem Gemeinsamen Markt unvereinbar und verboten sind alle Vereinbarungen zwischen Unternehmen, Beschlüsse von Unternehmensvereinigungen und aufeinander abgestimmte Verhaltensweisen (...).
Art. 82	Mit dem Gemeinsamen Markt unvereinbar und verboten ist die mißbräuchliche Ausnutzung einer beherrschenden Stellung (...).
Art. 87 (Staatliche Beihilfen)	(...) Beihilfen gleich welcher Art (...) (sind) mit dem Gemeinsamen Markt unvereinbar (...).
Art. 90 (Steuerliche Vorschriften)	Die Mitgliedstaaten erheben auf Waren aus anderen Mitgliedstaaten weder unmittelbar noch mittelbar höhere inländische Abgaben (...), als gleichartige inländische Waren (...) zu tragen haben.
4.) Beibehaltung der grundsätzlichen Regelungskompetenz der Mitgliedstaaten	
Art. 5 (Einzelermächtigung, Subsidiarität)	Die Gemeinschaft wird innerhalb der Grenzen der ihr in diesem Vertrag zugewiesenen Befugnisse und gesetzten Ziele tätig. In den Bereichen, die nicht in ihre ausschließliche Zuständigkeit fallen, wird die Gemeinschaft nach dem Subsidiaritätsprinzip nur tätig, sofern und soweit die Ziele (...) auf Ebene der Mitgliedstaaten nicht ausreichend erreicht werden können (...).

5) Internationale Interdependenz	
Art. 56 Abs. 1 und Abs. 2 (Kapitalverkehr)	Im Rahmen der Bestimmungen dieses Kapitels sind alle Beschränkungen des Kapitalverkehrs [Zahlungsverkehrs] (...) zwischen den Mitgliedstaaten und dritten Ländern verboten.
Art. 131 (Gemeinsame Handelspolitik)	(...) die Mitgliedstaaten (beabsichtigen) (...), zur schrittweisen Beseitigung der Beschränkungen im internationalen Handelsverkehr und zum Abbau der Zollschranken beizutragen.

3.3.2 Wirkungen des Systemwettbewerbs

In der Einleitung zum Systemwettbewerb wurde bereits kurz darauf hingewiesen, dass die ihm zugrunde liegende wettbewerblich-marktwirtschaftliche Integrationsmethode das Ausmaß der integrationsbedingten Differenzierung und Harmonisierung offen lässt und dem Wirken der Wettbewerbskräfte überlässt. Dieses Verständnis von Integrationsprozessen fußt auf den Wettbewerbskonzepten von F.A. von Hayek und J.A. Schumpeter, die Wettbewerb als Entdeckungsverfahren von Tatsachen bzw. dessen Innovationsfunktionen als Bezugspunkte ihrer Analysen verstehen.

3.3.2.1 Systemwettbewerb als Entdeckungsverfahren

Grundsätzlich ist jedes menschliche Handeln mit dem Makel der Fehlbarkeit belastet. Insbesondere gilt dies bei groß angelegten Vorhaben wie dem europäischen Integrationsprozess. Für die Umsetzung solcher Projekte sind Unmengen gegenwarts- und zukunftbezogener Daten notwendig. Sollen hierfür Institutionen zur Lösung gegenwärtiger und zukünftiger Umstände gesetzt werden, wie das die Konsequenz der Harmonisierungsmethode ist, so müssen diese Institutionen heute schon die "Kenntnis der besonderen Umstände von Ort und Zeit" (von Hayek 1952a: S. 107) inkorporieren, auch wenn diese noch in ferner Zukunft liegen.

Ein solch ambitioniertes Unterfangen würde wesentlich erleichtert, wenn man wenigstens wüsste, welche Daten ("Umstände") überhaupt unbekannt sind bzw. noch entdeckt werden müssen. Aber auch dies ist in aller Regel nicht bekannt.[60] So bleiben Konstruktion und Realisierung solcher Entwürfe in Anbetracht der Datenlage ein Wagnis.

---

60 Deshalb will von Hayek (1994c: S. 249) den Wettbewerb "als ein Verfahren zur Entdeckung von Tatsachen" verstanden wissen, "die ohne sein Bestehen entweder unbekannt bleiben oder doch zumindest nicht genutzt werden würden."

Um Systemwettbewerb als sinnvolles Koordinationsverfahren der Integration anzuerkennen, muss also das *Wissensproblem* als *Kernproblem* akzeptiert werden.[61] Nur dann wird die Argumentationsweise plausibel, dass der Wettbewerb der Institutionen eingedenk der vorhandenen Wissenslücken eine Chance bietet, zu den möglichen Problemsituationen Problemlösungswissen in der Form geeigneter Institutionen und Handlungsweisen zu erschließen.[62]
In besonderer Weise berücksichtigt von Hayeks Paradigma den für die wettbewerblich-marktwirtschaftliche Integrationsmethode so zentralen Umstand des individuellen Handelns bei Ungewissheit.[63] Das unausweichliche Handeln bei Ungewissheit, das mangelnde Wissen über zukünftige Präferenzen und Knappheitsverhältnisse und - untrennbar damit verbunden - das begrenzte Wissen über die zukünftige Problemlösungsfähigkeit von Institutionen sind wichtige Argumente, auf den Wettbewerb als Entdeckungsverfahren jener "Umstände" zurückzugreifen.
Diesen Problemen begegnet man am besten dadurch, "daß die Entscheidungen schließlich den Leuten überlassen werden müssen, die mit diesen Umständen vertraut sind, die unmittelbar von den relevanten Veränderungen und von den sofort verfügbaren Mitteln wissen" (von Hayek 1952b: S. 111). Und weiter: Die Probleme, die durch die Anpassung an Veränderungen entstehen, müssen daher "durch irgend eine Form der Dezentralisierung gelöst werden" (ebenda: S. 112).
Problemlösungswissen stellt jedoch kein finales Wissen im Sinne "der Weisheit letzten Schlusses" dar, sondern ist stets nur als "revidierbare Hypothese" zu verstehen, die immer auch Spielraum für andere Alternativen zulässt (Mussler/Wohlgemuth 1994: S. 9). In diesem Sinn definiert Kerber (1997: S. 50) Wettbewerbsprozesse als "ständige Prozesse des Generierens und Testens von neuen Hypothesen."
Das zur Verarbeitung von Datenänderungen notwendige Problemlösungswissen muss nach von Hayek aber erst einmal im Prozess von Versuch und Irrtum (des Testens der Hypothesen) entdeckt werden. Dieser Prozess kann mitunter sehr hohe Transaktionskosten verursachen, da eine Vielzahl unterschiedlicher Hypothesen geprüft werden muss. Deshalb kann die Wettbewerbsintensität als umso größer angenommen werden, je weniger Transaktionskosten der Erwerb von Problemlösungswissen verursacht. Hier dürfte es auch tendenziell schneller zu institutionellen Neuerungen kommen.

61 Siehe auch Mussler/Wohlgemuth (1994: S. 9f.).

62 "Wissen" ist denn auch für von Hayek mit der Fähigkeit gleichzusetzen, eben diese besonderen Umstände von Ort und Zeit aufzuspüren (von Hayek 1994c: S. 254).

63 Die allokationszentrierte und gleichgewichtsorientierte Markttheorie hingegen bewegt sich in einer Welt der "Gewissheit", wo "man vorhandene Mittel auf der Basis gegebenen Wissens "zweckmäßiger" gegebenen Zielen und Wirtschaftssubjekten zuordnet (...)" (von Delhaes/Fehl 1997a: S. 2). Auf der Basis bekannter, als relevant erachteter Informationen entscheiden die Individuen durchaus rational. Freilich begrenzt die Existenz von Transaktionskosten die Möglichkeiten der Informationsbeschaffung. Schon von daher können Individuen "nur" unvollkommen rational handeln. Hinzu kommt eine latente Instabilität der individuellen Präferenzen: ständige Informationsanpassungen sind die Folge (Richter/Furubotn 1996: S. 4).

Über den Prozess des Testens verschiedener Problemlösungshypothesen erwerben die handelnden Individuen Wissen darüber, wie man Probleme lösen kann. Durch direkten Vergleich wird dieses Wissen von anderen Individuen bewertet und ggf. verbreitet. Diese Vorgänge beschreiben die Innovations- und Nachahmungsfunktion des Wettbewerbs. Über die Vermittlung des Preissystems erhalten die Individuen interpretationsbedürftige Informationen, welche Problemlösungsqualität konkrete institutionelle Arrangements und Handlungsweisen besitzen.
Eine von oben verordnete Harmonisierung institutioneller Arrangements entzieht dagegen die Institutionen der vergleichenden Prüfung ihrer Problemlösungsqualitäten und behindert den Prozess der institutionellen Innovation. Besonders problematisch ist dies für Gesellschaften, in denen der Wettbewerb bisher gering war, "die noch unbekannten Möglichkeiten zu entdecken" (von Hayek 1994c: S. 260), also insbesondere auch für die ehemals von der internationalen Wirtschaftsrechnung abgekappten Transformationsökonomien.
Da die "besonderen Umstände von Ort und Zeit" zusammen mit den individuellen Präferenzen ständigen Änderungen unterworfen sind, ändern sich aber auch stets die Problemlösungsqualitäten vorhandener institutioneller Arrangements. Dies macht es unmöglich, die Ergebnisse der Prozesse der Wissensfindung und -verbreitung vorherzusagen. Sie unterliegen selbst ständigen Änderungen, weil immer wieder neues Wissen entdeckt und verwertet wird. Mehr noch: Man kann sich deshalb auch niemals sicher sein, die für ein Problem geeignetsten institutionellen Lösungsmöglichkeiten gefunden zu haben.[64]

3.3.2.2 Steigerung institutioneller Effizienz und Innovation

Wenn wir nicht wissen, was der Systemwettbewerb alles entdecken soll, verbietet es sich dann nicht von selbst, ein mit so vielen Fragezeichen und auch mit Risiken behaftetes Suchverfahren als geeignet für den Prozess der sozialpolitischen Integration Europas anzusehen? Insbesondere dürften diejenigen, die die Harmonisierungsmethode bevorzugen und mit konkreten Zielen arbeiten, dem Systemwettbewerb skeptisch gegenüberstehen.
Von Hayek ist sich dieses Problems bewusst: "Wo wir aber die Tatsachen, die wir mit Hilfe des Wettbewerbes entdecken wollen, nicht schon vorher kennen, können wir auch nicht feststellen, wie wirksam er zur Entdeckung aller relevanten Umstände führt, die hätten entdeckt werden können." Aber: "Was sich empirisch nachprüfen läßt, ist nicht mehr, als daß Gesellschaften, die sich zu solchem Zweck des Wettbewerbs bedienen, dieses Ergebnis in höherem Maße verwirklichen als andere (...)" (von Hayek 1994c: S. 250). Auch die Harmonisierungsmethode kann den gordischen Knoten des

---

64 Durchaus könnte auch eine Harmonisierung das Ergebnis der Entdeckungen des Wettbewerbes sein. Streit bezeichnet dies als "Harmonisierung von unten". Falsch wäre es allerdings, den Wettbewerb als Entdeckungsverfahren so zu interpretieren, dass er quasi automatisch für eine Harmonisierung von unten sorgen würde (Streit/Mussler 1995: S. 5).

unzureichenden Wissens nur dadurch zerschlagen, dass sie auf die Nutzung jenes Wissens, das im wettbewerblichen Suchprozess entsteht, systematisch verzichtet.
Deshalb scheint es nun angebracht, auf eine weitere, den Wettbewerb als Entdeckungsverfahren ergänzende Dimension Wissen schaffenden Wettbewerbs hinzuweisen: die "Kreation und Verbreitung von Neuerungen" (Kerber 1997: S. 40) im Wettbewerbsprozess.
Der "Neuerungswettbewerb" wird von Schumpeter in den Vordergrund seiner Theorie gerückt und besteht in einem fortlaufenden Prozess von Innovation und Imitation. Denn durch diese Innovationsfunktion des Wettbewerbs können neue und überlegene Methoden der Wissensverwertung hervorgebracht werden.[65] Wettbewerb kann sogar nur neues Wissen generieren und verbreiten, wenn dieser Prozess immer wieder durch Innovationen angestoßen wird. Innovationen werden in den Marktprozess "eingespeist" und in ihm überprüft (von Delhaes/Fehl 1997a: S. 5).
Damit schließt sich der Kreis zwischen der Innovations- und der Entdeckungsfunktion des Wettbewerbs, indem die Problemlösungsfähigkeit von Neuerungen im Marktprozess "entdeckt" wird.
In Analogie zum privatwirtschaftlichen Unternehmer (Schumpeter 1934/1993: S. 110ff.) kann der politische Unternehmer versuchen, durch Imitation der Institutionengestaltung anderer einen Standortvorteil eines anderen Rechtsgebietes wettzumachen oder durch eigene institutionelle Innovationen seinerseits einen Wettbewerbsvorteil (Standortvorteil) gegenüber anderen Rechtsgebieten zu erlangen. Imitiert er institutionelle Arrangements, so kommt es zunächst zu einer Ex post-Harmonisierung von Institutionen.
Entscheidend für eine Steigerung der institutionellen Effizienz ist jedoch *nicht* die Frage, ob als Ergebnis der Wissensdiffusion eine Ex post-Harmonisierung von Regeln entstehen könnte. Wesentlich ist bei diesen Prozessen nur, dass die Kanäle, über die das Wissen um die Problemlösungsfähigkeit anderer Institutionen diffundiert, offen gehalten werden und die von ihnen ausgehenden Preissignale nicht verfälscht werden.
Systemwettbewerb im Bereich der Sozialpolitik ist nur *ein* Parameter eines umfassenderen Systemwettbewerbs. Allerdings eröffnet er der nationalen Sozialpolitik die Möglichkeit, die Standortfaktoren "sozialer Frieden" und "Kosten der sozialen Leistungen" (Demmer 1994: S. 60) ausgewogen zu gestalten. So könnte man in einer ersten Annäherung vermuten, dass es aufgrund der Möglichkeiten und Erfordernisse institutioneller Innovationen zu einer Erhöhung der institutionellen Effizienz und zu einem Abbau der Systemverkrustung in den Systemen nationaler Sozialpolitik kommt, zumal wenn berücksichtigt wird, dass wahrscheinlich größere Erfolge erzielt werden können, wenn es sich um marginale Veränderungen handelt (siehe hierzu North 1992: S. 9). Dies dürfte in Staatswesen angezeigt sein, die unter dem schützenden Geleit sozialstaatlicher Verfassungsnormen immer größere Bereiche der Sozialpolitik verstaatlicht haben. Mit der institutionellen Innovationsfähigkeit, mag sie sich auch der

[65] Schumpeter (1993: S. 138) prägte hierfür den Ausdruck "schöpferische Zerstörung". Diese mache den "evolutionäre[n] Charakter kapitalistische[r] Prozesse(.) deutlich (ebenda: S. 136), indem er neue Konsumgüter, Produktions- und Transportmethoden, neue Märkte, Organisationsmethoden usw. schafft. Vgl. auch ebenda S. 137 und Schumpeter (1934/1993: S. 100ff.).

Methode des "piecemeal-engineering"[66] bedienen, bewahrt sich ein Gemeinwesen seine adaptive Effizienz.
Vieles spricht dafür, dass "diejenige Gesellschaft, die die größte Zahl von Versuchsmöglichkeiten gestattet, (..) am ehesten im Laufe der Zeit Probleme lösen können (wird)" (North 1992: S. 96).[67] Dies deckt sich mit der Position von Hayek.
Die Steigerung des Innovationsdrucks durch den Wettbewerb rechtfertigt somit auch einen verhaltenen Optimismus[68] hinsichtlich institutioneller Innovationen beim Aufbrechen von Verteilungskoalitionen, die vorwiegend über die Verhaltensabstimmung (Kartellierung) den Wettbewerb zu beschränken versuchen (Olson 1991: S. 57). Da der Systemwettbewerb über die Vermittlung des Preissystems Informationen über die Problemlösungsqualität anderer institutioneller Arrangements durchreichen kann, dürfte es in den gesellschaftlichen Meinungsbildungsprozessen schwieriger werden, gruppenspezifische Rentenansprüche gegenüber verbleibenden Gruppen durchzusetzen, sofern diese dadurch Wohlfahrtsverluste hinnehmen müssten. Insgesamt dürfte durch bessere Information die Souveränität der Wähler gestärkt und der diskretionäre Handlungsspielraum von Politik, Bürokratie und Interessenvertretungen, aus dem Unsicherheit entsteht, begrenzt werden. Damit wird auch die principal-agent-Problematik in einem Staatswesen entschärft.

---

66 "Piecemeal-Engineering" ist die von Karl Popper entwickelte Theorie der Gestaltung sozialer Institutionen. Er wendet sich damit gegen Vorstellungen, Institutionen im Hinblick auf ein Ziel mit einem "großen Wurf" schaffen zu wollen. Es sei eher angezeigt, diese Institutionen schrittweise zu planen und durch kleinere Eingriffe immer wieder und wieder zu verbessern. Siehe hierzu Popper (1979: S. 47ff.).

67 Dieser Optimismus hinsichtlich einer Steigerung der Anpassungseffizienz bleibt jedoch nicht ungetrübt. So kann der Wandel der Institutionen durch den Einfluss von Ideologien von einer Steigerung der Anpassungseffizienz wegführen (North 1992: S. 97). Dies hat auch Eucken erkannt - allerdings sechzig Jahre vorher (1932/1997: S. 23): "Mit diesen Ideologien hat es nun aber eine eigentümliche Bewandtnis. *Sie bejahen und befürworten nämlich Bewegungen, die genau das Gegenteil von dem erreichen, was die Ideologen von ihnen erhoffen* [Hervorhebung im Original]."

68 "Verhalten" ist der Optimismus bezüglich institutioneller Innovationen aufgrund vielfältiger Beharrungstendenzen. North wies ja schon früh darauf hin, dass nicht unbedingt immer nur die effizientesten Institutionen diejenigen sind, die sich auf Dauer behaupten. Dafür hält er folgende "Selbstverstärkungsmechanismen" für verantwortlich:

1. Die Persistenz multipler Gleichgewichte, die eine Mehrzahl von Lösungen ermöglichen.
2. Blockierung einer Innovation, da man sich schon eine andere Lösung zu eigen gemacht hat (hier kommt auch das Problem hoher Transaktionskosten zum Vorschein, ebenso wie beim nächsten Punkt),
3. Verlaufsabhängigkeiten, die dadurch entstehen, dass unbedeutende oder zufällige Ereignisse in der Vergangenheit die Entwicklung in eine ganz bestimmte Bahn geleitet haben (North 1992: S. 111f.). Siehe auch Leipold (1997: 43ff.).

3.3.3 Grenzen des Systemwettbewerbs

Wie schon angedeutet, sind die oben geschilderten Wirkungen des Systemwettbewerbs vielfältigen Einschränkungen unterworfen. Streit (1995c: S. 9) unterscheidet zwischen exogenen und endogenen Grenzen des Systemwettbewerbs. Exogene Grenzen des Systemwettbewerbs sind vor allem politisch gesetzte Regeln, die die Akteure in der gegenwärtigen Betrachtung zunächst als gegeben hinzunehmen haben.[69] Hingegen können dem Systemwettbewerb auch Grenzen aus dem Wettbewerbsprozess selbst erwachsen.
In der Europäischen Union entstehen dem Systemwettbewerb exogene Grenzen vor allem dort, wo nationale Kompetenzen auf die Institutionen der EU übertragen werden oder wo nationale Regeln einen Wettbewerb verhindern. Trotz eines prinzipiell möglichen Systemwettbewerbs entsprechend der vier Grundfreiheiten unterliegt dieser den supranationalen oder nationalen Beschränkungen.

Exogene Beschränkungstatbestände entstehen insbesondere durch die Möglichkeiten des Rates, sich mittels der Regelungen aus Art. 308 EGV neue Handlungsfelder zu erschließen. Dieser Artikel bietet einen immensen Ermessensspielraum zur Begründung eines gemeinschaftlichen Tätigwerdens. [70]
Eine weitere Gefährdung des Systemwettbewerbs kann sich aus der Anwendung der Mehrheitsregel bei Ratsentscheidungen ergeben. Insbesondere seit Inkrafttreten der EEA, die die Mehrheitsregel auf viele Politikfelder ausdehnte, bestehen prinzipiell einfachere Möglichkeiten, neue Gemeinschaftszuständigkeiten zu schaffen. Gemeinsame Politikbereiche, in denen der Systemwettbewerb zwischen den EU-Mitgliedstaaten quasi ausgeschaltet ist, existieren seit geraumer Zeit. Insbesondere in der Agrar-, der Währungspolitik, der Handels- und Verkehrspolitik sind die Zuständigkeiten der Mitgliedstaaten schon erheblich reduziert.
In der Sozialpolitik ist seit der Vertragsrevision von Amsterdam Ähnliches zu beobachten. Hiernach werden erstmals Gemeinschaftskompetenzen in der Beschäftigungspolitik begründet, was insofern von weit reichender Bedeutung ist, als sämtliche Gemeinschaftspolitiken[71] in den Dienst der Beschäftigung gestellt werden sollen.

Diese "Pfadabhängigkeiten" lassen sich auch teilweise mit historischen und kulturellen Traditionen begründen.

69 Das wären dann die von außen gesetzten Rahmenbedingungen für den Systemwettbewerb. Das Ergebnis ist ein Systemwettbewerb nach dem Motto "Bis hierher und nicht weiter".

70 Art. 308 EGV: Erscheint ein Tätigwerden der Gemeinschaft erforderlich, um im Rahmen des Gemeinsamen Marktes eines ihrer Ziele zu verwirklichen, und sind in diesem Vertrag die hierfür erforderlichen Befugnisse nicht vorgesehen, so erläßt der Rat einstimmig (...) Vorschriften."

71 Dies gilt insbesondere für die europäische Forschungs- und Technologiepolitik, die Politik des wirtschaftlichen und sozialen Zusammenhalts mit ihren Strukturfonds und letztlich auch die Industriepolitik (siehe hierzu auch Kapitel 4.6)

Ein weiterer Hemmschuh für den Systemwettbewerb liegt in Einschränkungen des Ursprungslandprinzips. Es ist prinzipiell möglich, das wettbewerbsfördernde Ursprungslandprinzip durch den Verweis auf vitale nationale Interessen zu kontern. Außerdem verlangt das Ursprungslandprinzip, die Rechtsregeln der anderen Rechtsgebiete anzuerkennen. Dies ist jedoch in der Praxis oft nicht gewährleistet, weil vor dem Ursprungslandprinzip vielfältige bürokratische Hürden aufgebaut werden. Die damit steigenden Transaktionskosten der Rechtsdurchsetzung dürften sich zudem nachteilig auf Umfang und Qualität der Austauschbeziehungen auswirken (Streit 1995c: S. 10).

Endogene Behinderungen des Systemwettbewerbs ergeben sich aus den Funktionsbedingungen und Funktionsweisen des politischen und wirtschaftlichen Wettbewerbs. So ist keinesfalls sicher, dass der Systemwettbewerb in jedem Fall für die Durchsetzung der effizientesten Regelkombination sorgen wird (Kiwit/Voigt 1995: S. 137). Einfache Antworten auf die Frage nach den Wirkungen des Systemwettbewerbs sind obendrein nur dann zu erwarten, "wenn (1) das Wissensproblem der ökonomischen und politischen Wettbewerber unterschätzt, (2) der ökonomische Wettbewerb lediglich als friktionsarmes Anpassungsverfahren an objektive "Daten" (...) sowie (3) der politische Wettbewerb in direkter Analogie zum gleichgewichtslosen Anpassungswettbewerb konstruiert wird" (Streit 1995c: S. 12). Insbesondere die beobachtbaren Pfadabhängigkeiten von Institutionen stellen eine signifikante Beeinträchtigung des Systemwettbewerbs dar. Existenz und Beschaffenheit von Institutionen legen den Pfad des ökonomischen Wandels und der Wirtschaftsleistung fest. Gehen von Struktur und Beschaffenheit der Institutionen eher Anreize für distributiv orientierte Aktivitäten aus, so werden von den Individuen entsprechende Aktivitäten entfaltet.
Im Mittelpunkt der These der Pfadabhängigkeit des institutionellen Wandels steht die Volkswirtschaft, die als ein System von Netzwerken angesehen wird. Zwischen den Netzwerken strahlen die Aktivitäten der Akteure auf viele andere Akteure und auf ihre institutionellen Bedingungen aus (Interdependenz der Ordnungen). Geht bei der gegebenen Ausstattung an relevanten Institutionen die Produktion mit steigenden Skalenerträgen einher, so kommt es aufgrund sinkender Produktions- und Transaktionskosten zu Netzwerkexternalitäten, die unter anderem über Lerneffekte zustande kommen und sich über einen längeren Zeitraum anhäufen können (Frenkel/Hemmer 1999: S. 315). Insbesondere auf mittlere Sicht können dann die "sunk costs", in diesem Fall die institutionenspezifischen Kosten, so hoch sein, dass sich dadurch eine dauerhafte Überlegenheit des Status Quo ergibt. Ein aus Effizienzgesichtspunkten erwünschter institutioneller Wandel würde dadurch beträchtlich hinausgezögert. Die zweite Seite dieser Medaille lässt das Urteil über Pfadabhängigkeiten allerdings nicht mehr so uneingeschränkt negativ erscheinen. Das Beharrungsvermögen von Institutionen kann durchaus auch förderlich für die Stabilisierung wirtschaftlicher und auch politischer Erwartungen sein. Mehr noch: Unter dem Aspekt des Wissensmangels kann ständiger institutioneller Wandel sich sogar nachteilig auf die wirtschaftliche Leistungsfähigkeit eines Gemeinwesens

auswirken, da ständig neue Ressourcen in die Neulösung des Wissensproblems gesteckt werden müssen (Streit 1995c: S. 13).
Die Berücksichtigung vergangener Investitionen, Erfahrungen, Werte, des kulturellen Erbes (Reinheitsgebot von 1516 für in Deutschland gebrautes Bier) als mögliche Gründe für Pfadabhängigkeiten institutionellen Wandels (Geue 1997: S. 223) stellen folglich gewichtige Nebenbedingungen bei Aussagen über die Wirkungen des Systemwettbewerbs dar. Zumindest in der kurzen Frist darf man sich deshalb keinen Illusionen hingeben, der Systemwettbewerb würde aus sich heraus automatisch ineffiziente Institutionen durch effiziente ersetzen, ganz zu schweigen von der Vorhersagbarkeit der Ergebnisse des Institutionenwettbewerbs. Dafür sind die dahinter stehenden Prozesse zu komplex, worauf auch North (1992: S. 123) hinweist: "Infolgedessen scheinen sowohl Selbst-Blockierung als auch Verlaufsabhängigkeit im Falle von Institutionen viel komplizierter als im Falle der Technologie. Das Wechselspiel von Staat und Wirtschaft, die vielen Akteure, deren Verhandlungspositionen im Hinblick auf eine Beeinflussung des institutionellen Wandels ganz unterschiedlich stark sind, und die Bedeutung der kulturellen Traditionen, die für die Langlebigkeit vieler formloser Beschränkungen verantwortlich zu sein scheinen: Sie alle tragen zur Komplexität bei."

3.4 Integration durch Mindeststandards und Systemwettbewerb

Integration durch Wettbewerb und Integration durch Harmonisierung stellen für sich genommen analytisch trennbare, jedoch auch kombinierbare und tatsächlich häufig auch kombiniert vorzufindende Integrationsmethoden dar. Ein scheinbarer Kompromiss zwischen den beiden Idealtypen der Integration ist die Integrationsmethode via Mindeststandards.[72] Diese Integrationsmethode enthält sowohl Elemente des Systemwettbewerbs als auch Elemente der Harmonisierungsmethode. Der Harmonisierungsmethode ähneln Mindeststandards, wenn das Ausmaß wettbewerblich-marktwirtschaftlicher Integration vorneweg durch die quantitative und qualitative Festlegung von Integrationsmaßnahmen eingeschränkt wird.
Diese Mindeststandards markieren im gleichen Zuge die Regulierungsgrenze, ab der ein Wettbewerb um die Problemlösungsqualität darüber liegender institutioneller Arrangements stattfinden kann. Wie im Folgenden zu erläutern sein wird, sind gewisse Standards sogar notwendig, um den Prozess der Institutionenarbitrage überhaupt erst einmal anzustoßen.
Mindeststandards[73] stellen streng genommen Ex ante-Harmonisierungen dar. Was ihre Wirkung angeht, so kommt es entscheidend auf ihre Höhe und Anreize an. Danach

72 Der EGV verwendet den Terminus "Mindestvorschriften" (Art. 137 Abs. 2 EGV); in der Literatur überwiegt allerdings der Terminus "Mindeststandards" zur Beschreibung der gleichen Sachverhalte.

73 Mindeststandards stellen eine, wenn auch abgeschwächte, Form der Harmonisierung dar. Sie kommen durch die gleichen politisch-bürokratischen Verhandlungslösungen zustande, auch wenn man sich zur Vermeidung des "Unworts" Harmonisierung euphemistischer

entscheidet sich, in welchem Gravitationsfeld sich diese Vorschriften bewegen: als *Freiheit schaffende* Standards ermöglichen sie es den Individuen, ihre Handlungsspielräume zu nutzen; werden sie als politisches Mittel zur Einebnung von Kostenunterschieden verwendet, können Mindeststandards den Wettbewerb der Systeme aufhalten und laufen Gefahr, falsche Anreize zu setzen.

3.4.1 Voraussetzung für Marktintegration oder Vorstufe einer Harmonisierung?

Damit der Wettbewerb seine Innovations- und Entdeckungsleistungen bezüglich Differenzierung und Harmonisierung im Binnenmarkt zur Geltung bringen kann, darf die prinzipielle Wanderungswilligkeit der Produktionsfaktoren nicht an *faktischen* Wanderungshemmnissen scheitern. Die Wanderung von Produktionsfaktoren ist ja ein für Marktwirtschaften durchaus systemlogischer und auch wünschenswerter Effekt (Wentzel 1993: S. 496). Auf die Gemeinschaft bezogen ist es - wie oben dargestellt - sogar eine vertragliche Pflicht aus dem EGV, jene Bedingungen herzustellen, die die Freizügigkeit und Niederlassungsfreiheit gewährleisten. Neben die rechtliche Zusicherung der vier Grundfreiheiten müssen allerdings flankierende Standards treten, die die faktische Ausübung der Freiheiten sicherstellen.[74]
Diese Aufgabe obliegt den europäischen Mindeststandards. Dies sind gemeinschaftsweit geltende einheitliche Normen, deren Einhaltung ein wanderungswilliges Individuum in der EU voraussetzen darf. Solche Standards sollen Unsicherheiten verringern helfen und finden sich vor allem in Richtlinien und Verordnungen der Gemeinschaftsorgane.
Mitunter besteht sogar die Vermutung, dass ein Mindestmaß an Harmonisierung via Mindeststandards den "Systemwettbewerb" erst ermöglicht. Dies hängt mit den Anreizen zusammen, die die Eigner mobiler Faktoren zur räumlichen Neuorientierung veranlassen; diese Anreize dürften von Differenzen der Kosten- und Nutzenerwartungen abhängen. Die Differenzen ergeben sich aus der Abwägung wirtschaftlicher Vorteile und Nachteile alternativer institutioneller Arrangements. Überwiegen die Nachteile, so bleiben die Wanderungen aus. Freiheit schaffende Mindeststandards sollen aber verhindern, dass die Nachteile insbesondere aufgrund administrativer und rechtlicher Hindernisse überwiegen.

Allerdings werden Mindeststandards in der politischen und auch ökonomischen Diskussion zumeist in einem anderen Problemzusammenhang diskutiert: Es soll ein Unterbietungswettbewerb ("race-to-the-bottom") auf dem Gebiet der Sozialpolitik verhindert werden (Gemeinschaften 1994: S. 13). In diesem Zusammenhang sollen Mindeststandards den Anreiz zur Abwanderung der Produktionsfaktoren schwächen. Konkret geht es darum, die Wanderungen von Arbeitskräften aus Volkswirtschaften

---

Hilfskonstruktionen wie Konvergenz, Abstimmung, harmonische Entwicklung, Kooperation, Annäherung etc. bedient. Vgl. u.a. Kleinhenz (1994: S. 145).

74 Vgl. Balassa (1961: S. 90): "The abolition of national restictions is a necessary, but not a sufficient, condition for achieving desirable labor movements."

mit niedrigen Standards in den Bereichen Arbeitsschutz, Mitbestimmung und Sozialversicherung zu behindern, da sie eine große Lohnkonkurrenz für Arbeitskräfte aus Ländern mit hohen "Sozialstandards" darstellen.
In den Ländern mit hohen Sozialstandards ist jedoch aus polit-ökonomischen Gründen zumindest kurzfristig keine Absenkung zu erwarten. Aus diesem Grund dürften die Hochstandardländer mit ihren Forderungen nach einheitlichen sozialen Mindeststandards ein Niveau der Sozialstandards anstreben, welches signifikant über dem Niveau solcher Länder liegt, die niedrige Sozialstandards vorzuweisen haben.

Um Sozialstandards in genereller Weise ordnungspolitisch beurteilen zu können, müssen zunächst die maßgeblichen Wanderungen, die diese Mindeststandards flankierend ermöglichen sollen, identifiziert werden. Da grenzüberschreitende Wanderungen ohnehin nur mobile Faktoren betreffen, rücken vor allem Wanderungen von Arbeitskräften und der grenzüberschreitende Kapitalverkehr[75] in den Mittelpunkt einer ordnungspolitischen Betrachtung.
Grundlegend für die Wanderungsabsicht dürfte zunächst die diskriminierungsfreie Behandlung der Faktoreigner vor Recht und Gesetz des Gastlandes sein. Dieses sog. Inländerprinzip als "Mindeststandard" ist in der EU im Wesentlichen dadurch gegeben, dass die Mitgliedstaaten dem Prinzip der Rechtsstaatlichkeit verpflichtet sind (Art. 6 EUV). Dies schließt das Niederlassungsrecht und das Recht auf Ausübung einer Tätigkeit im Integrationsgebiet ein. Außerdem dürfte für die Wanderung maßgeblich sein, dass zuvor im Heimatland erworbene Ansprüche nicht beim Grenzübertritt erlöschen. Das muss im umgekehrten Fall auch für Verbindlichkeiten gelten. Diesen Anforderungen wurde schon im EWG-Vertrag in den Art. 48ff. entsprochen.[76]
Ferner dürften folgende Standards die Wanderungswilligkeit unterstützen: die Zusicherung der Transferierbarkeit des Arbeitslohnes in die Heimat, die Anrechnung gezahlter Einkommenssteuern auf eventuell im Heimatland zu zahlende Einkommenssteuern, Ausbildungsmöglichkeiten für mitgereiste Familienmitglieder und nicht zuletzt die Inanspruchnahme erworbener Ansprüche an die Systeme sozialer Sicherheit im Gastland, insbesondere Ansprüche an die Kranken- und Arbeitslosenversicherung und an das Transfersystem.[77]

---

75 Hier ist vor allem der langfristige Kapitalverkehr in Form von Direktinvestitionen gemeint (Aufbau von Produktionskapazitäten im Ausland, langfristige Unternehmensbeteiligungen etc.). Diese orientieren sich ebenfalls an den institutionellen Bedingungen in einem Land und folgen prinzipiell den gleichen Entscheidungskalkülen, die auch der Wanderung der Arbeitskräfte zugrunde liegen, meist aber unter umgekehrten Vorzeichen.

76 Besondere Aufmerksamkeit im sozialpolitischen Kontext erlangte die Umsetzung des Art. 51 EWGV (jetzt Art. 52 EGV), der die Koordination der Ansprüche von Wanderarbeitnehmern an die jeweiligen Systeme sozialer Sicherung sicherstellt. Dieser Artikel wurde im Juni 1971 durch die Verordnung 1408/71 umgesetzt.

77 Verordnung 1408/71: "Verordnung zur Anwendung der Systeme der sozialen Sicherheit auf Arbeitnehmer und deren Familien, die innerhalb der Gemeinschaft zu- und abwandern." Hierin werden Leistungspflichten für Krankheit, Mutterschaft, Invalidität, Alter, Arbeitslosigkeit, Arbeitsunfälle, Berufskrankheiten, Leistungen an Hinterbliebene, Sterbegeld und

Die Aufzählung zeigt, dass Individuen nicht aus einem institutionellen Vakuum kommen. Erwägt ein Individuum eine Wanderung, so fließen neben direkten wirtschaftlichen Nutzenerwägungen (höhere Löhne, Arbeits*möglichkeiten*) auch Erwägungen über die wirtschaftlichen Vorteile, die indirekt aus leistungs- und einkommenserhöhenden Wirkungen des institutionellen Arrangements des Gastlandes zu erwarten sind, in die Entscheidung ein (siehe auch Görgens 1993: S. 219f.). Direkte und indirekte Vorteilserwartungen können sich hierbei verstärken, andere Risiken kompensieren oder gar ausgleichen. Der so verstandene Mindestschutz ist als Ausdruck der Sicherung individueller Verträge, Ansprüche und Rechtsstaatsprinzipien unbestritten.

Entscheidend für die Anreizwirkung von Mindeststandards bleiben jedoch ihre Höhe und Ausgestaltung, denn über den Mindestschutz hinausgehende Sozialstandards entfalten Wanderanreize, die die direkten wirtschaftlichen Nutzenerwägungen in den Hintergrund treten lassen können.

Unterscheiden lassen sich Wanderungen in ein Land mit hohen Sozialstandards und in ein Land mit niedrigen Sozialstandards. Welche Motive liegen solchen Wanderungen zugrunde? Im Allgemeinen dürfen wir annehmen, dass sich Individuen dadurch eine Verbesserung ihrer materiellen Lebenssituation erhoffen, sei es durch direkte wirtschaftliche Vorteile in Form von höheren Einkommen oder durch indirekte Vorteile wie die Möglichkeit, die Sozialversicherungssysteme des Gastlandes in Anspruch nehmen zu dürfen.

Betrachten wir zunächst die Wanderungen des Faktors Arbeit aus einem Land mit hohen Sozialstandards in ein solches mit niedrigen. Da die dortigen Standards keine Anziehungskraft ausüben können auf ein Individuum, das aus einem Hochstandardland kommt, dürften hier die individuellen Lohnhöhen das entscheidende Wanderungskriterium sein. Da die durchschnittliche Lohnhöhe in Ländern, die ihren Einwohnern keine oder nur geringe Sozialstandards anbieten können, typischerweise gering ist,[78] dürfte es sich bei solchen Individuen meist um Personen mit einer knappen Faktorqualität im Zielland handeln. Entsprechend hoch dürften deren Produktivität und Lohnperspektiven sein. Solche Wanderungen fallen quantitativ eher gering aus, obwohl ihre qualitativen und quantitativen Auswirkungen beträchtlich sein können.[79]

Familienleistungen geregelt (siehe Kapitel 4.6.3). Obwohl Verordnung 1408/71 keine Anwendung auf die Sozialhilfe findet, versucht der EuGH den Mindestschutz im Zuge der Freizügigkeit auch auf die Sozialhilfe auszudehnen. Dazu hat der EuGH die Nicht-Exportierbarkeit der Sozialhilfe gelockert. Allerdings wurde dies durch VO 1247/92 wieder teilweise revidiert (Wagner 1993: S. 197f.).

78 Siehe FAZ (1998a: S. 18): Im Falle Sloweniens, das unter den Beitrittskandidatenländern das höchste Pro-Kopf-Einkommen vorweisen kann, ist das durchschnittliche Pro-Kopf-Einkommen etwa halb so groß wie das der Bundesrepublik Deutschland.

79 Statistisches Bundesamt (2000: S. 3): Fortzüge von deutschen Staatsangehörigen in künftige EU-Mitgliedsländer Mittel- und Osteuropas, mit denen schon Beitrittsverhandlungen laufen (Polen, Ungarn, Slowenien, Estland und die Tschechische Republik). Hier stehen 1999 12428 Auswanderungen deutscher Staatsangehöriger in diese Länder 99416 Zuwanderungen nach Deutschland von Staatsbürgern dieser Länder gegenüber - und dies bei einer weitaus größeren

Betrachten wir nun den in der Diskussion dominierenden Fall der Wanderung von Arbeitnehmern aus einem Land mit niedrigen Sozialstandards in ein Land mit hohen Sozialstandards. Auch und insbesondere bei dieser Art Wanderung darf angenommen werden, dass die Verbesserung der materiellen Lebenssituation ausschlaggebendes Motiv der Wanderung ist. Hierbei kann die Aussicht auf hohe Sozialstandards eine beträchtliche Anziehungskraft entfalten. Denn eine Verbesserung der materiellen Lebenssituation lässt sich nicht nur durch gestiegene Erwerbseinkommen erreichen, sondern auch durch Partizipation an staatlichen Umverteilungseinrichtungen. Wanderungen, deren Motiv ausschließlich in solchen Erwartungen liegt, sind unerwünscht. Hingegen dürfte die Abwanderungsbereitschaft aus einem Land mit vergleichsweise niedrigen Sozialstandards geringer sein, wenn die Ansprüche an das Sozialsystem des Ziellandes nach dem Äquivalenzprinzip erworben werden müssten.[80] Sind aber die möglichen sozialen Leistungen des Ziellandes im Vergleich hoch und nach Bedürftigkeitsgesichtspunkten zugänglich, so wird davon eine große Anziehungskraft ausgehen. Diese könnte sogar die Lohnerwartungen übersteigen. Schätzungen von Sinn zufolge liegen die durchschnittlichen Löhne in Osteuropa bei einem Zehntel bis Fünftel der Löhne in Westdeutschland und zwischen 25 und 50 % der deutschen Sozialhilfe (Sinn 2000: S. 13).[81]

Zusammenfassend lässt sich sagen: Von hohen Sozialstandards können erhebliche Anreize ausgehen, die Wanderungen abseits der Marktsignale induzieren. Solche Wanderungen dienen nicht der besseren Allokation des Faktors Arbeit und sind nicht erwünscht. Für die Wanderung des Faktors Arbeit sind derartige Sozialstandards zudem nicht notwendig. Es dürfte vollkommen genügen, den wanderwilligen Arbeitskräften die rechtsstaatlichen Bedingungen zu bieten (und das ist nicht wenig!), die ihre individuellen Verträge und Ansprüche an ihr Heimatland schützen.
Dies dürfte völlig ausreichen, um ökonomisch sinnvolle und aus der Perspektive der Wirkungen der Marktintegration erwünschte Wanderungen zuzulassen.

Für die Mobilität des Faktors Kapital ist es vor allem notwendig, dass der Kapitalverkehr nebst stabilen ordnungspolitischen und makroökonomischen Bedingungen, insbesondere stabilen Währungsverhältnissen, keinen Beschränkungen der Konvertibilität der Währungen (Umtausch *und* Transfer) unterworfen ist. Für den ausländischen Kapitalanleger ist insbesondere die Gewährung der Ausländerkonvertibilität für seine Anlageentscheidungen maßgebend. Diese gewährleistet dem ausländischen Anleger die Transferabilität und Tauschbarkeit inländischer gegen

deutschen Bevölkerung (ca. 82 Mio. vs. ca. 65 Mio.) (FAZ 1998a: S. 18). Fast die Hälfte aller deutschen Auswanderer bevorzugt als Ziel die bestehenden Mitgliedstaaten der EU oder Nordamerika.

80 Man kann davon ausgehen, dass normalerweise der Vermögensaufbau über die Akkumulation möglichst hoher Geldeinkommen der ausschlaggebende Wanderungsgrund ist (Hamm 1996: S. 125). Dabei dürfte es in vielen Fällen unerheblich sein, ob die Einkommen im formellen oder informellen Sektor (Schattenwirtschaft) entstehen.

81 Vgl. auch FAZ (1998a: S. 18).

ausländische Währung und vice versa.[82] Für im Aufbau befindliche Volkswirtschaften dürfte die sofortige Gewähr der Ausländerkonvertibilität insbesondere auch die Möglichkeiten eröffnen, aus dem Ausland Kapital für Direktinvestitionen anzuziehen. Die größten Wohlfahrtseffekte sind zudem dann zu erwarten, wenn neben der monetären auch die reale Konvertibilität, nämlich die Austauschbarkeit der Waren und Dienstleistungen verwirklicht ist.[83]

Die Bedingungen der monetären Konvertibilität werden durch Art. 56 EGV weitgehend erfüllt, sowohl was die Konvertibilität zwischen den Mitgliedstaaten der EU angeht als auch gegenüber Drittstaaten.[84] Diese Bedingungen, die die Mobilität des Geldvermögens sichern, sind in Marktwirtschaften insgesamt recht einfach zu realisieren. Kontrovers und oftmals unter erheblichem politischen Streit wird aber die Konvertibilität im langfristigen Kapitalverkehr diskutiert, zu dem die Direktinvestitionen gehören. Hier trifft man oft auf nationale Widerstände, die sich einem drohenden Ausverkauf der Heimat entgegenstellen.

Einen ertragsgesetzlichen Verlauf vorausgesetzt, müsste Kapital aus einem kapitalreichen Land in das kapitalärmere Land fließen, da dort der Grenzertrag des Kapitals zunächst höher ist. Mit daraufhin steigender Produktivität des Faktors Arbeit und korrespondierenden Lohnsteigerungen dürften über den graduellen Ausgleich der Faktorpreise langsam wieder Rückwanderungsbewegungen (oder sinkende Auswanderungen) des Faktors Arbeit einsetzen. Bleiben Direktinvestitionen, die zum Ausgleich der Faktorpreise beitragen können, allerdings aus, so ist der Grund oft in ordnungspolitischen Defekten in den betreffenden Länder zu finden. "(...) Theorie und Praxis der Direktinvestitionen zeigen, [dass] neben makroökonomischen Stabilisierungserfolgen vor allem ein konstitutionelles Minimum an Ordnung, Schutz vor staatlicher Willkür und politische Stabilität die entscheidenden Standortfaktoren [sind]. Demgegenüber (...) spielen der Aufbau eines Sozialsystems (...) nur eine untergeordnete Rolle (...)" (Hartwig/Welfens 1998: S. 437).

Diese Aussage stellt für "Globalisierungsgegner" ein "rotes Tuch" dar, da solche Kapitalbewegungen bezichtigt werden, niedrige Standards (Sozialdumping) auszunutzen. Dieses Urteil greift allerdings zu kurz. Einem Unternehmer kann nicht pauschal ein einseitiges Interesse an niedrigen Sozialstandards, die die Nominallöhne niedrig halten, unterstellt werden. Für einen reibungsarmen Geschäftsbetrieb und

---

82 Wilhelm Röpke prägte die Bezeichnung "Mausefallen-Währung" für Währungsregime, die Ausländern keine Möglichkeiten mehr boten, einmal gekaufte inländische Devisen gegen die eigenen zurückzutauschen. Eben analog zu einer Mausefalle: Man kommt hinein, aber nicht mehr (lebend) hinaus.

83 Zum Konvertibilitätsbegriff siehe Weber (1994a: S. 70), ebenso Adebahr/Maennig (1987: 406f.).

84 Die Ausnahme bezüglich der Direktinvestitionen bilden Beschränkungen, die vor dem 31.12.1993 mit Drittländern bestanden haben (Art. 57 EGV) und die Art. 59 (Schutzmaßnahmen gegenüber Kapitalbewegungen, die das Funktionieren der Wirtschafts- und Währungsunion stören) und Art. 60, der Beschränkungen des Kapital- und Zahlungsverkehrs zulässt im Zuge von Sofortmaßnahmen der gemeinsamen Außen- und Sicherheitspolitik (Art. 301 EGV).

verlässliche Renditen sind auch stabile Arbeitsbeziehungen vonnöten. Dies gilt in der Regel umso mehr, je längerfristiger das Kapitalengagement ist. Sind diese Bedingungen jedoch nicht gegeben, so wird sich der Kapitalanleger nur durch die Aussicht auf höhere Risikoprämien zu einer Anlage bewegen lassen. In einer kurzfristigen *Zeitpunktbetrachtung* könnte man also zu dem Schluss kommen, dass niedrige Standards, die sich positiv auf die Höhe der Herstellungskosten auswirken, durchaus dazu geeignet sind, Kapital anzuziehen. Längere Kapitalengagements verlangen in der Regel höhere Standards, die sich in höheren Leistungen für die Infrastruktur aber auch in höheren sozialen Leistungen niederschlagen können.

Als Zwischenergebnis können wir festhalten: Anliegen der Gründerväter der EWG war es, sozialen und wirtschaftlichen Fortschritt aus dem Wirken des Gemeinsamen Marktes heraus zu verwirklichen. Die derzeitige Diskussion um Mindeststandards geht allerdings an diesem Anliegen vorbei und entfremdet den Mindeststandard unter Bezugnahme auf sozialpolitische Schlagworte zu einem Protektionsinstrument. Man sollte deshalb eingedenk der politischen Einfärbung der Diskussion den Begriff Mindeststandard durch "Standards" ohne attributive Ergänzung ersetzen. Standards, die die Mobilität der Faktoren gewährleisten, dürften sowohl ordnungs- als auch zielkonform sein.

3.4.2 Mindeststandards als Vorstufe der Harmonisierung

Neben der terminologischen Feststellung, dass Mindeststandards auch eine Form von Harmonisierung darstellen, kann vermutet werden, dass sie als Ausgangspunkt für Versuche einer "echten" Ex ante-Harmonisierung in Richtung auf ein höheres Niveau dienen können. Regierungen aus Ländern mit hohen sozialpolitischen Standards werden bestrebt sein, ihre Standards als Mindeststandards durchzusetzen oder, wenn sich dies als unmöglich herausstellen sollte, die Standards so hoch wie möglich anzusetzen, um daraus resultierende Anpassungserfordernisse für die eigene Volkswirtschaft so gering wie möglich zu halten.
Dieses Bestreben könnte sich im Zuge der Aufhebung des wechselkursbedingten Lohnschleiers und des Verzichts auf das Wirken des Wechselkursmechanismus in der Währungsunion noch verstärken. Da der Verzicht auf das Wechselkursinstrument die gesamtwirtschaftliche Anpassungsfähigkeit besonders beim Auftreten asymmetrischer länderspezifischer Schocks mindert (Weber 1994: S. 118),[85] sind die Bestrebungen, hohe Standards zur Bedingung eines Unionsbeitritts auch für weniger regulierte Länder durchzusetzen, durchaus nachvollziehbar.

---

85 Mit dem Verzicht auf das Wechselkursinstrument müssen andere Ausgleichsmechanismen, insbesondere der Marktpreismechanismus, umso stärker wirken. Stößt dabei der Marktpreismechanismus auf rigide Preise wie bei den Nominallöhnen in Europa und damit an seine Anpassungsgrenzen, so müssen die Anpassungen von Märkten übernommen werden, die funktionsfähiger als die Arbeitsmärkte sind, oder über Mengenanpassungen erfolgen, was ein Steigen der Arbeitslosigkeit zur Folge haben kann.

So kann alleine schon von der Währungsunion ein starker Impuls zu einer harmonisierten Sozialpolitik in Europa ausgehen. Unter dem Leitmotiv der "Angleichung der Lebens- und Arbeitsbedingungen in Europa" könnten unter Berufung auf die Sozialvorschriften des EGV, insbesondere auf die des Art. 137 EGV, "Mindestvorschriften" zur Ausschaltung einer "Unterbietungskonkurrenz" über die "Arbeitsumwelt" und "-bedingungen" mit qualifizierter Mehrheit beschlossen werden. Insbesondere in den Bereichen Gesundheit und Sicherheit geht die Gemeinschaft von einem hohen Schutzniveau, also hohen Standards aus (Art. 95 Abs. 3 EGV).[86]
Bemerkenswert ist, dass in der Vertragsrevision von Amsterdam der Terminus "Harmonisierung" in Art. 137 EGV vermieden wird. Der entsprechende Artikel (Art. 118a Abs. 1 EGV) der Maastrichter Vertragsrevision ist diesbezüglich deutlicher: "Die Mitgliedstaaten bemühen sich, die Verbesserung insbesondere der Arbeitsumwelt zu fördern (...) und setzen sich die Harmonisierung der in diesem Bereich bestehenden Bedingungen bei gleichzeitigem Fortschritt zum Ziel."

In den Bereichen soziale Sicherheit, Kündigungsschutz, Beschäftigungsbedingungen für Angehörige von Drittstaaten und Schaffung von Arbeitsplätzen ist zwar weiterhin Einstimmigkeit erforderlich (Art. 137 Abs. 3 EGV), jedoch scheint diese unter Berufung auf die Notwendigkeit des Funktionierens des Binnenmarktes nach Art. 95 Abs. 1 EGV angreifbar.[87] Hierzu würde eine auf das Binnenmarktziel bezogene Auslegung des Subsidiaritätsgebotes die Ausweitung europäischer Kompetenzen in der Sozialpolitik fördern können. Der Bezug auf den Kündigungsschutz kann zudem als Vorbote künftiger harmonisierender Eingriffe in das Individualarbeitsrecht interpretiert werden. Außerdem ist darauf hinzuweisen, dass die Gemeinschaft ohnehin dazu tendiert, den Begriff "Arbeitsumwelt" großzügig und weiträumig auszulegen (Hamm 1996: S. 124). In Verbindung mit den interpretationsbedürftigen Bestimmungen der Art. 95 und 137 EGV, die die Anrufung des EuGH zur Kompetenzabklärung wahrscheinlich machen, dürfte dessen gemeinschaftsfreundliche Rechtsprechung über die "Arbeitsumwelt" hinweg in die Bereiche der sozialen Sicherung und des Individualarbeitsrechts hinein harmonisierend wirken.
Die Regierungen der ärmeren, weniger regulierten EU-Mitglieder dürften indes der Einführung hoher Mindeststandards nur zustimmen, wenn sie dafür Kompensationen erhalten, die sie für den Verlust an Wettbewerbsfähigkeit ihrer Unternehmen in irgendeiner Weise entschädigen (Bieling 1997: S. 74; Kath/Kuck 1998: S. 390). Als mit der Erweiterung der Gemeinschaft um Spanien, Portugal (jeweils 1986) und Griechenland (1981) die Unterschiede in den Arbeitskosten in Europa immer größer wurden, gelang es den nördlichen Ländern, durch gemeinschaftliche Regelungen die

86 Noch deutlicher wird dies im von der Europäischen Kommission verfassten "Grünbuch über die europäische Sozialpolitik: "Hohe Normen im sozialen Bereich (...) stellen eine eindeutige Zielsetzung der Europäischen Gemeinschaft dar" (Gemeinschaften 1993: S. 60). Und weiter: "Ein Hauptziel der europäischen Integration besteht in der Annäherung der Arbeits- und Lebensbedingungen in der Gemeinschaft" (ebenda: S. 61). Vgl. auch Feldmann (2000: S. 415f.).

87 Dies haben die kontroversen Diskussionen vor und während der Gipfelkonferenz von Nizza im Dezember 2000 gezeigt.

"soziale Dimension" des Gemeinsamen Marktes mit der Vertragsrevision von Maastricht im EGV zu verankern (Kronberger Kreis 1996: S. 11). Spanien gelang es eingedenk seiner Randlage, durch die es wirtschaftliche Nachteile befürchtete, den Kohäsionsfonds als Gegenleistung für sein Plazet zum Maastrichter Vertrag durchzusetzen.[88] Von diesem Fonds profitiert Spanien im Übrigen selbst am meisten.[89] Für die Regierungen der reicheren EU-Mitglieder dürfte es recht einfach gewesen sein, diesen neuen Fonds aufzulegen. Selbst heute ist er den Bürgern Europas so gut wie unbekannt; entsprechend gering dürfte die Kenntnis der Bürger bezüglich der Mittelausstattung dieses Fonds sein.

Oft wird die Notwendigkeit der Einführung einheitlicher Mindeststandards mit der Absicht begründet, dadurch die Akzeptanz des europäischen Integrationsprozesses insgesamt zu steigern (Kleinhenz 1994: S. 144). Dies Argument dürfte von jenen Kräften begrüßt werden, die sich durch einheitliche Mindeststandards Wohlfahrtsgewinne auf Kosten aufstrebender, niedrig regulierter Ökonomien versprechen. Eine steigende Akzeptanz wird der europäische Integrationsprozess meines Erachtens erst dann erfahren, wenn er für die Bevölkerung im positiven Sinne fühlbar wird - in einer Besserung ihrer wirtschaftlichen Situation.

Zudem ist in der Konstruktion von Mindeststandards naturgemäß bereits eine Tendenz zur Erhöhung dieser Standards eingebaut. Um überhaupt eine Wirkung zu erzielen, muss ein einheitlicher Mindeststandard wenigstens höher sein als der entsprechende niedrigste Standard (Welter 1996: S. 204).[90]

3.4.3 Bewertung von Mindeststandards

Bei der ordnungspolitischen Bewertung allgemeiner Standards kommt es vor allem auf die von ihnen ausgehenden Anreize an. Dienen sie der Beseitigung institutioneller Wanderungsschranken, so sind sie sowohl aus allokativer als auch aus ordnungspolitischer Sicht zu begrüßen, da sie die internationale Arbeitsteilung nach Maßgabe von Knappheiten ausrichten helfen. Zudem minimieren solche Standards die Transaktionskosten der Wanderung. Aus dynamischer Sicht positiv zu bewerten sind vor allem die Innovations- und Wachstumswirkungen, die von der verstärkten Wanderung der Produktionsfaktoren ausgehen.

Wenn von Standards Wanderungsanreize ausgehen, die hauptsächlich dem Wunsch nach Teilhabe am sozialen Sicherungssystem des Gastlandes entspringen, sind sie

---

88 Siehe hierzu ausführlicher Kapitel 4. Die Zuflüsse aus Kohäsions- und Regionalfonds machten 1993 in Griechenland, Portugal und Irland mehr als 3 %, in Spanien immerhin 1,5 % des jeweiligen BIP aus (Franzmeyer 1996: S. 130).

89 Siehe Kapitel 4.6.1.2.

90 In diesem Sinne Elmar Brok, Mitglied der EVP-Fraktion im Europäischen Parlament: "(..) es geht hier nicht um Harmonisierung, sondern um Mindeststandards, die von allen Mitgliedsländern zu erfüllen sind und in einer Vielzahl von Ländern eine Steigerung gegenüber den heutigen Standards darstellen würden" (Brok 1997: S. 210).

weder aus allokativer noch aus ordnungspolitischer Sicht zu befürworten. Solche Standards hätten zur Folge, dass sich die für das Integrationsgebiet geltende Wirtschaftsverfassung des Wettbewerbes wieder ein Stück von ihrem Leitbild, der "Referenz" der gewollten Ordnung, wegbewegen würde. Bei oberflächlicher Betrachtung mögen solche Standards zwar zielkonform sein, weil sie Wanderungsbewegungen fördern. Sie sind aber ordnungsinkonform, weil sie den Preismechanismus beeinträchtigen und Wanderungen jenseits der ökonomischen Knappheitssignale ermutigen.

Auf eine andere Sicht der Konformitätsproblematik hat Gutmann (1986: S. 55) aufmerksam gemacht. Wirtschaftspolitische Instrumente können auch deshalb ordnungsinkonform sein, weil die der (Wirtschafts-) Politik zugrunde liegenden Ziele nicht mit dem Leitbild der Wirtschaftsordnung vereinbar sind. Werden zum Beispiel die in der Präambel des EGV genannten Ziele "stetige Verbesserung der Lebens- und Beschäftigungsbedingungen" und "Verringerung des Abstandes zwischen einzelnen Gebieten" dahingehend ausgelegt, dass dazu Maßnahmen notwendig sind, die einen einmal erreichten Lebensstandard sichern bzw. das Einkommen erhöhen, so sind diese von Anfang an mit einer Ordnung unvereinbar, die "dem Grundsatz einer offenen Marktwirtschaft mit freiem Wettbewerb" (Art. 4 EGV) verpflichtetet ist.
Was die Höhe der einheitlichen Standards - in Bezug auf Sozialstandards - angeht, so interessieren außerdem die Kosten der Normierungen. Diese Kosten sind umso höher, je größer die Unterschiede in den Standards zwischen den Mitgliedsländern sind (Hamm 1996: S. 124).[91] Deshalb können diese einheitlichen Standards als negative externe Effekte der Normierung in Form höherer Arbeitslosigkeit, als Verlust an Wettbewerbsfähigkeit oder als Rückgang an Direktinvestitionen in Ländern mit ehemals niedrigeren Standards auftreten. Wird die Zustimmung zu hohen Standards mittels Kompensationszahlungen durch die reicheren Länder erreicht, so entstehen dort ebenfalls soziale Kosten. Diese können sich in einer höheren Abgabenbelastung für die dortige Bevölkerung und in einem geringeren Angebot an öffentlichen Gütern durch den Staat bemerkbar machen. Außerdem begrenzt die Höhe der Standards die Entdeckungsleistungen des Wettbewerbs. Für die Bereiche, die der Standard abdeckt, ist der Wettbewerb nämlich ausgeschaltet.
Veränderungen in den formlosen, ungebundenen Institutionen (Wertvorstellungen, individuellen Lebensplänen, Veränderungen der ökonomischen Rahmenbedingungen) wird durch die Inflexibilität hoher Standards nur unzureichend Rechnung getragen. Darüber hinaus kann davon ausgegangen werden, dass hohe Standards unmöglich den individuellen oder regionalen Präferenzen in der gesamten Union entsprechen können

91 So weist u.a. Demmer (1994. S. 113) auf die Verschiedenartigkeit europäischer arbeitsmarkt- und sozialrechtlicher Gegebenheiten hin. Beispielsweise ist die in Deutschland übliche Regelung des Vorruhestands in Griechenland, Spanien, Portugal und Irland gänzlich unbekannt; die Sonntagsarbeit ist in Großbritannien keinen Beschränkungen unterworfen, in Dänemark ist sie erlaubt und bei den restlichen EU-Mitgliedern trotz einiger Ausnahmen grundsätzlich verboten. Siehe auch im Anhang Nr. 1 die Aufstellung über die Verschiedenartigkeit europäischer Alterssicherungssysteme.

(Demmer 1994: S. 115). Anpassungsleistungen, die der Systemwettbewerb bei niedrigen Mindeststandards den über ihnen liegenden Standards abverlangen würde, blieben aus. Würden zu einem späteren Zeitpunkt dennoch Anpassungen notwendig werden, so dürften diese aufgrund des großen institutionellen Rückstaus umso größer ausfallen.
Die größte Gefahr ordnungspolitisch bedenklicher Mindeststandards geht meines Erachtens jedoch aus dem Tenor der geführten Diskussion um Mindeststandards hervor. Diese bezieht sich auf Arbeitskräfte aus den ärmeren (Mitglieds-)Ländern, andererseits auch auf Kapitalwanderungen in solche Länder. Der Verlauf der Diskussion erweckt den Anschein, dass ärmere, wenig regulierte Länder durch die dortigen niedrigen Standards unsere Sozialsysteme zerstören wollten. Dies mag etwas übertrieben anmuten. Aber in den hoch regulierten Ländern werden oft die dortigen Standards als schützenswerte Errungenschaften, als Tabu, verstanden. Die Wortschöpfung des "sozialen Dumping" erscheint deshalb als einer der destruktivsten Begriffe, die die europäische Diskussion um Mindeststandards zu bieten hat. Er verstellt vollends den Blick auf die institutionellen Realitäten und weckt beim uninformierten Teil der Bevölkerung illusorische Erwartungen. Was die Widerlegung des sozialen Dumpings angeht, so sei hier Willgerodt im Zusammenhang mit den Auswirkungen der Globalisierung zitiert. Unter Berufung "auf die seit fast 200 Jahren unwiderlegte Theorie der komparativen Kosten" (Willgerodt 1992: S. 97) fügt er der Diskussion hinzu: "Länder mit niedrigem Lohnniveau haben nicht deswegen niedrige Löhne, weil sie unseren Sozialstaat zerstören (...) wollen, sondern weil sie arm sind. Arm sind sie, weil sie sich wegen niedriger Produktivität keine höheren Löhne leisten können" (Willgerodt 1996: S. 15).

3.5 Zwischenergebnis und Ausblick

Ziel dieses Kapitels war es, die Spezifika der konkurrierenden Integrationsmethoden und die ihnen zugrunde liegenden Ordnungsvorstellungen zu zeigen. Das Konformitätserfordernis verlangt, wie am Ende des 2. Kapitels erläutert, dass wirtschaftspolitische Maßnahmen der gewollten Ordnung, dem wirtschaftspolitischen Leitbild, gerecht werden müssen. Wegen der Interdependenz der Ordnungen gilt dies analog für sozialpolitische Maßnahmen und das sozialpolitische Leitbild, das seinerseits mit der Gesamtordnung in Einklang stehen muss. Wird nun die Sozialpolitik in den europäischen Integrationsprozess einbezogen, so sind diejenigen sozialpolitischen Leitbilder zu identifizieren, die den konkurrierenden Integrationsmethoden entsprechen.
Das erste Leitbild der Sozialpolitik ist am Individual- und Subsidiaritätsprinzip orientiert. Sozialpolitik hat hiernach vor allem eine Ordnungspolitik zu sein, die es ermöglicht, dass alle Menschen mit ihren spezifischen Fähigkeiten und Interessen am Erwerbsleben teilnehmen können. Die ideale Daseinsvorsorge wird vorwiegend in privaten Versicherungslösungen gemäß dem Äquivalenzprinzip gesehen. Das Individuum als Bezugspunkt der sozialen Ordnungspolitik soll die hierfür erforderlichen Gestaltungs- und Handlungsspielräume gesichert erhalten. Gerät das

Individuum in Not, so ist Hilfe durch das nächst größere Gemeinwesen zu leisten. Das Ziel "Gerechtigkeit" besteht in der Verwirklichung von Start- und Leistungsgerechtigkeit, die am besten durch Verhinderung von Vermachtungen im Rahmen einer leistungsfähigen Wirtschaftsverfassung des Wettbewerbs ermöglicht wird.
Eine diesem ordoliberalen Leitbild der Sozialpolitik verpflichtete Einbeziehung der Sozialpolitik in den Prozess der europäischen Integration wird im Prinzip auch durch den EGV, insbesondere durch die Freiheitsregeln, die Wettbewerbsregeln und das Subsidiaritätsprinzip gewährleistet. Die korrespondierende Integrationsmethode ist die wettbewerblich-marktwirtschaftliche Variante. Sie stimmt mit den konstitutiven Prinzipien einer Wettbewerbsordnung überein. Als solche ist diese im Prinzip schon im EGV angelegt, und zwar mit dem Verweis auf die grundsätzlich offene Marktwirtschaft mit freiem Wettbewerb (Art. 98 EGV). Sozialpolitische Abstimmungen werden demzufolge zunächst von den Wirkungen des Gemeinsamen Marktes (Art. 136 EGV) erwartet. Zugleich wird allerdings diesem die "Abstimmung der Sozialordnung begünstigenden Wirken des Gemeinsamen Marktes" in letzter Konsequenz misstraut, denn im folgenden Gliedsatz findet sich der Zusatz, dass die Abstimmung auch über die Angleichung der Rechts- und Verwaltungsvorschriften erreicht werden soll. Aber dies muss nicht gleichbedeutend mit einem Bruch in der Integrationskonzeption sein.
Wie in Kapitel 3.4 gezeigt wurde, sind zur Verwirklichung der wettbewerblich-marktwirtschaftlichen Integrationsmethode durchaus Maßnahmen der positiven Integration angezeigt. Diese stehen deshalb auch nicht in Konflikt mit der Wirtschaftsverfassung des Wettbewerbs, denn diese kommt gleichfalls nicht ohne staatliche Rahmensetzung aus. In Konflikt geraten ex ante definierte Standards mit dieser Integrationskonzeption nur dann, wenn das Wirkungsspektrum der konstitutiven Ordnungsprinzipien eingeschränkt wird. Dies ist vor allem der Fall, wenn Standards den Wissensschaffungs- und Wissensnutzungsprozess mit dem zugrunde liegenden Marktpreismechanismus derart beeinträchtigen, dass knappheitswidrige Signale übermittelt und erwünschte Ergebnisse des Integrationsprozesses vorweggenommen werden, indem man sie ex ante harmonisiert. Auf die Sozialpolitik bezogen wäre ein Bruch in der Integrationskonzeption dann festzustellen, wenn die Einbeziehung der Sozialpolitik in den Prozess der europäischen Integration als Korrektiv zum Erreichen erwünschter Integrationsziele dienen würde, also Mittel zum Zweck wäre. Damit würde man dem wohlfahrtsstaatlichen Leitbild von Sozialpolitik folgen. Dann stünden auch nicht mehr das Individual- und Subsidiaritätsprinzip im Vordergrund, sondern das Kollektiv- und Solidaritätsprinzip mit den Spezifika des damit verbundenen Harmonisierungs- und Zentralisierungsanspruchs.
Diese Erkenntnisse sind notwendig, um das Integrationskonzept Sozialunion in die ursprüngliche Integrationskonzeption der Europäischen Gemeinschaft einordnen und beurteilen zu können. Im wesentlichen geht es im folgenden Kapitel denn auch um die Frage, ob die konkrete Ausgestaltung der Sozialunion den ursprünglichen wettbewerblich-marktwirtschaftlichen Integrationsprozess flankiert oder sich ihm entgegenstellt. Dann würde sie sich eher den integrationshemmenden Formelementen der europäischen Wirtschaftsordnung zuordnen lassen und wäre als Korrektiv einer ansonsten auf dem wettbewerblich-marktwirtschaftlichen Integrationsweg

schreitenden europäischen Integration als ordnungsinkonform anzusehen. Als Maßstab einer diesbezüglichen Beurteilung wird das noch herauszuarbeitende sozialpolitische Leitbild der EU dienen. Sobald dies identifiziert ist, kann eine Aussage getroffen werden, ob durch die Verwirklichung der Sozialunion tatsächlich ein Bruch in der Integrationskonzeption zu erwarten oder schon eingetreten ist und welche Auswirkungen dies auf den weiteren Integrationsprozess der EU haben könnte.

4 Einbeziehung der Sozialpolitik in den Prozess der europäischen Integration

4.1 Was heißt "Einbeziehung der Sozialpolitik?"

Der Themenbereich Europäische Sozialpolitik ist inhaltlich schwer zu bestimmen und oftmals nicht eindeutig von anderen Bereichen europäischer Wirtschaftspolitik abzugrenzen. Im Zusammenhang mit Fragen europäischer Sozialpolitik wird eine Vielzahl von Begriffen verwendet, von denen Sozialunion, "soziale Dimension" und "Sozialraum" die prominentesten Vertreter sind - mit mehr oder weniger gleichem Inhalt. Zusätzlich erschwert wird die Diskussion über europäische Sozialpolitik durch die Tatsache, dass ihre Gegenstände nicht in einem einzigen Titel des EGV gebündelt, sondern an verschiedenen Stellen im EGV zu finden sind.

Der Titel XI des EGV über europäische Sozialpolitik deckt bei weitem nicht das komplette Spektrum der Sozialpolitik ab. So sind der Politik des wirtschaftlichen und sozialen Zusammenhalts[1] in der Einheitlichen Europäischen Akte und der Beschäftigungspolitik im Vertrag von Amsterdam jeweils eigene Kapitel im EGV gewidmet. Ferner lassen sich sozialpolitisch motivierte Ziele und Maßnahmen auch in Regelungsbereichen des EGV identifizieren, die auf den ersten Blick nichts mit Sozialpolitik zu tun haben, so zum Beispiel in den Titeln über Industrie-, Forschungs- und Technologiepolitik.

Verwirrend wirkt auch die Mannigfaltigkeit der Erscheinungsformen europäischer Sozialpolitik über "Mitteilungen", "Grünbücher" und "Weißbücher", "Empfehlungen", "Richtlinien" und "Verordnungen" etc. Die Verfahren, mit denen Maßnahmen europäischer Sozialpolitik beschlossen werden, sind kompliziert und langwierig. Dies liegt einerseits am Aufbau des Mitentscheidungsverfahrens (nach Art. 251 EGV). Andererseits ist im Bereich der Sozialpolitik der Kampf um nationale Besitzstände und Interessen besonders ausgeprägt; das erschwert die Konsensfindung insgesamt. Darin spiegelt sich die kontroverse Diskussion über Art, Umfang und Verbindlichkeit dessen wieder, was die so genannte Sozialunion oder den "einheitlichen Sozialraum" ausmachen soll.

Der Terminus Sozialunion ist in Deutschland vor allem durch die Diskussion über die Wiedervereinigung beider deutscher Staaten einem größeren Kreis bekannt geworden. Für die Wiedervereinigung bedeutete Sozialunion laut Staatsvertrag der beiden deutschen Staaten die Übertragung der bundesdeutschen Systeme sozialer Sicherung und des kompletten Arbeits- und Sozialrechts auf das Territorium und die Bevölkerung der ehemaligen DDR. In der Terminologie der wirtschaftlichen Integration entschied man sich bei der deutschen Wiedervereinigung für die Methode der Ex ante-Harmonisierung - zu einer Union mit einheitlichen Lebensverhältnissen und Handlungsstrukturen.

Im Zusammenhang mit dem europäischen Integrationsprozess wurde der Begriff Sozialunion schon wesentlich früher verwendet, nämlich 1972 vom damaligen

---

[1] Durch diese wird interregionale Verteilungspolitik betrieben. Siehe Kapitel 4.6.1.2.

Bundeskanzler Willy Brandt in seiner Bewertung der Pariser Gipfelkonferenz. Die Gipfelkonferenz von Paris 1972 kann - wie später noch zu zeigen ist - nicht nur aufgrund dieser Begriffsschöpfung als Geburtsstunde einer eigenständigen und ehrgeizigen europäischen Sozialpolitik gelten. In der Schlusserklärung zur Pariser Gipfelkonferenz sprachen die Staats- und Regierungschefs "energischen Maßnahmen im sozialen Bereich die gleiche Bedeutung [zu] wie der Verwirklichung der Wirtschafts- und Währungsunion" (zitiert nach Lampert 1998: S. 405).
Freilich ist der Begriff Sozialunion weder im europäischen Vertragswerk noch in offiziellen Dokumenten der Union zu finden; es existiert also ein großer Spielraum, um diesem Begriff einen Inhalt zu geben. Dabei tauchen ähnliche Schwierigkeiten wie beim Begriff "sozial" auf. Diese Konkretisierungsprobleme wiederholen sich beim Begriff "europäischer Sozialraum". Dieser Terminus wurde knapp zehn Jahre später von französischer Seite eingeführt (Kliemann 1997: S. 30). Merten (1993: S. 64) zufolge wurde der Begriff 1988 unter griechischer Ratspräsidentschaft um das politisch ambitiöse Attribut "*einheitlich*" erweitert. Der damit angestrebte "einheitliche europäische Sozialraum" lässt die Nähe zur Methode der Ex ante-Harmonisierung und dem Ziel erkennen, die Sozialpolitik in der EU zu vereinheitlichen.
Was genau damit gemeint ist, bedarf - wenn überhaupt möglich - der Klärung. Was zeichnet sich in dieser Hinsicht ab?
Kliemann (1997: S. 30) bezeichnet die Sozialunion als eine *Integrationsform*, "bei der die Mitgliedstaaten als gemeinsamer Arbeitsmarkt angesehen und Vollbeschäftigung, soziale Sicherheit sowie die Mitbestimmung der Arbeitnehmer in den Betrieben verwirklicht werden." Für Ringler (1997: S. 35) ist die Sozialunion eine "*Zielperspektive*", die sich am "Prinzip der Brüderlichkeit" orientiert. Damit gehören für ihn sämtliche Gebiete zur Sozialunion, "auf denen europäische sozialpolitische Ansätze bereits Realität sind, zum anderen alle noch so hoch gesteckten Forderungen, unbeschadet ihrer Chance auf politische Verwirklichung." Für ihn umfasst die Diskussion über die Sozialunion Fragen der Beschäftigung, der Harmonisierung der Lebens- und Arbeitswelt, den Ausgleich regionaler Disparitäten, die Beteiligung der Sozialpartner an der Sozialpolitik, die Konvergenz der Sozialleistungssysteme, Preisstabilität, Berufsausbildung und die Eingliederung der aus dem Arbeitsmarkt ausgegrenzten Personen (ebenda: S. 35). Berthold (1996a: S. 55) hingegen beurteilt die Sozialunion von *teleologischer* Seite her als Versuch, die arbeitsmarkt-, sozial- und verteilungspolitischen Aktivitäten der Union ex ante auf einem hohen Niveau zu harmonisieren. Schulte (1998: S. 83) sieht die Aufgaben der Sozialunion in wohlfahrtsstaatlicher Manier vor allem darin, "Korrektiv der Liberalisierungs- und Deregulierungsbestrebungen sowie zugleich Antwort auf die sozialpolitischen Forderungen der Bürger der Mitgliedstaaten und Unionsbürger zu sein." Die Sozialunion ist hiernach Ausdruck eines Angebots, von dem angenommen wird, dass es auf eine vorgegebene Nachfrage reagiert.
Oft wird die Sozialunion im Zusammenhang mit der Europäischen Währungsunion genannt. Ohne flankierende Sozialunion, so wird argumentiert, würde die Wirtschafts- und Währungsunion zu einem sozialpolitischen "Herunterkonkurrieren" führen, da mit einem Mal durch den Wegfall des Wechselkurses die Unterschiede in den Sozialkosten grenzüberschreitend transparent würden.

Dann bedeutet Sozialunion in Analogie zur Währungs*union* vom lateinischen Wortsinn her (unire = vereinigen) die *Vereinigung* der verschiedenen nationalen Sozialpolitiken zu einer einheitlichen europäischen Sozialpolitik, die durch ein einheitliches Sozialrecht und einheitliche sozialpolitische Grundsätze geprägt wird. Anders gewendet würde nationale Sozialpolitik zugunsten einer europäischen Sozialpolitik aufgegeben werden. Die Sozialunion wäre dann eine Integrationsform (nicht Integrationsmethode!). Sie beschreibt ein erreichtes Stadium der sozialpolitischen Integration, welches durch die Aufgabe nationaler Sozialpolitik gekennzeichnet wäre. Diese Sicht von Sozialunion scheint die Diskussion immer mehr zu prägen.

Allerdings sind auch andere Deutungen der Sozialunion denkbar. Anstelle der Aufgabe nationaler Sozialpolitik könnte durch einen Wettbewerb der nationalen Sozialpolitiken herausgefunden werden, was eine Sozialunion ausmacht. Ihr Leitprinzip wäre dann die gegenseitige Anerkennung nationaler sozialpolitischer Regeln und der Verzicht auf Ex ante-Harmonisierung.

Die möglichen inneren Strukturen und Funktionsweisen der zukünftigen europäischen Sozialordnung lassen sich an den zugrunde liegenden Integrationsmethoden aufzeigen. Denn diesen Integrationsmethoden liegen Leitbilder über die zukünftige europäische Sozialordnung zugrunde. Deshalb können diese Leitbilder als wichtigste Bezugspunkte der ordnungspolitischen Beurteilung der Sozialunion gesehen werden.

Die Einbeziehung der Sozialpolitik in den Prozess der europäischen Integration umfasst sämtliche Politikbereiche, die sozialpolitischen Erwägungen folgen. Die Inhalte solcher Politikbereiche orientieren sich an den obersten Zielen der Sozialpolitik - der Schaffung von "Sicherheit" und "Gerechtigkeit". Jene Ziele finden sich im EGV oftmals nur versteckt. Außerdem ändert sich ihre Gewichtung im Zeitablauf. Deshalb konzentriert sich das Erkenntnisinteresse zunächst darauf, in den jeweiligen Vertragstexten nach einschlägigen sozialpolitischen Zwecken Ausschau zu halten. Anschließend interessieren die Auswirkungen der sozialpolitischen Ziele auf den europäischen Integrationsprozess und die anstehenden Erweiterungen.

Hierbei ist dem Wandel der sozialpolitischen Ziele und Maßnahmen im Zeitablauf, die eine Veränderung des sozialpolitischen Leitbildes der EU zum Ausdruck bringen, besondere Beachtung zu schenken. Was bedeuten diese Änderungen für das sozialpolitische Leitbild der europäischen Integration im Allgemeinen und für die anstehenden Erweiterungen im Besonderen? Deutet sich über diese Entwicklung die Entstehung eines Bruchs in der allgemeinen Integrationskonzeption der Gemeinschaft an? Was wäre die im Hinblick auf die Erweiterungsvorhaben der Union angebrachte Integrationsmethode?

Die Diskussion um die Sozialunion als "ordnungspolitischer Prüfstein" der europäischen Integration wird im Folgenden also über die Integrationsmethode zu führen sein.

4.2 Sozialpolitik in der Gründungsphase der Europäischen Wirtschaftsgemeinschaft

Den Startschuss für den Prozess der europäischen Integration bildete die Gründung der Europäischen Gemeinschaft für Kohle und Stahl durch den Vertrag vom 18. April 1951.[2] Ziel des Vertrages zur sog. Montanunion war die Schaffung eines gemeinsamen Marktes für Kohle und Stahl, der Wachstum, Wohlstand und Beschäftigung in den betreffenden Branchen sicherstellen sollte. Hierfür stand den Organen der Montanunion, insbesondere der Hohen Behörde, ein umfangreiches Instrumentarium zur Verfügung. Dies ermöglichte ihr direkte Markteingriffe über Preisverordnungen und Produktionsquoten. Weitere allgemeine Integrationsvorhaben, darunter eine Europäische Verteidigungsgemeinschaft, scheiterten. Deshalb wurden die Bemühungen verstärkt, über eine zunehmend *Sektor übergreifende* Integration der europäischen Volkswirtschaften den Prozess der europäischen Einigung voranzutreiben. Ein dem Einsatz des belgischen Außenministers zu verdankendes Memorandum der Benelux-Staaten (der sog. Spaak-Bericht) von 1955 wurde zur Grundlage der Konferenz der Außenminister der Montanunionsstaaten, die im Juni 1955 im italienischen Messina zusammenkamen. Dieses Memorandum enthielt bereits die Grundgedanken für die Schaffung eines Gemeinsamen Marktes. Dieser wurde mit dem Vertrag zur Gründung der Europäischen Wirtschaftsgemeinschaft vom 25. März 1957 besiegelt und trat am 1. Januar 1958 in Kraft.

4.2.1 Ansätze einer europäischen Sozialpolitik im Vertrag von Rom

Die wichtigste Zielsetzung des Vertrags zur Gründung der Europäischen Wirtschaftsgemeinschaft (EWGV) bestand in der Errichtung eines Gemeinsamen Marktes (Art. 2 EWGV) mit einer schrittweisen Annäherung des wirtschaftspolitischen Handelns der Mitgliedsländer. Dadurch sollte eine "beständige und ausgewogene Wirtschaftsausweitung" und eine "beschleunigte Hebung der Lebenshaltung" in den Mitgliedstaaten erreicht werden
Die Frage der Einbeziehung einer europäischen Sozialpolitik in das Vertragswerk war von Anfang an umstritten. Mehrere Treffen der Regierungschefs in Paris und Brüssel beschäftigten sich damit - und zwar nach der Konferenz von Messina. Besonders groß waren die unterschiedlichen Auffassungen zwischen Deutschland und Frankreich. Frankreich strebte eine Ex ante-Harmonisierung an, und zwar nach Maßgabe der Länder mit den höchsten sozialpolitischen Standards. Das stand im Widerspruch zur ordoliberalen Grundhaltung des damaligen Bundeswirtschaftsministers Ludwig Erhard. Frankreich konnte sich nicht durchsetzen.

---

2 Signatarstaaten waren Frankreich, Deutschland, Italien, Belgien, die Niederlande und Luxemburg.

Sozialpolitische Zielsetzungen fanden dennoch Eingang in den Vertrag von Rom. In der Präambel des EWGV ist schon zu lesen: Die europäischen Völker sind entschlossen, "durch gemeinsames Handeln den wirtschaftlichen und sozialen Fortschritt ihrer Länder zu sichern, indem sie die Europa trennenden Schranken beseitigen" und "die stetige Besserung der Lebens- und Beschäftigungsbedingungen ihrer Völker als wesentliches Ziel" anstreben. Außerdem sollen die europäischen Volkswirtschaften bestrebt sein, eine harmonische Entwicklung zu fördern, "indem sie den Abstand zwischen einzelnen Gebieten und den Rückstand weniger begünstigter Gebiete verringern."
Im Interesse dieser Ziele wurde mit dem Art. 3 EWG-Vertrag ein System *enumerativer* (d.h. aufzählender) Zuständigkeiten der Gemeinschaft geschaffen: Danach wurde den Gemeinschaftsorganen durch den Art. 3 EWGV keine unmittelbare sozialpolitische Zuständigkeit zugesprochen. Die Ausnahme ist in der Schaffung eines Europäischen Sozialfonds zur Verbesserung der Beschäftigungsmöglichkeiten der Arbeitnehmer zu sehen.

Der "Sozialpolitik" in der Terminologie der Gemeinschaft wurden im Vertrag von Rom insgesamt sechs Artikel gewidmet (Art. 117-122 EWGV). Die Verbesserung der Lebens- und Arbeitsbedingungen der Arbeitskräfte und ihre Angleichung waren in Art. 117 EWGV fixierte Ziele. Eine spezielle Sozialpolitik wurde hierfür nicht vorgesehen. Es herrschte abweichend von der französischen Auffassung die Meinung vor, die genannten Effekte über das Wirken des Gemeinsamen Marktes zu erreichen und erst in zweiter Linie - als Kompromissformel - durch die Angleichung der Rechts- und Verwaltungsvorschriften. Eine Verpflichtung der Mitgliedstaaten auf bestimmte sozialpolitische Maßnahmen ergab sich hieraus nicht. Außerdem sieht Art. 117 EWGV keine Übertragung sozialpolitischer Kompetenzen an die Gemeinschaft vor.
Auch wenn die Gemeinschaft keine direkten sozialpolitischen Kompetenzen besaß, so sollte sie die Zusammenarbeit zwischen den Mitgliedstaaten in sozialen Fragen fördern. Nach Art. 118 EWGV über die "Förderung der Zusammenarbeit" erstreckt sie sich auf die Beschäftigung, das Arbeitsrecht, die Arbeitsbedingungen, die Berufsbildung, die soziale Sicherheit, den Arbeitsschutz, den Gesundheitsschutz und das Koalitionsrecht.
Im Hinblick auf die erhoffte Angleichung der Lebens- und Arbeitsbedingungen durch das Wirken des Gemeinsamen Marktes konnte im Wesentlichen nur auf die Wirkungen des Faktorproportionentheorems im Rahmen der Zollunion gesetzt werden, solange die vier Grundfreiheiten noch nicht im Zentrum des Integrationsprozesses standen. Der Gemeinsame Markt, der die *Freizügigkeit* der Arbeitskräfte[3] einschließt, sollte schrittweise während eines Zeitraums von 12 Jahren verwirklicht werden.
Die Freizügigkeit der Arbeitskräfte ist indes ein sozialpolitisch bedeutender Aspekt der Grundfreiheiten eines gemeinsamen Marktes. Spätestens am Ende der Übergangszeit sollten Arbeitnehmer das Recht erhalten, sich um Stellen in anderen Mitgliedsländern zu bewerben und dort tätig zu werden. Der Rat sollte unmittelbar nach In-Kraft-Treten

---

3 Diese wurde in den Art. 48 und 49 EWGV geregelt.

des Vertrages durch Richtlinien oder Verordnungen die Herstellung dieser Freizügigkeit sicherstellen. Dies geschah in mehreren Etappen. Die vollständige Freizügigkeit der Arbeitskräfte wurde schließlich mit der Verordnung 1612/68 aus dem Jahre 1968 verwirklicht (Wirtschaftsgemeinschaft 1968).
Die Herstellung der Freizügigkeit der Arbeitskräfte kann als erste Maßnahme einer gemeinsamen europäischen Arbeitsmarktordnung verstanden werden. Hierbei kommt deutlich die Ansicht der Gründerväter der Gemeinschaft zum Ausdruck, dass sich wirtschaftliche Integration nur durch die individuellen Handlungen der Bürger Europas ergeben könne. Dies zu ermöglichen und institutionell abzusichern, war eines der Hauptanliegen der Gemeinschaft in diesem frühen Integrationsstadium. Das Vertrauen in die Integrationskraft des Marktes war unübersehbar.
Ein weiterer sozialpolitischer Aspekt der Freizügigkeit der Arbeitnehmer bezieht sich auf Art. 51 EWGV. Dieser sichert Wanderarbeitnehmern die *Zusammenrechnung* ihrer Ansprüche aus den jeweiligen Systemen der sozialen Sicherung zu. Die Mitnahme der in den Mitgliedsländern der Gemeinschaft erworbenen Ansprüche wird damit als Voraussetzung für die Freiheit der Arbeitskräftewanderung angesehen. Die Art. 48, 49 und 51 EWGV sind durchaus Maßnahmen der sog. "positiven Integration". Einen Auftrag zur Harmonisierung der Systeme der sozialen Sicherung begründen sie jedoch nicht.

Zu den Aufgaben der Gemeinschaft aus Art. 3 EWGV zählt außerdem die Errichtung eines Europäischen Sozialfonds. Dieser ist in Art 123-128 EWGV geregelt und trägt zu einer europäischen Arbeitsmarktausgleichspolitik bei. Mit seiner finanziellen Hilfe[4] sollen die berufliche Qualifikation und Mobilität der Arbeitskräfte gefördert werden, um Arbeitslosigkeit zu verhindern und zu verringern. In erster Linie ging es darum, regionalen Rückständigkeiten in strukturschwachen Gebieten, vor allem jenen Italiens, entgegenzuwirken. In der Folge kam es zu einer ständigen Ausweitung der Aufgabengebiete; im gleichen Maße geriet die Mittelvergabe des Fonds in den politisch-bürokratischen Einfluss durch die Kommission (Art. 124 EWGV). Ob der Fonds seiner ursprünglichen Aufgabe, die Arbeitslosigkeit in Europa dauerhaft zu reduzieren, gerecht wurde, wird vielfach bestritten.[5]
Bleibt festzuhalten: Die Schaffung einer expliziten europäischen Sozialpolitik spielte in den Gründungsverträgen von Rom eine nachgeordnete Rolle. Eine umfassende europäische Sozialpolitik existierte, abgesehen von den Ansätzen des Sozialfonds, nicht und war auch nicht vorgesehen. Zwar verfolgte die Gemeinschaft mit dem Ziel einer "Angleichung der Lebens- und Arbeitsverhältnisse auf dem Weg des Fortschritts" eine originäre sozialpolitische Zielsetzung, doch sollte diese vor allem durch die verstärkte Integration der Güter- und Kapitalmärkte erreicht werden

[4] Nach Art. 125 EWGV übernimmt der Fonds die Hälfte der Kosten für von ihm geförderte Maßnahmen. Diese bestehen in Berufsumschulungen und Umsiedlungsbeihilfen für Arbeitskräfte, die infolge des strukturellen Wandels ihren Arbeitsplatz verloren haben oder nur noch eingeschränkt beschäftigt werden.

[5] Zur Geschichte und Bewertung der Wirksamkeit des Sozialfonds siehe Hannowsky (1998: S. 425ff.).

(Kronberger Kreis 1996: S. 11). Art. 117 EWGV bietet freilich einen Spielraum, um zwischen Ex post- und Ex ante-Harmonisierung zu wählen; Letzteres mit Hilfe der Rechtsangleichung auf dem Gebiet der Sozialordnungen.

Im Grunde genommen haben sich die Vertragspartner mit dem Vertrag von Rom auch auf die Anerkennung des Subsidiaritätsprinzips als Handlungsmaxime geeinigt, obwohl es ausdrücklich erst mit dem Vertrag von Maastricht Vertragsbestandteil werden sollte. Danach soll die Gestaltungskompetenz der Mitgliedstaaten erst dort enden, "wo sie jene zu benachteiligen droht, welche ihr verbürgtes Recht auf freie Wahl von Wohnsitz und Arbeitsplatz innerhalb der Gemeinschaft wahrnehmen wollen" (Streit 1998b: S. 187). Damit wurde zweierlei anerkannt: Die Integration Europas kann sich nur aus dem Integrationswillen und Integrationskönnen seiner Individuen ergeben. Die Gemeinschaft hat lediglich dafür zu sorgen, die Freiheitsrechte zu sichern.
Man kann also zu dem Schluss kommen, dass sich in den Römischen Verträgen die liberalen gesellschaftspolitischen Ideale der Sicherung der bürgerlichen und politischen Freiheiten durchsetzen konnten. Für die weitgehend dem ordoliberalen Leitbild der Sozialpolitik folgende Integrationsmethodik des EWGV spricht außerdem die dem Vertragswerk zu entnehmende "Reduzierung der politischen Aufgaben auf die Ordnungspolitik, die Priorität für die Wirtschaftsordnung und die wirtschaftlichen Freiheiten innerhalb der Gesellschaftsordnung und die Gleichsetzung eines Großteils der sozialen Probleme mit den Problemen der Wirtschaftsordnung" (Kleinhenz 1973: S. 222).
Vor dem Hintergrund dieses Integrationsverständnisses mag es deshalb verwundern, dass mit Art. 100 und Art. 235 EWGV ein Einfallstor für eine sozialpolitische Ex ante-Harmonisierung geschaffen wurde. Art. 100 EWGV weist dem Rat nach einstimmiger Beschlussfassung allgemein die Befugnis zur Rechtsangleichung zu, sofern sich die zu vereinheitlichenden Tatbestände "unmittelbar auf die Errichtung oder das Funktionieren des Gemeinsamen Marktes auswirken." Diese Klausel lässt vermuten, dass damit Tatbestände positiver Integration gemeint sind, die notwendig erscheinen, Güter- und Faktorwanderungen zu ermöglichen und aufrecht zu erhalten. Eine "unmittelbare Auswirkung" auf das Funktionieren oder die Errichtung des Gemeinsamen Marktes kann jedoch ziemlich beliebig behauptet werden. Ein Tätigwerden der Gemeinschaft abseits der enumerativen Kompetenzen des Art. 3 kann also unter Berufung auf die Art. 100 und 235 EWGV leicht "begründet" werden. Außerdem: Stellt die Kommission gemäß Art. 101 EWGV Wettbewerbsverzerrungen aufgrund uneinheitlicher Rechtsvorschriften fest, kann der Rat einstimmig Richtlinien zur Ex ante-Harmonisierung dieser Rechtsvorschriften erlassen.

4.2.2 Die Europäische Sozialcharta von 1961 und ihre Leitfunktion

Am 18. Oktober 1961 wurde vom Ministerausschuss des Europarats in Turin eine Europäische Sozialcharta unterzeichnet; sie trat 1965 in Kraft.[6] Die Charta ist kein Bestandteil des Vertragswerks der Europäischen Gemeinschaften. Gleichwohl besaß sie damals schon eine Art Vorbotencharakter für Versuche, eine vorab harmonisierende europäische Sozialpolitik zu etablieren: Mit dieser Charta haben sich europäische Staaten zum ersten Mal auf ein Minimum an - nicht einklagbaren - konkreten gemeinsamen sozialpolitischen Normen geeinigt.[7]

Als Garant demokratischer Lebensordnungen im Nachkriegseuropa sah man die "Sicherung des sozialen Wohlstands", "soziale Gerechtigkeit" und die "Schaffung eines Europas des Fortschritts" an (Rieber 1962: S. 2). Aufgabe der Sozialcharta sollte sein, diese sozialpolitischen Ziele zu präzisieren, damit die Mitgliedstaaten des Europarates sie in der Folge verwirklichen konnten.

Die Sozialcharta gliedert sich in fünf Teile; hier interessiert der zweite Teil mit den sozialpolitischen Zielen und Grundsätzen. Wie gesagt handelt es sich um *unverbindliche* Orientierungsnormen für die Vertragsstaaten. Die Vertrag schließenden Parteien kommen überein, mindestens 10 Artikel oder 45 nummerierte Absätze der Charta und darunter mindestens fünf von sieben sog. "fundamentalen Grundsätzen" als bindend für ihre Politik anzuerkennen. Diese fundamentalen Grundsätze sind das Recht auf Arbeit (Art. 1), das Vereinigungsrecht (Art. 5), das Recht auf Kollektivverhandlungen (Art. 6), das Recht auf soziale Sicherheit (Art. 12), das Recht auf soziale und ärztliche Hilfe (Art. 13), das Recht der Familie auf sozialen und wirtschaftlichen Schutz (Art. 16) und das Recht der Wanderarbeiter auf Schutz und Beistand (Art. 19) (Wellner/Schmich 1988: S. 43).

Bei aller Unverbindlichkeit der Sozialcharta tauchen ihre sozialpolitischen Grundsätze bei den späteren Diskussionen um die Rolle der Sozialpolitik im europäischen Einigungsprozess und die Art und Weise ihrer Einbeziehung in das europäische Vertragswerk immer wieder auf. So bezieht sich der EGV seit der Vertragsrevision von Amsterdam nicht nur auf die Bestimmungen der Europäischen Sozialcharta,

---

6 Der Europarat darf nicht verwechselt werden mit dem Europäischen Rat und dem Rat der Europäischen Union (ehemals Ministerrat). Der Europarat ist kein Organ der Europäischen Union und nur mittelbar mit der Europäischen Gemeinschaft bzw. der Europäischen Union verbunden, da die Mitgliedstaaten von EG/EU automatisch auch Mitglied im Europarat sind. Als erste nach dem Zweiten Weltkrieg entstandene europapolitische Organisation wurde der Europarat mit dem Ziel gegründet, Einheit und Zusammenarbeit in Europa zu fördern. Heute sind alle EU- und EFTA-Staaten Mitglied des Europarats. Außerdem sind Mitglieder: Albanien, Andorra, Bulgarien, Estland, Lettland, Litauen, Malta, Moldawien, Polen, Rumänien, San Marino, Slowakische Republik, Slowenien, Tschechische Republik, Türkei, Ungarn und Zypern.

7 Die Europäische Sozialcharta kann als sozialpolitische Ergänzung der 1950 unterzeichneten Europäischen Konvention zum Schutz der Menschenrechte und Grundfreiheiten angesehen werden.

sondern er misst ihnen ausdrücklich die Stellung sozialer Grundrechte bei.[8] Die Bestimmungen der Sozialcharta als "soziale Grundrechte" würden dann für Verwaltung, Gesetzgebung und Rechtsprechung unmittelbar geltendes Recht werden.
Was Bedeutung und Aufgaben europäischer Sozialpolitik anbelangte, geht die Europäische Sozialcharta weit über das im EWG-Vertrag verankerte Maß hinaus. Als besonders hervorstechend gelten

- das Recht auf Arbeit in Art. 1, das vor allem durch Aufrechterhaltung eines möglichst hohen Beschäftigungsstandes verwirklicht werden soll und
- das Recht auf "gerechte" Arbeitsbedingungen in Art. 2, in dem Aussagen zur Verkürzung der Arbeitszeit und zur Dauer des Jahresurlaubs getroffen werden.
- Art. 4 normiert den Anspruch auf ein "gerechtes Arbeitsentgelt" der Arbeitnehmer.

Die Fragwürdigkeit solcher "Rechte auf ... " liegt in der Verwendung unbestimmter Rechtsbegriffe, die sich in der Politik nach Bedarf ableiten lassen. So heißt es in Art. 4 Abs. 1, dass "das Recht der Arbeitnehmer auf ein ausreichendes Arbeitsentgelt anzuerkennen (ist), so daß ihnen und ihren Familien eine angemessene Lebenshaltung gesichert ist."
Dies ist ein ehrenvolles Anliegen. Wann aber ein Arbeitsentgelt als "ausreichend" gelten kann oder welcher Komfort für eine angemessene Lebenshaltung vonnöten ist, bleibt offen. Aufgrund der Intention der Charta, gemeinsame Normen festzulegen und den sozialen Wohlstand zu heben (Präambel der Sozialcharta), kann jedoch davon ausgegangen werden, dass damit ein europaweit geltender Mindestlohn gemeint ist. Dieser muss sich an einem zuvor definierten, über dem Durchschnitt liegenden europäischen Lebensstandard orientieren. In dieser Vermutung sieht sich der Verfasser durch ein Detail bestärkt, das bei den Feierlichkeiten zur Verabschiedung der Sozialcharta in Turin zu Tage trat:
Im Turiner Rathaus enthüllte man eine Bronzetafel, die an die Unterzeichnung der Charta erinnern sollte. Rieber (1962: S. 11) schildert eine Begebenheit bei der Herstellung der Tafel anekdotenhaft: "Als Professor Robert SCHILLING [Hervorhebung im Original] von der Universität Straßburg diese lateinische Inschrift verfassen wollte, stieß er sich an einem unerwarteten Hindernis: das Wort "sozial" existiert nicht im klassischen Latein. (...) Darum formulierte der Straßburger Professor die Idee mit "Hebung der Lebensbedingungen für alle."[9]

---

8 Art. 136 EGV: "Die Gemeinschaft und die Mitgliedstaaten verfolgen eingedenk der *sozialen Grundrechte* (Hervorhebung des Verf.), wie sei in der am 18. Oktober 1961 in Turin unterzeichneten Europäischen Sozialcharta und in der Gemeinschaftscharta der sozialen Grundrechte der Arbeitnehmer von 1961 festgelegt sind, folgende Ziele: (...)."

Damit scheint sich das Europäische Parlament letztlich durchgesetzt zu haben, mittels einer möglichst umfassenden Ratifizierung der Sozialcharta durch die EG/EU der Gemeinschaft den Charakter einer Grundrechtsgemeinschaft zu verleihen (Däubler 1989: S. 52).

9 Wahrscheinlich waren es gerade diese Unbestimmtheiten des Wortes "sozial", die von Hayek veranlassten, von einem "Wieselwort" zu sprechen.

Die Inschrift lautete (lat.): In hoc loco postquam ad tabulas Europeas quibus communis omnium vita promoveretur obsignandas XVI civitates quae Consilio Europaeo inter se continentur

Die ordnungspolitischen Grundlagen für die "Hebung der Lebensbedingungen aller" werden in der Sozialcharta allerdings außer Acht gelassen. Dabei wäre eine umfassendere Herangehensweise an die sozialen Probleme der Zeit durchaus möglich gewesen. So hat Eucken (1952/1990: S. 313) die Ordnungsgebundenheit der materiellen Voraussetzungen einer erfolgreichen Sozialpolitik betont: "Wenn es also richtig ist", so stellt Eucken fest (1952/1990: S. 315), "daß nur verteilt werden kann, was vorher produziert wurde", so liegt der entscheidende Konstruktionsfehler der Sozialcharta in der Behandlung der Verteilung, nicht jedoch der Quellen des sozialen Wohlstandes.
Ein "Europa der sozialen Gerechtigkeit", wie es Rieber (1962: S. 2) einfordert, bedeutet etwas völlig anderes, je nachdem, ob damit die Herstellung der Vertragsfreiheit und anderer konstituierender Prinzipien der Wettbewerbsordnung gemeint ist oder die Beschränkung und isolierte staatliche Regulierung dieser Prinzipien. So wird die Wahrung der Geldwertstabilität vielfach nicht als sozialpolitische Aufgabe gesehen. Tatsächlich aber erschließt sich ihre sozialpolitische Relevanz erst aus dem Euckenschen Grundsatz der Zusammengehörigkeit der konstituierenden Prinzipien: Eine Geldentwertung trifft regelmäßig diejenigen am härtesten, die überwiegend auf Geldvermögen angewiesen und entsprechend schutzbedürftig gegenüber inflationsbedingter Entwertung sind. Sozialpolitik, aufgefasst als Ordnungspolitik, würde dieser Problematik von Anfang an Rechnung tragen.
Die Europäische Sozialcharta enthält aber auch Freiheit schaffende und sichernde Grundsätze. Sie enthält Normen zur Sicherung der Existenzgrundlagen und zur Gewährleistung der Grundfreiheiten und damit die Grundlagen einer auf individuellen Plänen gründenden Marktintegration.[10] Dies entspricht Euckens Verständnis von Sicherheit sowohl im Sinne des Schutzes vor materieller Not als auch im Sinne individueller Freiheit.
Was das sozialpolitische Leitbild der Europäischen Sozialcharta angeht, so ist der Befund dennoch recht eindeutig. Es findet sich eine Vielzahl von Hinweisen, die auf ein wohlfahrtsstaatliches Leitbild von Sozialpolitik schließen lassen. Denn die Normen, die die Sozialcharta enthält, gehen weit über die Sicherung der Existenzgrundlagen und die Gewährleistung der Grundfreiheiten hinaus. Dies wird an ihrem Gerechtigkeitspostulat deutlich, das "soziale Gerechtigkeit" deutlich an der Gerechtigkeitsnorm der "Verteilungsgerechtigkeit" orientiert sehen will. Außerdem

---

venere clarior liberae Europae laborantibus effulsit spes. Die XVIII mens[is] octob[ris] MCMLXI. Eigene Übersetzung: An diesem Ort leuchtete, nachdem die sechzehn Staaten, die durch den Europarat untereinander verbunden sind, zur Unterzeichnung der europäischen Vertragsurkunden gelangt waren, durch die das ["]soziale Leben["] aller gefördert werden soll, den für ein freies Europa Arbeitenden heller die Hoffnung auf. Am 18. Oktober 1961.

10 Etwa das Recht auf Ausübung einer Erwerbstätigkeit im Hoheitsgebiet anderer Vertragsparteien in Art. 18, das Recht der Wanderarbeiter und ihrer Familien auf Schutz und Beistand in Art. 19 oder auch das Recht auf soziale Sicherheit in Art. 12. Beim Letzteren siehe insbesondere Absatz 4b, der die Anrechnung von Versicherungssummen und Beschäftigungszeiten, die in verschiedenen Ländern erworben worden sind, gewährleistet.

findet man in der Sozialcharta eine für den wohlfahrtsstaatlichen Ansatz der Sozialpolitik typische Präferenz für das Kollektivprinzip im Arbeitsrecht ("Gesamtarbeitsverträge" in Art. 6) und im Bereich der sozialen Sicherung (Art. 12ff.). Damit stand die Sozialcharta im Einklang mit dem damaligen "Zeitgeist", der amerikanischen Politik der "New Frontier" oder dem schwedischen "Volksheim", das alle Lebensrisiken der Bürger abdecken sollte.

4.2.3 Zunehmende Europäisierung der Sozialpolitik seit 1972

In der Frühphase des europäischen Integrationsprozesses wurde - wie schon festgestellt - eine umfassende europäische Sozialpolitik als nicht notwendig angesehen. Die Kompetenzen für die Sozialpolitik blieben folglich bis auf wenige Ausnahmen in den Händen der Mitgliedstaaten. Man konnte kaum von einer "europäischen Sozialpolitik" sprechen. Als dringlicher für die Integrationspolitik der frühen Jahre wurde die Herstellung und Sicherung der Funktionserfordernisse des Gemeinsamen Marktes angesehen. Von 1958 bis 1972 ging es darum im Wesentlichen um die Verwirklichung der Freizügigkeit.

Gleich nach In-Kraft-Treten der Römischen Verträge sollte der Rat Maßnahmen erlassen, um die im Vertrag zugesicherte Freizügigkeit auch faktisch zu gewährleisten. Die vollständige Freizügigkeit wurde allerdings erst 1968 mit der Verordnung 1612/68 hergestellt. Die Vorschriften über die soziale Sicherheit von Wanderarbeitnehmern wurden abschließend 1971 in der Verordnung 1408/71 geregelt (Wirtschaftsgemeinschaft 1968 und 1971).

Der Sozialfonds als beschäftigungspolitisches Instrument der Gemeinschaft wurde 1971 zum ersten Mal reformiert. Hierbei wurden sowohl die Tätigkeitsfelder als auch die finanziellen Mittel ausgeweitet (Hannowsky 1998: S. 426). Die Mittelvergabe sollte strenger bedarfsorientiert sein, und die Bundesrepublik Deutschland, die bis dato fast 50 % der Fondsmittel erhielt, sollte nicht länger bevorzugt werden.[11]

Doch erst der Pariser Gipfel vom 19. bis 21. Oktober 1972 leitete eine Zeit aktiven sozialpolitischen Handelns der Gemeinschaftsorgane ein. Die Initiative hierzu ging von der damaligen deutschen Bundesregierung unter Bundeskanzler Willy Brandt aus. Als Ergebnis des Pariser Gipfels hielten die Staatschefs fest, dem sozialpolitischen Bereich in Zukunft die gleiche Bedeutung zuzubilligen wie der Errichtung der Gemeinsamen Marktes und der Wirtschafts- und Währungsunion.[12] Erstmals standen

---

11 Ursprünglich waren die Mittel des Sozialfonds für die strukturschwachen Gebiete Italiens gedacht. Allerdings kam es in der frühen Phase des Sozialfonds zu einer Bevorzugung solcher Staaten, die über einen gut funktionierenden Verwaltungsvollzug verfügten. So ist die bevorzugte Stellung der Bundesrepublik Deutschland als Mittelempfänger zu erklären, obwohl in Deutschlang bis weit in die 60er Jahre hinein Vollbeschäftigung herrschte. Vgl. Hannowsky (1998: S. 426).

12 Das Ziel, schrittweise eine Wirtschafts- und Währungsunion herzustellen, wurde auf der Pariser Gipfelkonferenz 1972 von den anwesenden Staats- und Parteichefs endgültig gebilligt. In der Präambel der Einheitlichen Europäischen Akte von 1986 findet sich diesbezüglich ein Verweis auf den Pariser Gipfel.

seit Gründung der Europäischen Wirtschaftsgemeinschaft sozialpolitische Erwägungen an gleicher Stelle wie wirtschaftspolitische Überlegungen.
Hauptziele dieser neuen europäischen Sozialpolitik waren: eine koordinierte Beschäftigungs- und Berufsausbildungspolitik, die Verbesserung der Lebens- und Arbeitsbedingungen, die Gewährleistung der Mitwirkung der Arbeitnehmer in den Unternehmensorganen, die Förderung europäischer Tarifverträge sowie die Stärkung und Koordinierung der Maßnahmen des Verbraucherschutzes (Lampert 1998: S. 405).
Die europäischen Staats- und Regierungschefs beauftragten daraufhin gegen Ende des Gipfels die Europäische Kommission mit der Schaffung eines sozialpolitischen Aktionsprogramms. Dieses wurde vom Rat 1974 letztlich verabschiedet. Es sah Maßnahmen in drei Bereichen vor (Gemeinschaften/Rat 1974):

1. "Vollbeschäftigung und bessere Beschäftigung auf gemeinschaftlicher, einzelstaatlicher und regionaler Ebene als wesentliche Voraussetzung einer wirksamen Sozialpolitik";
2. "Verbesserung der Lebens- und Arbeitsbedingungen und damit ihre Angleichung auf dem Weg des Fortschritts";
3. "Wachsende Beteiligung der Sozialpartner an den wirtschafts- und sozialpolitischen Entscheidungen der Gemeinschaft und der Arbeitnehmer am Leben der Unternehmen und Betriebe."

Alle drei Bereiche lassen sich sowohl von der ordnungspolitischen Seite als auch von der verteilungspolitischen Seite her deuten. Der erste Bereich scheint die ordnungspolitische Sicht zu betonen. Der zweite und dritte Bereich könnte als Konsequenz des ersten Bereichs verstanden, aber auch als isoliertes Aufgabengebiet begriffen werden. Die Flankierung der Wirtschafts- und Währungsunion durch eine Sozialunion kann also durchaus verschieden gedeutet werden: In der ordnungspolitischen Sicht ist die Wirtschafts- und Währungsunion zugleich Sozialunion. In der wohlfahrtsstaatlichen Sicht steht die Sozialunion weitgehend neben der Wirtschafts- und Währungsunion. Die zweite Sicht hat sich durchgesetzt: Denn die Zahl sozialpolitisch motivierter Maßnahmen stieg infolge der Umsetzung des sozialpolitischen Aktionsprogramms dramatisch an.
Im Laufe der folgenden Jahre wurde eine Vielzahl von Richtlinien und Verordnungen erlassen; diese führten zu einer europaweiten Angleichung wichtiger Teile des Arbeitsrechts und des Arbeitsschutzes.[13] Mit der Durchsetzung dieser Richtlinien und Verordnungen konnte mit der Kommission erstmals eine supranationale Behörde in größerem Umfang sozialpolitische Kompetenzen ausüben. Weitere in diese Richtung

13 Lediglich 20 % der gemeinschaftlichen sozialpolitischen Rechtsakte wurden vor In-Kraft-Treten des sozialpolitischen Aktionsprogramms beschlossen, über 80 % danach (Demmer 1994: S. 11).

In Folge des Aktionsprogramms wurden im Zuge der Ex ante-Harmonisierung zum Beispiel erlassen: Die Verordnung über die Sicherung von Ansprüchen der Arbeitnehmer bei einem Eigentümerwechsel des Unternehmens (Gemeinschaften/Rat 1977), die Verordnung zum Schutz der Arbeitnehmer bei Zahlungsunfähigkeit (Gemeinschaften/Rat 1980), eine Richtlinie zur Gleichbehandlung von Männern und Frauen (Gemeinschaften/Rat 1978), ferner Rahmen- und Einzelrichtlinien zum Arbeitsschutz. Siehe hierzu statt vieler (Wellner/Schmich 1988: S. 53ff.; Ringler 1997: S. 105ff.) und Anhang Nr. 2.

gehende Versuche scheiterten jedoch an dem Einstimmigkeitserfordernis des EWG-Vertrages. Gleichwohl wuchs der regulierende Einfluss europäischer Organe auf die nationale Sozialpolitik beträchtlich.

1983 kam es noch einmal zu einer größeren Reform des Europäischen Sozialfonds mit zwei wichtigen Neuerungen: erstens der stärkeren Ausrichtung der Mittel des Fonds auf die berufliche Qualifizierung von Jugendlichen; zweitens der Einführung eines neuen Quotierungssystems. Danach sollten 40 % der Fondsmittel in benachteiligte Gebiete fließen, wobei jeweils 75 % der Fondsmittel ausschließlich für die Qualifizierung Jugendlicher reserviert waren.
Obwohl der Sozialfonds von Gründung an vor allem als Instrument der Arbeitsmarktausgleichspolitik gedacht war, erhielt er nun durch die Regionenquotierung einen ausgeprägten regionalpolitischen Auftrag.[14] Als sich im Gefolge der Süderweiterung der Gemeinschaft die regionalen Unterschiede weiter verstärkten, wurde der Sozialfonds mit den Strukturfondsreformen ab 1988 immer stärker in die Struktur- und Regionalpolitik der Gemeinschaft einbezogen (Hannowsky 1998: S. 426ff.).
Dies ist auch für die anstehenden Erweiterungsvorhaben der Union von Bedeutung. Grundsätzlich nämlich wird es jedem Beitrittsland möglich sein, gleichberechtigt an den Strukturfonds der Union teilzuhaben (Gemeinschaften 1997b: S. 23). Hier ist in Zukunft verstärkt darauf zu achten, dass die Strukturfondsinterventionen keine Marktverzerrungen hervorrufen und falsche Anreize (Empfängermentalität, Mitnahmeeffekte) begünstigen.

4.2.4 Charakterisierung der ersten 30 Jahre europäischer Sozialpolitik

Man kann die ersten 30 Jahre "europäischer Sozialpolitik" in zwei Abschnitte teilen. In der ersten Phase "europäischer Sozialpolitik" bis ca. 1972 standen Fragen der wirtschaftlichen Integration im Vordergrund; die Sozialintegration wurde als Konsequenz daraus betrachtet.
Gerne wird die sozialpolitische Seite dieser Integrationsphase als bloßer "Reflex der Wirtschaftspolitik" beschrieben und als typisch für die "Zeit des ökonomischen Neo-Liberalismus" kritisiert (Kliemann 1997: S. 28). Doch allein die sozialen Konsequenzen der Verwirklichung von Freizügigkeit und des Verbots von Diskriminierung innerhalb des Integrationsraums sind in Anbetracht der jüngeren europäischen (Kriegs-)Geschichte kaum zu unterschätzen. Die Aufgabe, im Integrationsgebiet eine beschäftigungsfreundliche Wettbewerbordnung zu schaffen, verdeutlicht dies am besten.
In der Nachkriegszeit, in der ein wohlfahrtsstaatlicher (beschäftigungsfeindlicher) Interventionismus die Wirtschaftspolitik vieler Länder beherrschte, war die Ausrichtung der Gemeinschaft auf die Integration der Individuen geradezu

14 Faktisch war der Sozialfonds ein im Grunde regionalpolitisches Instrument. Siehe Kapitel 4.2.1.

revolutionär. Der "soziale Gehalt" der frühen Integrationsphase kommt vor allem in dem Wunsch der Gründerväter der Gemeinschaft zum Ausdruck, jene Bedingungen in Europa herzustellen, die möglichst viele Menschen in die Lage versetzen, am Wirtschaftsprozess teilzunehmen und die materielle Grundlage ihres Daseins und die Vorsorge für Krankheit, Arbeitslosigkeit und Invalidität leisten zu können. Es zeigt sich auch hier wieder.

Die Beurteilung des "sozialen Gehalts" sozialpolitisch motivierter Integrationsmaßnahmen hängt vom Leitbild ab. Sozialpolitik vom wohlfahrtsstaatlichen Verständnis aus betrachtet relativiert oder verneint den "sozialen Gehalt" einer marktwirtschaftlichen Wettbewerbsordnung. Sicherheit, Freiheit und Leistungsgerechtigkeit als Ergebnis von marktwirtschaftlichen Marktprozessen und daraus entstehende individuelle Handlungsmöglichkeiten werden im Vergleich zu kollektiven, staatlich diskretionären Vorkehrungen als unzureichend betrachtet.

Die positiven Auswirkungen der europäischen Einigungsverträge auf den wirtschaftlichen und sozialen Handlungsspielraum der Individuen lassen sich freilich nur indirekt belegen. Wenn nach Jahren der politischen und wirtschaftlichen Desintegration die Menschen innerhalb der Grenzen des Integrationsgebiets prinzipiell dort arbeiten können, wo sie die besten Chancen sehen, so bedeutet dies eine Integrationsform, die gleichsam "von unten" entsteht. Die ordnungspolitische Leistung hierbei war der Übergang vom sektoralen Integrationsansatz der EGKS zu einem horizontalen Integrationsverständnis der EWG.[15]

Die Zurückhaltung der Gemeinschaft bei dem Anspruch, eine eigene Sozialpolitik durchzusetzen, ist nicht zuletzt auf die ordnungspolitische Überzeugungskraft deutscher Europapolitiker zurückzuführen. Schon Ende der 60er Jahre, dann aber vor allem ab 1972, ist dieser Einfluss vom wohlfahrtsstaatlichen Denken und Wollen abgelöst worden. Die Wettbewerbsordnung wurde mehr und mehr im Hinblick auf die Lösung bestimmter gesellschaftspolitischer Aufgaben instrumentalisiert - vor allem solcher mit sozialpolitischem Charakter.[16] Der ursprüngliche wettbewerblich-marktwirtschaftliche Integrationsansatz wich immer mehr einer von den Marktergebnissen her denkenden wohlfahrtsstaatlichen Auffassung von Integration.

---

15 Mit den bekannten Ausnahmen Landwirtschaft und Verkehr, hierzu Gröner (1993: S. 5ff.).

16 So heißt es im sozialpolitischen Aktionsprogramm des Rates von 1974 sinngemäß: Die "wirtschaftliche Expansion" ist kein Selbstzweck, sondern muss dazu dienen, die "Lebensqualität" und den "Lebensstandard" zu verbessern. Daraus leitet die Gemeinschaft "energische Maßnahmen im sozialpolitischen Bereich" ab, die sich auf Vollbeschäftigungspolitik, die Verbesserung der Lebens- und Arbeitsbedingungen sowie eine wachsende Beteiligung der Sozialpartner an den wirtschafts- und sozialpolitischen Entscheidungen der Gemeinschaft konzentrieren (Gemeinschaften/Rat 1974). Die erste "energische Maßnahme" war die Verabschiedung der Richtlinie 75/129/EWG über Massenentlassungen vom 17. Februar 1975, mit der die Bedingungen für Massenentlassungen europaweit angeglichen, d.h. erschwert wurden. Diese Richtlinie wurde 1989 durch die Richtlinie 98/59/EG ersetzt (Union 1998a).

4.3 Einheitliche Europäische Akte und die Gemeinschaftscharta der sozialen Grundrechte

Nach einer Phase nachlassenden "sozialpolitischen Elans" gegen Ende der 70er Jahre erhielten die Bestrebungen für eine eigenständige europäische Sozialpolitik erst unter der Kommissionspräsidentschaft Jacques Delors ab 1985 erneuten Schwung. Delors entwickelte Mitte der achtziger Jahre zusammen mit dem französischen Staatspräsidenten François Mitterand das "Konzept des sozialen Raumes". Dieses Konzept beruhte im Kern auf der weit verbreiteten Ansicht,

- dass der Binnenmarkt nicht ohne "soziale Dimension" errichtet werden dürfe,
- dass sozialer Dialog, Mitbestimmung und Partizipation zentrale Elemente gesellschaftlichen Konsenses und demokratischer Willensbildung seien und
- dass die Förderung von sozialer und wirtschaftlicher Kohäsion ein Gebot europäischer Solidarität sei (Zangl/Arndt 1997: S. 119f.).

Damit wurden wesentliche Punkte der Sozialcharta des Europarats von 1961 wieder aufgegriffen. Aus Delors Initiativen zur Vollendung des Binnenmarktes[17] erwuchs in den Mitgliedstaaten mit hohen sozialpolitischen Standards die Besorgnis, im Zuge des Binnenmarktgeschehens könnten die weniger entwickelten Länder ihre niedrigeren Sozialstandards faktisch zum Maßstab der Gemeinschaft erheben. Darin wurde ein unfairer Wettbewerb im Sinne von "Sozialdumping" gesehen. Die in der Produktivitätsentwicklung nachhinkenden Länder hingegen befürchteten, dass sich im verschärften Wettbewerb auf dem Binnenmarkt die Kluft zu den industriellen Kernregionen Europas vergrößern könnte.

Um diese konträren Einschätzungen herum entwickelte sich eine intensive "Diskussion über die Möglichkeiten, Voraussetzungen und Wirkungen einer Harmonisierung der Sozialpolitik in der Gemeinschaft" (Lampert 1998: S. 405).

---

[17] Eingeleitet wurde die Initiative durch eine neue Integrationsstrategie der Gemeinschaft, die erstmals im "Weißbuch zur Vollendung des Binnenmarktes" erläutert wurde. Statt der zuvor praktizierten Harmonisierungsmethode sollte nun verstärkt das Prinzip der gegenseitigen Anerkennung Anwendung finden (Gemeinschaften 1985: S. 18). Die entscheidende Triebkraft hierfür war das berühmte Urteil des EuGH von 1979 über den "Cassis de Dijon." Wenn ein Erzeugnis, in diesem Fall Johannisbeerlikör aus Dijon, in einem Land rechtmäßig produziert und in Verkehr gebracht wird, soll es ungehindert in der Gemeinschaft verkauft werden dürfen.

Der Binnenmarkt gewährt neben den Elementen des Gemeinsamen Marktes auch die volle Freiheit des Kapitalverkehrs und die Freiheit des Personenverkehrs, nicht nur die Freizügigkeit der Arbeitskräfte. Die Freizügigkeit des Personenverkehrs wurde am 19. Juni 1990 mit dem zweiten Schengener Abkommen verwirklicht. Deutschland, Frankreich und die Benelux-Länder waren die ersten Unterzeichner. Sie verzichten seitdem auf Personen- und Zollkontrollen an ihren gemeinsamen Grenzen.

4.3.1 Sozialpolitische Akzente der Einheitlichen Europäischen Akte

Kernpunkte des Konzeptes eines" sozialen Raumes" fanden sich 1986 in der ersten Revision der Römischen Verträge, der "Einheitlichen Europäischen Akte", wieder. Hauptanliegen der Reform der Verträge von Rom war es, den ins Stocken geratenen Integrationsprozess zu beleben und die Verwirklichung des Binnenmarktes bis Ende 1992 zu ermöglichen. Dies wurde von der Einbeziehung neuer Gemeinschaftsaufgaben in den Vertrag erwartet. Diese hätten zuvor nur unter Zuhilfenahme der "Generalklausel" des Art. 235 EWGV und abseits der Einzelermächtigung des Art. 3 EWGV von der Gemeinschaft übernommen werden können. Zudem war dafür Einstimmigkeit geboten. Eine deutliche Beschleunigung des Integrationsprozesses erwartete die Gemeinschaft durch die verstärkte und umfassendere Anwendung der formal nie aufgegebenen Mehrheitsregel bei Entscheidungen des Rates (Leipold 1994a: S. 16) und durch die von der Kommission im Binnenmarktweißbuch propagierte "neue Integrationsstrategie" der gegenseitigen Anerkennung nationaler Standards (Gemeinschaften 1985: S. 18).[18] Außerdem wurde mit der Neufassung des Art. 149 EWGV das Europäische Parlament verstärkt in die Beschlussfassung des Rates einbezogen - ein zaghafter Versuch, das Gemeinschaftshandeln demokratisch zu legitimieren.

Für die Frage, ob sich das sozialpolitische Leitbild der Gemeinschaft gewandelt hat, ist jedoch ein dritter Aspekt der Einheitlichen Europäischen Akte von entscheidender Bedeutung: Zum ersten Mal wurde der Gemeinschaft vertraglich die Befugnis eingeräumt, auf einigen Gebieten der Sozialpolitik mit qualifizierter Mehrheit Beschlüsse zu fassen (Kliemann 1997: S. 33). Hinzu kommen weitere vertraglich zugewiesene Kompetenzen in neuen sozialpolitischen Aufgabenfeldern.

Schon die Präambel zur Einheitlichen Europäischen Akte lässt auf eine signifikante Schwerpunktverschiebung in Richtung eines wohlfahrtsstaatlichen Verständnisses von Sozialunion schließen. Die Politik der Gemeinschaft stützt sich demnach auf die in der Europäischen Sozialcharta anerkannten Grundrechte Freiheit, Gleichheit und soziale Gerechtigkeit. Je nach dem integrationspolitischen Leitbild folgen aus diesem Dreigestirn zukünftiger "Stützen europäischer Integrationspolitik" mehr oder weniger unlösbare Konflikte. Bemerkenswert ist jedenfalls, dass

- der Europäischen Sozialcharta Grundrechtstatus verliehen wird und
- die "Freiheit" als Leitprinzip der wettbewerblich-marktwirtschaftlichen Integrationsmethode durch die Bindung an die Postulate der "Gleichheit" und der "sozialen Gerechtigkeit" einen Stellenwert erhält, der instrumentellen Charakter annehmen kann etwa im Hinblick auf wohlfahrtsstaatliche Ziele.

Diese zunächst nur scheinbare Relativierung des Freiheitsgedankens ist in ihrer Wirkung nicht zu unterschätzen, denn eine Präambel bündelt gleichsam den geistig-

[18] Die Strategie der umfassenden Ex ante-Harmonisierung hat den Integrationsprozess zuvor in eine Sackgasse geführt. Unter anderem wurde dies auf die Einstimmigkeitsregel und die französische "Politik des leeren Stuhls" zurückgeführt. Erst mit dem so genannten "Luxemburger Kompromiss" wurde die Gemeinschaft wieder beschlussfähig (Pfetsch 1997: S. 39ff.; Nienhaus 1998: S. 15f.).

moralischen Charakter eines Vertragswerkes. Ähnlich der Ouvertüre einer Oper wird sein folgender handlungsbestimmender Geist vorweggenommen. Der Grundgedanke der Präambel der EEA besteht im Willen einer vertieften Politikintegration, die es den Gemeinschaftsorganen erlaubt, ihre Befugnisse so auszuüben, wie es "dem Interesse der Gemeinschaft" am dienlichsten ist (Vgl. Präambel der EEA). Diese Aussage kann als Blankocheque für die Begründung gemeinschaftlicher Kompetenzen gedeutet werden.

Artikel 3 EWGV über die Tätigkeiten der Gemeinschaft bleibt durch die Einheitliche Europäische Akte unangetastet. Ein neuer Art. 8 a EWGV definiert den Binnenmarkt als "Raum ohne Binnengrenzen, in dem der freie Verkehr von Waren, Personen, Dienstleistungen und Kapital gemäß den Bestimmungen dieses Vertrages gewährleistet ist." Der erste Artikel des EWG-Vertrags, der für die Sozialpolitik unmittelbar relevant ist und geändert wurde, ist Art. 49 EWGV über die Freizügigkeit der Arbeitnehmer. Art. 49 EWGV in der Fassung der Einheitlichen Europäischen Akte gibt dem Rat die Möglichkeit, mit qualifizierter Mehrheit in Zusammenarbeit mit dem Europäischen Parlament und nach Anhörung des Wirtschafts- und Sozialausschusses Richtlinien und Verordnungen zu beschließen, die die Freizügigkeit der Arbeitnehmer betreffen.[19]

Mit dem neuen Art. 100 a erhält der Rat die Möglichkeit, Rechtsangleichungen mit qualifizierter Mehrheit zu verabschieden, sofern sie die "Schaffung und das Funktionieren des Binnenmarktes" zum Gegenstand haben (vgl. hierzu Leipold 1994a: S. 7ff.). Maßnahmen der Rechtsangleichung in Bezug auf die Freizügigkeit oder die Rechte und Interessen der Arbeitnehmer unterliegen weiterhin der Einstimmigkeit (Art. 100 a Abs. 2 EWGV).

Für die Funktionsfähigkeit des Binnenmarktes wesentlich erachtet die Gemeinschaft ein hohes Schutzniveau in den Bereichen Gesundheit, Sicherheit, Umweltschutz und Verbraucherschutz (Art. 100 a Abs. 3). Diese Bereiche kann der Rat mit qualifizierter Mehrheit auf einem hohen Niveau vorab harmonisieren.

Der mit "Sozialpolitik" überschriebene Titel III des EWG-Vertrages wird durch die Art. 118 a und Art. 118 b erweitert. Das Ziel "Verbesserung der Lebens- und Arbeitsbedingungen der Arbeitskräfte" bleibt unverändert (Art. 117). Neu hingegen ist der erkennbare Wechsel in der Integrationsmethode, von dem diese Verbesserung erwartet wird. Während Art. 117 EWGV beide Integrationsmethoden gleichrangig vorsieht, findet in Art. 118 a die Marktintegration keine Berücksichtigung, wenn es um die Verbesserung der Arbeitsumwelt, um die Sicherheit und die Gesundheit der Arbeitnehmer, also im Großen und Ganzen um den Arbeitsschutz geht.[20] Für diese

---

19 Im Vertrag von Rom genügte dem Rat die einfache Mehrheit, um Richtlinien oder Verordnungen, die die Freizügigkeit der Arbeitskräfte betrafen, zu verabschieden.

Die Zusammenarbeit mit dem Europäischen Parlament ist in dem neu gefassten Art. 149 geregelt. Dieses Verfahren sieht die Beschlussfassung mit qualifizierter Mehrheit vor.

20 Unklar ist allerdings, was genau unter den Regelungsbereich des Art. 118 a fällt. Die Meinungen gehen insbesondere darüber auseinander, was unter dem Begriff "Arbeitsumwelt" zu verstehen ist. Wird dieser Begriff weit ausgelegt, so könnte darunter "das gesamte

Bereiche wird jetzt auf die Ex ante-Harmonisierung gesetzt, die bei "*gleichzeitigem Fortschritt*" erreicht werden soll. Dies könne als "wirtschaftlicher" Fortschritt gedeutet werden, gemeint ist jedoch damit das in Art. 100 a Abs. 3 ausgesprochene hohe Schutzniveau.

Ex ante-Harmonisierung bezieht sich auf das Recht der Gemeinschaft, mit qualifizierter Mehrheit durch Richtlinien Mindestvorschriften zu erlassen (Art. 118 a Abs. 2). Zusätzlich soll sich die Kommission nach Art. 118 b darum bemühen, den "Dialog"[21] zwischen den Sozialpartnern auf europäischer Ebene zu entwickeln. Der "soziale Dialog" kann - so im Nebensatz des Art. 118 b - zu vertraglichen Beziehungen führen. Damit sind im ganzen Integrationsgebiet geltende europäische Tarifverträge gemeint.

In der Präambel der EEA wurden ferner neue Ziele für notwendig gehalten, um die wirtschaftliche und soziale Lage der Gemeinschaft - der Verweis auf die *Menschen* in der Gemeinschaft fehlt (!) - zu verbessern. Eines dieser neuen Ziele, der "wirtschaftliche und soziale Zusammenhalt", findet sich in dem neuen Art. 130 a EWGV; auch dieser fällt unter die qualifizierte Mehrheitsregel. Mit diesem Artikel, der formal nicht zu Titel III (Sozialpolitik) zählt, verfolgt die Gemeinschaft das Ziel, wirtschaftliche und soziale Unterschiede (häufig "Disparitäten" genannt) zu verringern. Insbesondere soll der Abstand zu den am stärksten benachteiligten Gebiete verringert werden (Art. 130 a Abs. 2).

Neben die vom Binnenmarktverständnis her begründete Forderung nach gleichen Rahmenbedingungen für den Wettbewerb tritt gleichrangig das Ziel, gleiche wirtschaftliche und soziale Verhältnisse herzustellen. Dem Wettbewerb der Systeme wird damit das Postulat der Herstellung der Ergebnisse dieses Wettbewerbs zur Seite gestellt.

Mit den neuen Artikeln 130 a - e EWGV erhält die "gemeinschaftliche Sozialpolitik" eine starke regionalpolitische Orientierung. Damit werden die Handlungsbefugnisse der Gemeinschaft beträchtlich erweitert.[22]

Das Ziel "wirtschaftlicher und sozialer Zusammenhalt" soll durch Koordination der Wirtschaftspolitik der Mitgliedstaaten und mit finanzieller Hilfe aus den Strukturfonds

---

Arbeitsrecht" verstanden werden. Dies hätte weit reichende Konsequenzen z.B. für die Gestaltung von Arbeitszeiten, Mitbestimmung, kollektiven Lohnverhandlungen. Bei diesen Auswirkungen ist es verständlich, wenn strittig ist, ob eine sozialpolitische Richtlinie unter den Regelungsbereich des Art. 100 a Abs. 2 ("Rechte und Interessen der Arbeitnehmer", für die weiterhin Einstimmigkeit vorgesehen ist) oder des Art. 118 a fällt ("Arbeitsumwelt", für die die qualifizierte Mehrheit gilt). Vgl. hierzu auch (Berthold 1998: S. 949).

21 Der "soziale Dialog" sieht vor, dass die europäischen Arbeitgeber (UNICE) und Gewerkschaften (EGB) zu jedem sozialpolitischen Vorhaben der Kommission gehört werden. Kontakte zwischen den europäischen Sozialpartnern sollen finanziell gefördert werden (Arbeitgeberverbände 1997: S. 7).

22 Prinzipiell war das vorher auch schon möglich. Aber unter Berufung auf Art. 100 oder Art. 235 EWGV musste hierfür ein einstimmiger Ratsbeschluss vorliegen; dieser war oftmals nicht erreichbar.

erreicht werden (Art. 130 b EWGV).[23] Der Sozialfonds wird in Art. 130 b EWGV den Strukturfonds zugerechnet, obwohl ihm im zweiten Kapitel von Titel III über die Sozialpolitik eine ganze Reihe von "eigenen" Artikeln gewidmet ist. Damit wird der Sozialfonds im Politikgeschehen der Gemeinschaft gleichsam doppelt vereinnahmt. Auch dies deutet an, dass die "Politik des wirtschaftlichen und sozialen Zusammenhalts" als (Um-)Verteilungspolitik aufgefasst wird.
Für eine Sozialpolitik, die über das hinausgeht, was Art. 3 und Titel III des EWG-Vertrages vorsehen, hat die Gemeinschaft allerdings kein Mandat. Im Grunde genommen müssten für das Ziel "wirtschaftlicher und sozialer Zusammenhalt" deshalb die gleichen Bedingungen gelten wie für das Ziel "Verbesserung der Lebens- und Arbeitsbedingungen der Arbeitnehmer". Träfe diese Deutung zu, dann müsste sich der Abstand zwischen den Regionen einerseits durch das "Wirken des Gemeinsamen Marktes" und andererseits durch die "Angleichung von Rechtsvorschriften" verringern lassen. Für Letzteres würde dann allerdings wieder die Einstimmigkeitsregel gelten, politisches Handeln würde entsprechend schwieriger. Dieses Problem wurde durch die "Politik des wirtschaftlichen und sozialen Zusammenhalts" elegant umgangen.

Ein weiteres im Grunde sozialpolitisches Instrument stellt der Regionalfonds[24] dar, der in Art. 130 c EWGV geregelt wird. Dieser Fonds soll sich an der Entwicklung und strukturellen Anpassung rückständiger Gebiete beteiligen und insbesondere zum Ausgleich der wichtigsten regionalen Ungleichgewichte in Gebieten mit "rückläufiger Entwicklung" beitragen.[25] Zu den regionalpolitischen kommen industrie- und arbeitsmarktpolitische Aufgaben hinzu: Der Regionalfonds soll nämlich auch die regionalen Arbeitsmärkte beeinflussen können und, falls dies notwendig erscheint, intervenierend[26] eingreifen; außerdem soll er die Wettbewerbsfähigkeit benachteiligter Regionen fördern.[27] Die beiden Strukturfonds "Sozialfonds" und "Regionalfonds" wildern somit teilweise auf den gleichen Feldern.

---

23 Strukturfonds der Gemeinschaft: Europäischer Ausrichtungs- und Garantiefonds für die Landwirtschaft - Abteilung Ausrichtung, Europäischer Sozialfonds, Europäischer Fonds für regionale Entwicklung. Siehe hierzu auch Anhang Nr. 3.

24 Europäischer Fonds für die regionale Entwicklung (EFRE).

25 Als Maß für die "Rückständigkeit" eines Gebietes verwendet die Gemeinschaft das Pro-Kopf-BIP.

26 Etwa durch spezielle Ausbildungsprogramme, Lohnsubventionen oder Umschulungshilfen.

27 Siehe hierzu vor allem die VO 1783/1999 Art. 2 über den Europäischen Fonds für regionale Entwicklung. Man kann beim Studium dieser Verordnung durchaus den Eindruck gewinnen, dass dem Regionalfonds die Aufgabe einer "Eier legenden Wollmilchsau" zugedacht wird. Es gibt kaum einen Bereich, der mittels der Konstruktion eines regionalpolitischen Bezugs nicht auch in den Aufgabenbereich des Regionalfonds fallen könnte. Zum Beispiel siehe VO 1783/1999 Ziffer (6): "Im Rahmen der ihm übertragenen Aufgabe sollte sich die Unterstützung des EFRE auf folgende Bereiche richten: Förderung des produktiven Umfelds und der Wettbewerbsfähigkeit der Unternehmen, (...) lokale Entwicklung der Wirtschaft und der Beschäftigung, (...) Forschung und technologische Entwicklung, (...) Entwicklung der (...)

Die Reform des EWGV durch die Einheitliche Europäische Akte hat integrationspolitisch zwei Gesichter: Das wettbewerblich-marktwirtschaftliche und das regulatorisch-interventionistische. Hinzu kommt die Möglichkeit einer verstärkten Wiederanwendung der qualifizierten Mehrheitsregel. Sie verbessert die Möglichkeiten der Gemeinschaft, Beschlüsse zu fassen (Leipold 1994a: S. 25ff.), was die Handlungsmöglichkeiten der Gemeinschaftsorgane gegenüber den nationalen Institutionen stärkt.[28]

Das zusätzliche wettbewerbliche Element der EEA liegt vor allem in der Berücksichtigung von Empfehlungen des Binnenmarktweißbuchs von 1985, das Ursprungslandprinzip zur Regel zu erheben (Gemeinschaften 1985: S. 18ff.). Diesem der Kommission durch den EuGH aufgezwungenen "neuen Ansatz" wurde mit Art. 100 b EWGV (Gleichwertigkeit einzelstaatlicher Reglungen) Rechnung getragen. Bei isolierter Betrachtung des Art. 100 b EWGV hätte man der Gemeinschaft den guten Willen attestieren können, sich wieder verstärkt dem wettbewerblich-marktwirtschaftlichen Leitbild der Integration zuzuwenden, wäre da nicht die dem entgegenstehende "Harmonisierungsermächtigung" des Art. 100 a EWGV (Mussler/Streit 1996: S. 285).

Einige Autoren meinen, dass der Gemeinschaft durch den erweiterten Anwendungsbereich qualifizierter Mehrheitsentscheidungen kein substanzieller Zuwachs auf dem Gebiet der Sozialpolitik erwachsen sei, da ausschließlich der Art. 118 a unter die qualifizierte Mehrheitsregel fiele. Außerdem seien die zentralen Bereiche der Sozialpolitik, vor allem die Sozialversicherungen und die nationalen Transfersysteme, außerhalb der Gemeinschaftskompetenzen (Kliemann 1997: S. 54; Ringler 1997: S. 124f.).

Richtig ist, dass die sozialen Sicherungs- und Transfersysteme weiterhin in nationaler Verantwortung stehen. Auch muss die schiere Möglichkeit einer verstärkten Anwendung der qualifizierten Mehrheitsregel nicht unbedingt Harmonisierungsmaßnahmen nach sich ziehen. Ob die qualifizierte Mehrheitsregel in den Dienst der Marktintegration oder der Harmonisierungsmethode gestellt wird, hängt von dem ordnungspolitischen Wollen der Gemeinschaftsorgane ab.

Diesbezüglich lassen sich allerdings konkretere Aussagen treffen: Die Gemeinschaftsorgane haben mit der EEA ihren Entscheidungsspielraum im Verhältnis zwischen Systemwettbewerb und Harmonisierung nachhaltig zugunsten der Harmonisierungsmethode und des sozialpolitischen Handlungsbereichs ausgedehnt. Die Gemeinschaft macht offensichtlich von ihren erweiterten Kompetenzen Gebrauch;

transeuropäischen Netze, (...), Schutz der Umwelt (...) sowie Chancengleichheit von Männern und Frauen auf dem Arbeitsmarkt" (Parlament/Rat 1999).

28 Allerdings wird hiervon wenig Gebrauch gemacht: Kürzlich wies der für die Reformen der EU-Institutionen zuständige Kommissar Michel Barnier in einem Interview darauf hin, dass bei 260 der 280 Richtlinien zur Errichtung des Binnenmarktes die Mitgliedstaaten sich in einem so weitgehenden Einvernehmen bewegten, dass sich eine Abstimmung sogar erübrigte (Barnier 2000: S. 9). Die Gefahr des Überstimmtwerdens aufgrund der Mehrheitsregel ist nach dieser Argumentation also sehr unwahrscheinlich. Vermutlich steigert die latente Bedrohung, bei der nächsten Abstimmung selbst überstimmt zu werden, die Konsensbereitschaft.

die von ihr erlassenen Regulierungen sind zum Teil wesentlich komplexer und umfassender als diejenigen, die vorher in den Mitgliedstaaten gegolten haben (Streit/Mussler 1995: S. 20).
Mit dem neuen Artikel 130 a EWGV hat sich die Gemeinschaft einen Auftrag zur Herstellung "interregionaler Gerechtigkeit" verschafft. Mit dem Mandat für eine interregionale Verteilungspolitik ersetzt sie das bedürftige Individuum als Bezugspunkt durch bedürftige Regionen. Abgeleitet aus dem in der Präambel bereits erwähnten Postulat nach Verwirklichung "sozialer Gerechtigkeit" wird mit dem Gestaltungsauftrag zur Verringerung regionaler wirtschaftlicher und sozialer Unterschiede eindeutig ein wohlfahrtsstaatliches Leitbild der Sozialpolitik verfolgt. Dies entspricht der verbreiteten Auffassung, dass mit der Marktintegration die regionalen Unterschiede größer werden (Myrdal 1959) und des Ausgleichs durch Transfers bedürfen.
Der Gestaltungsauftrag des Art. 130 geht weit über eine "Flankierung" der Marktintegration hinaus.[29] Hierbei bleibt die Frage ungeklärt, ob die beklagten Entwicklungsdisparitäten zwischen den Regionen wirklich auf die Marktintegration zurückgehen. Offensichtlich wird der zunehmende Wettbewerb in Europa hierbei zum "Sündenbock" gemacht. Dabei wäre zu prüfen, ob die beklagten Disparitäten nicht unvermeidlich oder gar notwendig sind, um das *allgemeine* Wohlstandsniveau zu heben. Die Ursachen der Disparitäten können aber auch in Wettbewerbsbeschränkungen und -verzerrungen liegen. Die Ausklammerung weiter Teile der Sozialpolitik aus dem Wettbewerbsgeschehen geht in die Richtung dieser Vermutung.
Insgesamt dürfte mit der Harmonisierungsneigung, die in der EEA angelegt ist, die Marktintegration zurückgedrängt worden sein. Dabei dürfte die Gemeinschaft in der Praxis immer mehr in Konflikt geraten mit dem in Art. 3 f EWGV als Gemeinschaftsaufgabe genannten System, das den Wettbewerb vor Verfälschungen schützen soll. Die Grenzen zwischen regional-, struktur- und sozialpolitischen Maßnahmen sind - wie schon festgestellt - fließend. Die Gemeinschaft nutzt in Ermangelung eines ausdrücklichen sozialpolitischen Mandats diesen Umstand, Sozialpolitik unter anderen Etiketten zu betreiben.
Die Erweiterung gemeinschaftlicher Kompetenzen auf neue Politikbereiche erweist sich für das sozialpolitische Leitbild als folgenreicher, als die Ausdehnung der Mehrheitsregel auf einige sozialpolitisch relevante Bereiche.

---

[29] Oder anders gewendet: Der Gestaltungsauftrag geht über die in Art. 3 EWGV erteilte Ermächtigung hinaus, ein System zu errichten, "das den Wettbewerb innerhalb des Gemeinsamen Marktes vor Verfälschungen schützt."

4.3.2 Die Gemeinschaftscharta der sozialen Grundrechte von 1989

Ein weiterer wichtiger Schritt in Richtung einer gemeinsamen europäischen Sozialpolitik ist in der Gemeinschaftscharta der sozialen Grundrechte der Arbeitnehmer[30] zu sehen, die auf der Tagung des Europäischen Rates in Straßburg am 9. Dezember 1989 verabschiedet wurde. Auf der vorangegangenen Tagung des Europäischen Rats in Hannover betonten die Staats- und Regierungschefs die Notwendigkeit, "gleichzeitig und gleichgewichtig mit der Vollendung des Binnenmarktes dessen 'soziale Dimension' herzustellen" (Lampert 1998: S. 406). Damit wurde ein Gedanke der Pariser Gipfelkonferenz von 1972 erneut aufgegriffen. Die Grundintention der Gemeinschaftscharta besteht darin, einen gemeinschaftsweit geltenden Sockel aus verbindlichen, einklagbaren "sozialen Grundrechten" zu schaffen. Damit soll verhindert werden, dass sich die Arbeitnehmer im Binnenmarkt herunter konkurrieren. Demzufolge sollen "auf Gemeinschaftsebene die grundlegenden sozialen Rechte festgelegt werden, die nicht durch Druck des Wettbewerbs oder die Suche nach Wettbewerbsfähigkeit infrage gestellt werden dürfen (..)" (Gemeinschaften 1996a: S. 10).
Die Charta enthält einen Katalog von insgesamt 26 "sozialen Grundrechten", die zukünftig in den Mitgliedstaaten Anwendung finden sollen.
Diese "sozialen Grundrechte" betreffen

1. die Freizügigkeit,
2. Beschäftigung und Arbeitsentgelt,
3. die Verbesserung der Lebens- und Arbeitsbedingungen,
4. den sozialen Schutz,
5. Koalitionsfreiheit und Tarifverhandlungen,
6. die Berufsausbildung,
7. die Gleichbehandlung von Männern und Frauen,
8. die Unterrichtung, Anhörung und Mitwirkung der Arbeitnehmer,
9. den Gesundheitsschutz und Sicherheit in der Arbeitsumwelt
10. den Kinder- und Jugendschutz,
11. ältere Menschen und
12. Behinderte.

Die weitest reichenden Grundrechte der Sozialcharta werden in der folgenden Auswahl kurz geschildert.
Eine erste Reihe von Grundrechten betrifft die *Freizügigkeit* der Arbeitnehmer. Neben dem Recht auf Freizügigkeit im gesamten Integrationsgebiet hat jeder Arbeitnehmer das Recht auf Gleichbehandlung, wenn es um den Zugang zu Beschäftigung, die Arbeitsbedingungen und den sozialen Schutz im Aufnahmeland geht (Art. 2). Dieser Forderung nach Gleichbehandlung wurde 1996 mit der sog. "Entsenderichtlinie"

30 Die "Gemeinschaftscharta der sozialen Grundrechte der Arbeitnehmer" wird im Schrifttum meist vereinfachend als "Sozialcharta" bezeichnet. Zur besseren Unterscheidung von der Sozialcharta des Europarates aus dem Jahre 1961 wird in dieser Arbeit hierfür allerdings der Terminus "Gemeinschaftscharta" verwendet.

entsprochen.[31] In ihren Auswirkungen steht diese Richtlinie jedoch "in eklatantem Widerspruch zur Philosophie des Binnenmarktes" (Berthold 1996b: S. 15). Mit ihr werden Mindestpreise für den Faktor Arbeit durchgesetzt, die jenes "Lohndumping" verhindern sollen, dessen die zu niedrigeren Löhnen arbeitenden ausländischen Arbeitskräfte bezichtigt werden. Das wohlstandsfördernde Wirken des Gemeinsamen Marktes, zu dem auch die Konkurrenz um Arbeitskosten gehört, scheint für diesen Fall der Leistungserbringung im Aufnahmeland nicht mehr zu gelten. Im Wesentlichen dient die Entsenderichtlinie damit der Abschottung heimischer Arbeitsmärkte und beeinträchtigt faktisch eines jener Prinzipien, die die Grundfreiheiten konstituieren - die Inanspruchnahme des Rechts auf Freizügigkeit.[32]

Ein zweites Grundrecht der Gemeinschaftscharta betrifft das *Arbeitsentgelt.* Nach Art. 5 der Gemeinschaftscharta ist für jede Beschäftigung ein gerechtes Entgelt zu zahlen. Als "gerecht" wird ein Arbeitsentgelt angesehen, das den Arbeitnehmern und ihren Familien einen "angemessenen" Lebensstandard erlaubt. Es geht den Unterzeichnerstaaten primär also nicht nur darum, möglichst vielen Individuen die Teilnahme am Wirtschaftsprozess zu ermöglichen, sondern um ein bestimmtes Niveau der Einkommenssicherung. Beides kann vereinbar sein, sich aber auch ausschließen. Es kommt hierbei auf den marktwirtschaftlichen Kontext an. Auch "Mindestlöhne", wenn sie nahe genug am Knappheitspreis für Arbeit liegen, widersprechen dem nicht. Bei regional einheitlichen Mindestlöhnen kann der Anspruch, damit einen "angemessenen Lebensstandard" zu sichern, zu Arbeitslosigkeit führen, wenn die Marktgegebenheiten in den jeweiligen Ländern nicht berücksichtigt werden. Das ist erst recht zu erwarten, wenn die Harmonisierung der Löhne am Niveau der produktivitäts- und wettbewerbsstärksten Länder Maß nimmt.[33] Die Gemeinschaftscharta insgesamt enthält jedoch Vorstellungen zur Angleichung von Löhnen und Arbeitsbedingungen, die in diese Richtung zielen.[34] Der Widerspruch zum Vorrang,

---

31 "Richtlinie 96/71 EG des Europäischen Parlaments und des Rates vom 16. Dezember 1996 über die Entsendung von Arbeitnehmern im Rahmen der Erbringung von Dienstleistungen" (Parlament/Rat 1996).

32 Anders Bieling (1997: S. 73) und Jacobi (1997: S. 9).

33 Würden die Mindestlöhne europaweit auf dem Niveau der produktivitäts- und wettbewerbsschwächsten Länder festgelegt, so könnten Teile der Erwerbsbevölkerung - zumindest in den Hochlohnländern - verstärkt in die Schattenwirtschaft flüchten. Die "Flucht" in die Schattenwirtschaft würde insbesondere dann gefördert werden, wenn die Lohnersatzleistungen auf gleichem Niveau verharrten.

34 Diese Vorstellungen lassen sich nicht an einem einzigen Artikel der Charta zeigen, sondern erschließen sich aus dem Gesamtzusammenhang. Was die europaweite Angleichung von Löhnen und Arbeitsbedingungen betrifft, kann jedoch Artikel 12 der Charta als richtungweisend gelten: "Der (..) europaweite Dialog zwischen den Sozialpartnern kann (...) zu Vertragsverhältnissen namentlich auf branchenübergreifender und sektorieller Ebene führen." Hiermit kam man Frankreich entgegen: Schon auf der Regierungskonferenz zur Erarbeitung der Einheitlichen Europäischen Akte wollte Frankreich, dass Kollektivverträge, die von den Sozialpartnern mindestens dreier Mitgliedstaaten abgeschlossen werden, gemeinschaftsweit allgemeinverbindlich erklärt werden können (Ringler 1997: S. 150).

den die Präambel der Charta der Errichtung und Förderung von Arbeitsplätzen einräumt,[35] ist in sozialpolitischer Hinsicht deshalb so problematisch, weil die Beschäftigungsmöglichkeiten gerade der niedrig qualifizierten Bevölkerungsschichten negativ betroffen sein dürften.[36]

Ähnliches gilt für das Grundrecht auf *Verbesserung der Lebens- und Arbeitsbedingungen*. Nach Art. 7 wird diese in der Angleichung[37] auf dem "Wege des Fortschritts" gesehen: konkret in der Angleichung der Arbeitszeit, der Arbeitszeitgestaltung und Ausgestaltung aller Arbeitsverhältnisse. Umgesetzt wurde die erste Forderung mit der Arbeitszeitrichtlinie von 1993.[38] Diese legt Vorschriften für Höchstarbeitszeiten fest, abgeleitet aus Erwägungen zum Gesundheitsschutz. Die Arbeitgeber stehen dieser Richtlinie ablehnend gegenüber. Sie sehen sich in Zeiten anziehender Konjunktur ihrer Anpassungsflexibilität beraubt (Arbeitgeberverbände 1997: S. 38). Mit weiteren Grundrechten über die Koalitionsfreiheit, Tarifverhandlungen, Gleichbehandlung von Männern und Frauen, Unterrichtung, Anhörung und Mitwirkung der Arbeitnehmer[39] decken die Bestimmungen der Gemeinschaftscharta quasi das ganze Arbeitsrecht ab.

Die Gemeinschaftscharta von 1989 ist ebenso wie die Sozialcharta von 1961 *kein* Bestandteil des EWG-Vertrags. Als unverbindliche Absichtserklärung der Signatarstaaten über die langfristig angestrebten arbeits- und sozialrechtlichen Ziele der Gemeinschaft entfaltet sie freilich politische Signalwirkungen und enthält eine Selbstbindungsverpflichtung der elf Unterzeichnerstaaten. Ein von der Kommission zur Umsetzung der Gemeinschaftscharta aufgelegtes Aktionsprogramm enthielt insgesamt 47 Vorschläge. In 23 Fällen wurden Verordnungen oder Richtlinien vorgeschlagen. Bis auf sechs davon waren im Jahre 1995 alle verabschiedet (Schuster/Vaubel 1996: S. 175).

Die Staats- und Regierungschefs der Unterzeichnerstaaten machten mit der Gemeinschaftscharta schon vor der Errichtung des Binnenmarktes deutlich, dass sie diesen um eine "soziale Dimension" ergänzen und die Sozialstandards der Mitgliedsländer sukzessive auf einem hohen Niveau einander angleichen wollten (Feldmann 1999: S. 15). Der Einwand, die Charta verbriefe Mindeststandards, verliert damit seine beschwichtigende Wirkung. Die Unterzeichner zeigen mit der

---

35 "Bei der Verwirklichung des Binnenmarktes ist der Förderung und Errichtung neuer Arbeitsplätze erste Priorität einzuräumen" (Erwägungsgrund Nr. 4 der Präambel der Gemeinschaftscharta).

36 Allgemein zur Mindestlohnproblematik siehe Schüller (1991: S. 279ff.).

37 Im Gegensatz zu Artikel 117 EWGV ist in der Gemeinschaftscharta sofort von der Angleichung der Lebens- und Arbeitsbedingungen die Rede und nicht mehr "nur" von deren Verbesserung.

38 Richtlinie 93/104/EG des Rates vom 23. November 1993 über bestimmte Aspekte der Arbeitszeitgestaltung (Union 1993).

39 Siehe hierzu die Richtlinie 94/45/EG des Rates vom 22. September 1994 über die Einsetzung eines Europäischen Betriebsrats oder die Schaffung eines Verfahrens zur Unterrichtung und Anhörung der Arbeitnehmer in gemeinschaftsweit operierenden Unternehmen und Unternehmensgruppen (Union 1994a).

Gemeinschaftscharta eine ordnungspolitische Neuorientierung, die vom wettbewerblich-marktwirtschaftlichen Ansatz der Integration wegführt. Einziger "Bremser" bei den Versuchen der Harmonisierung und Europäisierung der Sozialpolitik war die damalige britische Premierministerin Margaret Thatcher, die die Charta folglich auch nicht unterzeichnete.

4.4 Europäische Sozialpolitik nach dem Vertrag von Maastricht

Die britische Regierung verharrte auch in der Folgezeit bei ihrer Haltung, die Sozialpolitik soweit wie möglich nicht zu europäisieren. Zwar schlug 1990 die Regierungskonferenz von Rom über die Politische Union vor, in einem neu formulierten Art. 118 das qualifizierte Mehrheitsprinzip von seiner Begrenzung auf die Verbesserung "Arbeitsumwelt" zu lösen und auf die Arbeitsbedingungen, die Unterrichtung und Anhörung der Arbeitnehmer, Chancengleichheit von Mann und Frau und auf die Integration der vom Arbeitsleben Ausgegrenzten auszudehnen (Ringler 1997: S. 183). Großbritannien stellte sich diesen Plänen jedoch vehement entgegen, so dass sie zunächst keinen Eingang in den EG-Vertrag fanden. Der Unionsvertrag von Maastricht brachte dann aber doch eine beträchtliche Ausweitung der Gemeinschaftskompetenzen in der Sozialpolitik mit sich.

4.4.1 Sozialpolitische Ziele im Vertrag über die Europäische Union

Die Verhandlungen zum Vertrag über die Europäische Union fanden im Dezember 1991 im niederländischen Maastricht statt. In Kraft trat der Vertrag allerdings erst am 1. November 1993 nach diversen Schwierigkeiten bei der Ratifizierung dieses Vertrages. Wie bei der Einheitlichen Europäischen Akte handelt es sich um einen so genannten Mantelvertrag. Den "Mantel" bilden die "gemeinsamen Bestimmungen" (Art. A bis Art. F EUV), die grundsätzlich für alle Vertragsteile gelten. Nach Art. A EUV besteht die Union[40] aus drei Säulen:[41]

- Europäische Gemeinschaft (gemäß den Bestimmungen über die Änderung der Gründungsverträge der Europäischen Wirtschaftsgemeinschaft, der Europäischen Gemeinschaft für Kohle und Stahl und der Europäischen Atomgemeinschaft),
- Gemeinsame Außen- und Sicherheitspolitik und
- Zusammenarbeit im Bereich Justiz und Inneres.

Die anstelle von "Europäische Wirtschaftsgemeinschaft" gewählte Bezeichnung "Europäische Gemeinschaft" bringt den Willen der Vertragsparteien zum Ausdruck, mehr als "nur" eine Wirtschaftsgemeinschaft zu sein. Die Konsequenz ist eine

---

[40] Zu den terminologischen Mehrdeutigkeiten des Begriffs "Europäische Union" siehe statt vieler Janning (1995: S. 253ff.).

[41] Zur "Säulendarstellung" der EU siehe Wessels/Diedrichs (1995: S. 174) und Pfetsch (1997: S. 59).

neuerliche Expansion von Kompetenzen vor allem auf dem Gebiet der Währungspolitik und der Sozialpolitik.
Bedeutungsvoll für die Expansion sozialpolitisch motivierter Politiken sind vor allem das dem EU-Vertrag beigefügte Protokoll und Abkommen über die Sozialpolitik und das Protokoll über den wirtschaftlichen und sozialen Zusammenhalt. Aber auch innerhalb des eigentlichen EU- und EG-Vertrags hat bereits eine deutliche Ausweitung sozialpolitischer Kompetenzen stattgefunden.
Aussagen über sozialpolitisch motivierte Ziele finden sich bereits in der Präambel des EU-Vertrags und in seinen Art. B (Ziele der Union) und F (Demokratie, Menschenrechte, Grundfreiheiten). In der Präambel werden bereits mit dem Wunsch nach "Stärkung der Solidarität zwischen den Völkern" neue Möglichkeiten umverteilender europäischer Politiken formuliert (Präambel EU-Vertrag, Erwägung 4). Indirekt bestätigt sich diese Vermutung dann im siebten Erwägungsgrund der Präambel. Dort wird der feste Wille bekundet, eine Politik zu verfolgen, von der eine "Stärkung des Zusammenhalts" und des "wirtschaftlichen und sozialen Fortschritts" erwartet wird. Mehr noch: Diese Politiken sollen gewährleisten, dass "Fortschritte bei der wirtschaftlichen Integration mit parallelen Fortschritten auf anderen Gebieten einhergehen."
Das heißt konsequenterweise, dass jede Politik der wirtschaftlichen Integration zunächst daraufhin überprüft werden muss, ob sie geeignet erscheint, auch andere - etwa sozialpolitische - Ziele zu erreichen. Bestärkt wird der Verfasser in dieser Vermutung durch Art. B EU-Vertrag, der als erstgenannte Ziele der Union neben dem wirtschaftlichen Fortschritt auch den sozialen Fortschritt aufführt. Damit ist die während der Pariser Gipfelkonferenz von 1972 erhobene Forderung nach Gleichberechtigung zwischen Wirtschafts- und Sozialpolitik *Vertragsrealität* geworden. Diese beiden Ziele sind dem Geist der Präambel entsprechend "durch die Schaffung eines Raumes ohne Binnengrenzen, durch Stärkung des wirtschaftlichen und sozialen Zusammenhalts und durch Errichtung einer Wirtschafts- und Währungsunion" zu erreichen. Auch die Wirtschafts- und Währungsunion hat demnach dem sozialen Fortschritt zu dienen (siehe Kapitel 4.4.4).
Für die Integrationspolitik der Union bedeutet dies: sind integrationspolitische Maßnahmen dem Bereich der wirtschaftlichen Integration zuzurechnen, so ist im Vorfeld dieser Maßnahmen zu prüfen, ob diese auch die sozialpolitischen Ziele der Union erfüllen.
In Art. F EU-Vertrag anerkennt die Union ausdrücklich die Konvention zum Schutz der Menschenrechte und Grundfreiheiten[42] als allgemeine Grundsätze des Gemeinschaftsrechts. Dies bedeutet für die praktische Sozialpolitik, dass die in der Konvention erwähnten Grundrechte herangezogen werden können, um sozialpolitische Vorschriften zu konkretisieren. Die Festschreibung dieser Grundrechte im EU-Vertrag

---

42 Beschlossen am 4. November 1950 in Rom. Die Konvention zum Schutze der Menschenrechte und Grundfreiheiten ist kein primär sozialpolitisches Rechtswerk. Sie sichert vor allem Rechte und Freiheiten bezüglich der Verhinderung und Ächtung staatlicher Willkür und Folter, der Zusicherung eines fairen Strafverfahrens; sie sichert ein Recht auf Freiheit und Sicherheit, Freiheit der Religionsausübung und Meinungsäußerung u.v.m.

macht sie für das Handeln der Union unmittelbar verbindlich (Kliemann 1997: S. 59). Die Konvention begründet allerdings keine neuen sozialpolitischen Aufgaben für die Union, denn die sozialpolitischen Forderungen der Konvention wurden bereits in den Verträgen von Rom berücksichtigt.[43]

4.4.2 Sozialpolitische Handlungsfelder im EG-Vertrag

Die ersten sozialpolitischen Neuerungen finden sich bereits in Art. 2 EGV, während die Präambel im Vergleich zu der des EWG-Vertrages (EEA) unverändert geblieben ist.[44] Folgende neue sozialpolitisch einschlägige Aufgaben enthält Art. 2 EGV: Die Förderung

- eines hohen Beschäftigungsniveaus,
- eines hohen Maßes an sozialem Schutz,
- der Hebung der Lebenshaltung und der Lebensqualität,
- des wirtschaftlichen und sozialen Zusammenhalts und
- der Solidarität zwischen den Mitgliedstaaten.

Die Expansion gemeinschaftlicher sozialpolitischer *Aufgaben* begründet im Umkehrschluss gemeinschaftliche *Tätigkeiten* nach Art. 3 EG-Vertrag. Dieser Artikel nennt in lit. i) ausdrücklich eine Sozialpolitik mit dem Europäischen Sozialfonds als eine gemeinschaftliche Tätigkeit. Lit. j) fügt dem Vertrag eine Kompetenz zur Durchführung von Politiken und Maßnahmen zur Stärkung des wirtschaftlichen und sozialen Zusammenhaltes hinzu. Durch lit. o) und lit. p) wird die Gemeinschaft zusätzlich tätig, um eine hohes Gesundheitsschutzniveau und eine qualitativ hoch stehende allgemeine und berufliche Bildung zu erreichen.

Als wesentliche Neuerung für alle Tätigkeiten der Gemeinschaft ist der neue Art. 3 b EG-Vertrag anzusehen. Dieser legt für alle Bereiche, die nicht in die ausschließliche Zuständigkeit der Gemeinschaft fallen, das *Subsidiaritätsprinzip* als Handlungsmaxime fest. Danach wird die Gemeinschaft nur tätig, "sofern und soweit die Ziele der in Betracht gezogenen Maßnahmen auf Ebene der Mitgliedstaaten nicht ausreichend erreicht werden können und daher (...) besser auf Gemeinschaftsebene erreicht werden können" (Art. 3 b EGV).[45] Art. 49 EGV über die Freizügigkeit erfährt

---

43 Die Billigung der Versammlungs- und Vereinigungsfreiheit findet sich implizit bereits in Art. 118 EWGV; das Diskriminierungsverbot der Konvention findet seine Entsprechung in Art. 119 EWGV über die Lohngleichheit von Männern und Frauen; das Verbot der Diskriminierung aufgrund der Staatszugehörigkeit ist in Art. 7 EWGV niedergelegt. Mit dem Vertrag von Amsterdam wurde das Diskriminierungsverbot weiter ausgebaut und umfasst nun ein allgemeines Diskriminierungsverbot aus Gründen des Geschlechts, der Rasse, der ethnischen Zugehörigkeit, der Religion und des Glaubens, einer Behinderung, des Alters oder der sexuellen Ausrichtung. Zur Menschenrechtskonvention und ihrer Stellung im nationalen und internationalen Recht siehe Rupp (1988: S. 713f.).

44 Siehe dazu auch die vergleichende Tabelle im Anhang Nr. 4.

45 Dies entspricht der Subsidiarität "von oben nach unten"; vgl. hierzu Kapitel 2.3.1.1 "Subsidiarität und Individualprinzip: der ordoliberale Ansatz".

lediglich eine Verfahrensänderung. Auch hier wurde im Zuge der weiteren Demokratisierung des Gemeinschaftshandelns die Kompetenz des Europäischen Parlaments erweitert. Erstmalig kann es über das neu eingeführte Mitentscheidungsverfahren nach Art. 189 b EGV einen Rechtsakt scheitern lassen.
Art. 51 EGV über die Sicherstellung der Ansprüche und Leistungen von Wanderarbeitnehmern bleibt hingegen unverändert. Die Artikel 100 und 100 a zur Angleichung der Rechtsvorschriften erfahren eine Veränderung durch die Aufwertung der Rolle des Parlaments. Nach Art. 100 EGV ist das Europäische Parlament nun generell anzuhören, bevor der Rat Richtlinien zur Angleichung erlässt. Art. 100 a EGV sichert dem Parlament das Recht der Mitentscheidung bei Angleichungsmaßnahmen, die das Errichten und Funktionieren des Binnenmarktes zum Gegenstand haben. Während Art. 117 EGV ebenfalls unverändert bleibt, findet sich in Art. 118 a Abs. 2 EGV lediglich ein formeller Hinweis auf das anzuwendende Verfahren der Zusammenarbeit. Inhaltlich ändert sich sonst nichts.
Weit reichende Änderungen erfährt Titel VIII über die Sozialpolitik in Art. 123 über den Sozialfonds. Dieser hat nun neben der Steigerung der beruflichen Verwendbarkeit und der Förderung der räumlichen Mobilität auch die "Anpassung an die industriellen Wandlungsprozesse" und an "Veränderungen der Produktionssysteme (..) durch berufliche Bildung und Umschulung" zu unterstützen. Damit strebt die Gemeinschaft eine "*vorausschauende*" aktive Arbeitsmarktpolitik an, die den wirtschaftlichen Wandel bereits in ihren Maßnahmen vorwegzunehmen versucht (Gemeinschaften 2000e: S. 14). Die "vorausschauende Arbeitsmarktpolitik" der Gemeinschaft wird unterstützt durch eine Politik der "allgemeinen und beruflichen Bildung", durch die der bildungspolitische Einfluss der Gemeinschaft beträchtlich erweitert wird. Art. 127 EGV sichert hierzu der Gemeinschaft eine Führungsrolle.[46] Dadurch wird es der Gemeinschaft ermöglicht, in die Inhalte nationaler Berufsbildungspolitiken einzugreifen. Die Maßnahmen, die die Gemeinschaft nach Art. 127 durchführen darf, konzentrieren sich auf die berufliche Erstausbildung, Fortbildung, auf Umschulungen und Beschäftigungsbeihilfen. Die Finanzierung erfolgt hauptsächlich über den Sozialfonds (Feldmann 2000: S. 428).

Eine deutliche Aufwertung erfährt das sozialpolitische Ziel "Gerechtigkeit" im neu gefassten Art. 130 a EGV, der unter der Überschrift "Wirtschaftlicher und sozialer Zusammenhalt" vornehmlich das Ziel "interregionale Gerechtigkeit" herzustellen trachtet. Das Ziel von Art. 130 a EWGV (EEA), den nicht näher definierten "Abstand" zwischen den Regionen zu verringern, weicht dem neuen Ziel, die "Unterschiede im Entwicklungsstand" der Regionen zu verringern. Dieses Ziel versucht die Gemeinschaft durch den Einsatz der verschiedenen Strukturfonds herzustellen. Gelingt dies nicht und erscheinen zusätzliche Maßnahmen erforderlich, so kann der Rat nach

46 Art. 127 Abs. 1 EGV: "Die Gemeinschaft *führt* eine Politik der beruflichen Bildung (...)." Dies darf indes nicht mit "Durchführen" verwechselt werden (so bei Feldmann 2000: S. 425). Die Verantwortung für Inhalt und Gestaltung der Berufsbildungspolitik verbleibt in den Mitgliedstaaten, obwohl die Gemeinschaft über ihren Sozialfonds beträchtlichen Einfluss hierauf gewinnt.

einstimmigem Beschluss auch Maßnahmen *außerhalb* der Strukturfonds beschließen und durchführen lassen. Diese Ermächtigung nach Art. 130 b vergrößert den Einfluss und die Interventionsmöglichkeiten der Gemeinschaft beträchtlich: Zum einen kann ein Entwicklungsgefälle gemäß Art. 130 a recht willkürlich diagnostiziert werden. Zum anderen besteht - freilich erst nach einstimmigem Beschluss - "die freie Wahl der Waffen" auf Seiten der Kommission und des Rats. Dazu genügt die Feststellung, dass sich jene Maßnahmen außerhalb der Strukturfonds als "erforderlich" erweisen (Art. 130 b EGV).
Eine weitere Ausweitung der Politik des wirtschaftlichen und sozialen Zusammenhalts entstand durch den auf Drängen Spaniens aufgelegten Kohäsionsfonds. Dieser soll das Entwicklungsgefälle durch Investitionen in Unweltprojekte und die Verkehrsinfrastruktur minimieren helfen.

4.4.3 Protokoll und Abkommen über die Sozialpolitik

Bei den Verhandlungen zum Maastrichter Vertrag traten die Interessenkonflikte der führenden europäischen Nationen offen zu Tage. Besonders Frankreich und Deutschland beharrten auf einer die Wirtschafts- und Währungsunion begleitenden europäischen Sozialpolitik. Die Vorschläge der Regierungskonferenz von Rom über die Politische Union 1990 sahen dazu eine beträchtliche Erweiterung gemeinschaftlicher Kompetenzen und eine Vereinfachung der Entscheidungsverfahren vor. Ferner sollte ein neu formulierter Art. 118 in den Vertrag aufgenommen werden.
Durch die fehlende Zustimmung Großbritanniens kam es zu einer kreativen Vertragskonstruktion: Die zwölf Mitgliedstaaten - also auch Großbritannien - beschlossen ein "Sozialprotokoll", dem ein "Abkommen über die Sozialpolitik" hinzugefügt wurde, welches aber nur für elf Mitgliedstaaten, also für alle außer Großbritannien, gelten sollte. Das Protokoll sah vor, dass Großbritannien an Abstimmungen des Rates über die in Protokoll und Abkommen geregelten sozialpolitischen Themen nicht teilnehmen sollte. Damit besaßen die vom Rat beschlossenen Rechtsakte auf diesen Gebieten für Großbritannien auch keine Gültigkeit.[47]
Im Protokoll über die Sozialpolitik wird darauf hingewiesen, dass weder Protokoll noch Abkommen den EG-Vertrag berühren. Dies ist insofern richtig, als er dadurch nicht geändert wurde. Allerdings tut sich mit Protokoll und Abkommen über die Sozialpolitik eine zusätzliche Rechtsgrundlage für eine europäische Sozialpolitik auf; diese erhält für die Signatarstaaten Primärrechtsstatus vor nationalem Recht (Ringler 1997: S. 186ff.) Im Vorfeld einer sozialpolitischen Maßnahme muss deshalb geprüft werden, ob sie in den Anwendungsbereich des originären Gemeinschaftsrechts oder in den des Abkommens fällt.

---

47 Vgl. Protokoll über die Sozialpolitik, Abs. 2: Rechtsakte des Rates und finanzielle Folgen (...) gelten nicht für das Vereinigte Königreich Großbritannien und Nordirland" (Gemeinschaft 1993: S. 84).

Mit dem "Abkommen über die Sozialpolitik"[48] beziehen sich die elf Signatarstaaten wiederum auf die Gleichrangigkeit wirtschafs- und sozialpolitischer Fragen bei der Schaffung des europäischen Binnenmarkts, wie dies schon in der Gemeinschaftscharta der sozialen Grundrechte betont wurde. Mit dem Abkommen soll nun die "Sozialcharta von 1989" umgesetzt werden.
Art. 1 des Abkommens beschreibt die sozialpolitischen Ziele der Gemeinschaft: "Die Förderung der Beschäftigung, die Verbesserung der Lebens- und Arbeitsbedingungen, einen angemessenen sozialen Schutz, den sozialen Dialog, die Entwicklung des Arbeitskräftepotentials im Hinblick auf ein dauerhaft hohes Beschäftigungsniveau und die Bekämpfung von Ausgrenzungen." Dabei sei die Wettbewerbsfähigkeit[49] der Gemeinschaft zu erhalten.
Mit qualifizierter Mehrheit und in Zusammenarbeit mit dem Parlament entscheidet der Rat gemäß Art. 2 Abs. 1 bis 3 auf folgenden Gebieten:

- Verbesserung der Arbeitsumwelt zum Schutz von Gesundheit und Sicherheit der Arbeitnehmer,
- Arbeitsbedingungen,
- Chancengleichheit von Männern und Frauen,
- Eingliederung vom Arbeitsmarkt ausgegrenzter Personen.

  Auf diesen Gebieten ist der Rat ermächtigt, Mindestvorschriften zu erlassen. Einstimmig hingegen beschließt der Rat Maßnahmen auf den Gebieten:

- Soziale Sicherheit und sozialer Schutz der Arbeitnehmer,
- Schutz der Arbeitnehmer bei Beendigung des Arbeitsvertrages,
- Vertretung und kollektive Wahrnehmung der Arbeitnehmer- und Arbeitgeberinteressen einschließlich der Mitbestimmung (außer Arbeitsentgelt, Koalitionsrecht, Streik- und Aussperrungsrecht),
- Beschäftigungsbedingungen Angehöriger von Drittstaaten,
- finanzielle Beiträge zur Förderung der Beschäftigung.

Diese beträchtliche Ausweitung gemeinschaftlicher Kompetenzen wird durch eine stärkere Einbeziehung der europäischen Sozialpartner flankiert, worin die Präferenz der Gemeinschaft zugunsten korporatistischer Lösungen ersichtlich wird. Die Sozialpartner werden nunmehr grundsätzlich in den Meinungsbildungsprozess der Kommission eingebunden und erhalten nach Art. 3 Abs. 4 die Möglichkeit, den Inhalt sozialpolitischer Maßnahmen in eigenen Verhandlungen gemäß Art. 4 des Abkommens zu bestimmen.
Nach In-Kraft-Treten des Maastrichter Vertrages wurde das Abkommen über die Sozialpolitik sofort dazu genutzt, diejenigen Richtlinienvorschläge des sozialpolitischen Aktionsprogramms von 1989 umzusetzen, die seither an dem Einstimmigkeitserfordernis gescheitert waren. Die erste Richtlinie, die aufgrund der

---

48 "Abkommen zwischen den Mitgliedstaaten der Europäischen Gemeinschaft mit Ausnahme des Vereinigten Königreichs und Nordirland über die Sozialpolitik".

49 Über die Möglichkeiten, den Begriff "internationale Wettbewerbsfähigkeit" zu operationalisieren und zu deuten, siehe Berg/Schmidt (1998: S. 854ff.). Vieles deutet darauf hin, dass dieser Begriff vor allem für die meist polemische "Stimmungsmache" in der Politik missbraucht wird. Dazu Krugman (1999: S. 21f.).

Bestimmungen des Sozialabkommens unterzeichnet wurde, war im Übrigen die Richtlinie über Europäische Betriebsräte vom 22.9.1994 (Union 1994a; Gemeinschaften 1996a: S. 7).

Man kann sagen, dass Protokoll und Abkommen über die Sozialpolitik bis dato den größten Schub in Richtung einer gemeinschaftlichen Sozialpolitik bedeuteten. Daran änderte auch das zeitweilige "opt-out" der Briten nichts. Schon Art. 1 des Abkommens lässt die forcierte Entwicklung zu einer umfassenden europäischen Sozialpolitik erkennen, da er ausdrücklich neben den Mitgliedstaaten auch die Gemeinschaft in die Pflicht nimmt, sozialpolitische Ziele zu verfolgen und somit definitiv eine *gemeinschaftliche Kompetenz* in der Sozialpolitik begründet.

Art. 2 verpflichtet zudem die Gemeinschaft, die Politik der Mitgliedstaaten hinsichtlich der dort genannten Sachgebiete zu unterstützen und zu ergänzen. Diese Unterstützung und Ergänzung erfolgt durch die Festlegung von "Mindestvorschriften". Als problematisch erweisen sich besonders die beiden Begriffe "Arbeitsumwelt" und "Arbeitsbedingungen". Auf die weiten Auslegungsmöglichkeiten des Begriffs "Arbeitsumwelt" wurde bereits hingewiesen (Hamm 1996: S. 124). Der Terminus "Arbeitsbedingungen" wirft weitere Probleme auf. Eine clevere Vorgehensweise, sich dem Inhalt dieses Begriffs zu nähern, wählt Ringler (1997: S. 206): Da Art. 2 des Abkommens quasi das ganze Arbeits- und Sozialrecht abdeckt, kann man sich der Bedeutung des Begriffs "Arbeitsbedingungen" über den negativen Ausschluss derjenigen Bereiche aus Art. 2 erschließen, die anderen Gebieten angehören. Das, was nach dem Ausschluss übrig bleibt, sind dann folglich die "Arbeitsbedingungen". Unter die Arbeitsbedingungen fallen demnach *nicht*

- das kollektive Arbeitsrecht (geregelt in Art. 2 Abs. 1, dritter Spiegelstrich; Abs. 3, dritter Spiegelstrich und Abs. 6) und
- das Sozialrecht (geregelt in Art. 2 Abs. 3, erster Spiegelstrich).

"Arbeitsbedingungen" umfassen somit die "dritte Säule" des Arbeits- und Sozialrechts: Das individuelle Arbeitsrecht mit den Ausnahmen "Kündigungsschutz" (geregelt in Art. 2 Abs. 3, zweiter Spiegelstrich) und "Arbeitsentgelt" (Art. 2 Abs. 6). Im Verbund mit der Regelungsbefugnis über die "Arbeitsumwelt" besitzt die Gemeinschaft bereits einen weitgehenden Einfluss auf das Individualarbeitsrecht.

Für Ringler (1997: S. 201/203) zeichnet sich unter Verweis auf den Terminus "Mindestvorschriften" in Art. 2 des Abkommens eine Änderung im "Harmonisierungskonzept" der Gemeinschaft ab. Für ihn bedeuten Mindeststandards eine Neuausrichtung des Harmonisierungsansatzes in Richtung des kleinsten gemeinsamen Nenners. Dies trifft nicht das eigentliche Problem. Das eigentliche Problem liegt in der Auslegung des Subsidiaritätsgrundsatzes durch die Gemeinschaft. Diese bedient sich der Subsidiarität "von oben nach unten", um sie in den Dienst ihrer Ziele zu stellen. Die Gemeinschaft entfernt sich damit von ihrer eigentlichen Aufgabe, Rahmenbedingungen zu setzen, in denen sich das Verhältnis zwischen Differenzierung und Angleichung aus spontanen Marktprozessen heraus entwickelt. Stattdessen definiert sie Ziele, die sich an möglichen Ergebnissen dieser Prozesse orientieren. Indem die Gemeinschaft solche Ziele jedoch vorgibt, verzichtet sie bereits im Vorfeld auf die Leistungen der Individuen, auf ihre "subsidiäre Kompetenz", das von ihnen erwünschte Maß sozialpolitischer Angleichung im Wettbewerbsprozess zu entdecken.

Die gemeinschaftlichen Ziele in der Sozialpolitik sind mit dem Subsidiaritätsverständnis einer "subsidiären Kompetenz" nicht vereinbar. Der Verweis auf die Höhe der Mindeststandards hat allenfalls beschwichtigende Wirkung.

4.4.4 Währungsunion und Sozialunion: Integrationsmethodische Konsequenzen

Im Zusammenhang mit der im Maastrichter Vertrag angestrebten Währungsunion stellt sich nun die Frage nach ihren Ordnungskonsequenzen für eine Sozialunion. Bei der Diskussion dieser Frage tritt im Übrigen die häufig anzutreffende *Ambivalenz* in der europäischen Integrationspolitik deutlich zutage:
Wenn es richtig ist, dass in der Präambel des EUV mit "wirtschaftlichem Fortschritt" die wohlstandsfördernde *Steigerung* der *Wettbewerbsintensität* auf den europäischen Güter- *und* Faktormärkten gemeint ist, was auch durchaus als Konsequenz der Währungsunion erwartet werden darf, was kann dann mit "sozialem Fortschritt" hinsichtlich der zur Verfügung stehenden Integrationsmethoden gemeint sein? Um dies abschätzen zu können, muss zunächst kurz auf die Funktionsbedingungen einer Währungsunion eingegangen werden.
Durch die endgültige Fixierung der Wechselkurse verzichtet die Gemeinschaft auf die Wirkung des Wechselkursmechanismus als "Preispuffer" nach innen. Fällt dieser Puffer weg, muss der Marktpreismechanismus umso stärker wirken.[50] Die Funktionsbedingungen von Festkurssystemen sind durch die Funktionsprinzipien[51] und "Spielregeln" der entwickelten Goldwährung hinreichend beschrieben. Hierbei muss sich die Wirtschaftspolitik in den Mitgliedstaaten ebenfalls an bestimmte "Spielregeln" halten. Diese sind sehr anspruchsvoll: Sie bestehen zum einen im *Verzicht* auf eine autonome Konjunkturpolitik, zum anderen in hohen Anforderungen an die *Flexibilität* der Güter- und Faktorpreise. Außerdem darf die *Mobilität* der Güter und Produktionsfaktoren nicht eingeschränkt sein. Zu guter Letzt hat ein Festkurssystem auf Dauer nur Bestand, wenn gegenseitiges *Vertrauen* in die Einhaltung der Spielregeln besteht.
Von der Währungsunion darf - wie gesagt - eine gesteigerte Wettbewerbsintensität auf den Güter- und Dienstleistungs-, aber auch auf den Faktormärkten erwartet werden. Das ist aus der Perspektive der wettbewerblich-marktwirtschaftlichen

---

50 Dies gilt insbesondere für den Fall asymmetrischer, länderspezifischer Schocks. Um diese Schocks zu vermeiden, wurden in den Maastrichter Vertrag sog. "Konvergenzkriterien" aufgenommen ("Protokoll über die Konvergenzkriterien" zu Art. 109j EGV). Damit soll sichergestellt werden, dass der von unterschiedlichen Geld- und Fiskalpolitiken ausgehende Anpassungsdruck nicht zu einer Bedrohung der Währungsunion führt. Die Einhaltung dieser Kriterien ist im Übrigen Bedingung für eine Teilnahme an der Währungsunion.

Zu den Mechanismen des Zahlungsbilanzausgleichs bei festen und flexiblen Wechselkursen siehe Weber (1994a: S. 50ff.).

51 Funktionsprinzipien: Die zuvor festgelegte Währungsgleichung wird dadurch aufrecht erhalten, dass sich die Zentralbank zum unbeschränkten An- und Verkauf von Gold und Geld verpflichtet und sie die Golddeckungsvorschriften der Geldmenge einhält.

Integrationsmethode zu begrüßen. Denn dadurch *können* sich die Bedingungen für eine europäische Wirtschaftsverfassung des Wettbewerbs für das private *und* staatlich erstellte Angebot von Gütern und Diensten verbessern (Schüller 2000: S. 1). Ist dies eine zwangläufige Konsequenz der Währungsunion?
Die Anpassungsleistung, die zuvor der Wechselkurs als Reaktion auf grenzüberschreitende Transaktionen übernommen hatte, muss nun verstärkt von den Produkt- und Faktorpreisen übernommen werden. Fehler in der nationalen Wirtschaftspolitik oder asymmetrische Schocks würden sich schonungslos in Preis- und Mengenreaktionen niederschlagen. Regierungen - so die optimistische Sicht - und die maßgeblichen Interessenvertretungen würden dies antizipieren und sähen sich gezwungen, im Interesse eines hohen Beschäftigungsniveaus und der Wettbewerbsfähigkeit der Unternehmen ihren eigenen Ordnungsanspruch zugunsten der wettbewerblich-marktwirtschaftlichen Integrationsmethode zurückzustellen (Schüller 2000: S. 6). Die Währungsunion würde dann die politisch Handelnden *zwingen*, angesichts der neuen Wettbewerbsbedingungen die Güter-, insbesondere aber die Faktormärkte wettbewerblicher zu gestalten. Auch die Tarifparteien sähen nun ihre Möglichkeiten eingeschränkt, die Auswirkungen ihrer Tarifabschlüsse Dritten anzulasten. Ist dies wahrscheinlich?

Aufgrund weitgehend starrer Nominallöhne und der eingeschränkten Mobilität des Faktors Arbeit in Europa - Letzteres ist vor allem auf sprachliche und kulturelle Barrieren zurückzuführen - kann die Anpassung auf Datenänderungen vielfach nicht über Preisanpassungen vorgenommen werden, sondern muss über Mengenanpassungen vonstatten gehen. Wenn also auch der Marktpreismechanismus nur eingeschränkt funktionsfähig ist und weiterhin die Mobilität der Arbeitskräfte eingeschränkt bleibt, so wird die Anpassung großteils über Veränderungen im Beschäftigungsgrad und in den Gütermengen erfolgen müssen (Weber 1994: S. 127).
In diesen negativen Konsequenzen der Währungsunion sehen Regierungen und Interessenvertretungen die Gelegenheit, ihren Ordnungsanspruch zurück zu gewinnen. Dies kann auf mehrere Weisen geschehen. In einer ersten Reaktion können sie versuchen, durch gemeinschaftliche Beschäftigungspolitiken im Sinne einer europäischen aktiven Arbeitsmarktpolitik bzw. durch Ex ante-Harmonisierung der arbeitsrechtlichen Regulierungen diesen Wettbewerbsdruck auf Löhne und Arbeitsbedingungen abzumildern. Hierbei läge die Vorgehensweise nahe, die Regulierungen im Arbeitsrecht und Arbeitsschutz an jenen Regulierungsstand heranzuführen, der in den Ländern mit den höchsten Regulierungen herrscht. Dies entspräche der Interessenlage in den Kernländern der EU - nämlich Deutschland und Frankreich. Die zweite Reaktion auf die Anpassungserfordernisse der Währungsunion könnte dergestalt sein, dass die Regierungen versuchen, die Transferzahlungen unter Hinweis auf die "europäische Solidarität" auszuweiten. Vermittels gesteigerter Transferzahlungen aus den Strukturfonds könnten die Auswirkungen der ungenügend realisierten binnenwirtschaftlichen Bedingungen eines Festkurssystems teilweise auf Dritte abgewälzt werden.
Durch diese Maßnahmen könnten die vormals optimistischen Einschätzungen zugunsten einer stärkeren Ordnungspotenz der wettbewerblich-marktwirtschaftlichen

Integrationsmethode Lügen gestraft und sogar umgekehrt werden. "Sozialer Fortschritt" bestünde dann in den zuvor beschriebenen punktuellen Reaktionen auf die zu erwartende Verschärfung des Wettbewerbs gemäß der politisch-bürokratischen Integrationsmethode. Dieses Vorgehen ist wahrscheinlich, solange die Funktionsbedingungen eines Festkurssystems in Europa nicht gegeben sind.
Kurz: im Vorfeld der Währungsunion sind mit dem Maastrichter Vertrag Vorkehrungen getroffen worden, den zu erwartenden Wettbewerbsdruck auf die existierenden Regulierungen auf möglichst viele Schultern zu verteilen. Damit wird nicht nur der Systemwettbewerb tendenziell ausgeschaltet, auch wird der Verantwortungszusammenhang zwischen nationaler Wirtschaftspolitik und entsprechenden Marktreaktionen geschwächt. Diese Entwicklung kann damit begründet werden, dass bei den Mitgliedstaaten der Gemeinschaft zu keinem Zeitpunkt Vertrauen in die Einhaltung der Spielregeln der Währungsunion existierte. Als Konsequenz heißt das für die Sozialunion, dass sie als *eigenständiger* Bereich neben der Währungsunion vor allem dem Zweck dient, "jene Geister, die die Währungsunion rief", wieder zu vertreiben. Damit gibt sie den wohlfahrtsstaatlich orientierten Regierungen der Mitgliedstaaten und den Gemeinschaftsorganen selbst jene Ordnungskompetenzen wieder zurück, welche diese durch die Währungsunion bedroht sehen.

4.5 Weitere sozialpolitische Kompetenzen im Vertrag von Amsterdam

Nach der Einheitlichen Europäischen Akte und dem Unionsvertrag von Maastricht war der Vertrag von Amsterdam[52] die dritte Revision der europäischen Einigungsverträge innerhalb von zehn Jahren.[53] Die letzte Revision war allerdings schon im Vertrag von Maastricht anvisiert.[54] Der Europäische Rat von Turin nahm Ende März 1996 einen von der sog. "Reflexionsgruppe" zur Vorbereitung der Regierungskonferenz gefertigten Abschlussbericht (den sog. Westendorp-Bericht) zur Kenntnis und eröffnete die Regierungskonferenz.[55] Am Vorabend der in mittlerer Zukunft

52 Am 17. Juni 1997 einigten sich die Staats- und Regierungschefs auf den "Amsterdamer Vertrag". Dieser enthält übrigens auch neue Artikelnummerierungen. Wo es nötig erscheint, werden zur besseren Übersicht und Vergleichbarkeit die vorhergehenden Artikelnummerierungen in Klammern kenntlich gemacht.

53 Mittlerweile war die Gemeinschaft durch den Beitritt Österreichs, Finnlands und Schwedens im Januar 1995 auf 15 Mitglieder angewachsen.

54 In Art. N Abs. 2 EUV heißt es: "Im Jahr 1996 wird eine Konferenz der Vertreter der Regierungen der Mitgliedstaaten einberufen, um die Bestimmungen dieses Vertrags, für die eine Revision vorgesehen ist, (...) zu prüfen."

55 Der Bericht der Reflexionsgruppe diente als Diskussionsgrundlage für die Vertragsverhandlungen. Er gibt keine verbindlichen Empfehlungen für die Arbeit der Regierungskonferenz, sondern stellt die in der Gruppe vorhandenen Standpunkte dar. Diese differieren teilweise beträchtlich, z.B. in der Art und Weise der Einbeziehung der Beschäftigungspolitik in den Vertrag: "Auch wenn uns allen bewußt ist, daß Arbeitsplätze nicht

anstehenden Erweiterung der EU um zunächst einige mittel- und osteuropäische Länder setzte sich die Erkenntnis durch, dass die Institutionen und Politiken der Union in keiner Weise auf die anstehenden Erweiterungen vorbereitet seien. Deshalb wurden von der Reflexionsgruppe Reformen angemahnt. Als notwendig erachtete man eine Diskussion über[56]

- die Anwendung der Mehrheitsregel als allgemeine Regel der Rechtsetzung,
- die Reduzierung der Zahl der Europaparlamentarier zur Verbesserung der Arbeitsfähigkeit des Parlaments in einer erweiterten Union und eine weitere Stärkung seine Rolle,
- die Beschränkung auf insgesamt drei Gesetzgebungsverfahren,
- die Abkehr von der Regel, die jedem Mitgliedsland einen EU-Kommissar zusichert,
- die Aushandlung eines neuen Finanzrahmens zusammen mit der Reform der Strukturpolitiken, insbesondere der Agrarmarktordnung,
- eine Änderung der Stimmengewichtung im Rat,
- eine verbesserte Anwendung des Subsidiaritätsprinzips,
- die Möglichkeit einer verstärkten Zusammenarbeit ("Flexibilität"),
- die Einführung eines Beschäftigungskapitels und die
- Integration des Sozialprotokolls in den EGV.

Es wurden bei weitem nicht alle Problemfelder, die die Reflexionsgruppe identifiziert hatte, in vertragliche Regelungen umgesetzt. Uneinigkeit herrschte insbesondere über die Anzahl der Kommissare und die Stimmengewichtung im Rat. In einem "Protokoll über die Organe im Hinblick auf die Erweiterung der Europäischen Union" wurde dieses Problem bis zur ersten Erweiterung vertagt.[57] Ebenfalls in einem Protokoll wurde die Anwendung des Subsidiaritäts- und Verhältnismäßigkeitsprinzips als "Richtschnur des Gemeinschaftshandelns" konkretisiert.

Mit dem Vertrag von Amsterdam konnten insbesondere Kommission und Parlament Kompetenzen hinzugewinnen. Die demokratische Legitimation der Gemeinschaftsentscheidungen wurde durch eine weitere Ausweitung des Mitentscheidungsverfahrens

---

durch bloße Vertragsänderungen entstehen, so wünschen einige doch, daß der Vertrag eine eindeutigere Verpflichtung seitens der Union zur Erreichung einer auf die Schaffung von Arbeitsplätzen ausgerichteten wirtschaftlichen und sozialen Integration und Kohäsion enthält und vorsieht, daß die Union koordinierte Maßnahmen zur Schaffung von Arbeitsplätzen ergreifen kann. Einige von uns raten davon ab, in den Vertrag Bestimmungen aufzunehmen, die Erwartungen wecken, deren Umsetzung jedoch hauptsächlich von Entscheidungen abhängt, die in der Wirtschaft und auf einzelstaatlicher Ebene getroffen werden. Auf jeden Fall betonen die meisten von uns, daß eine engere Koordinierung der Wirtschaftspolitiken in der Union erforderlich ist." Siehe Reflexionsgruppe (1995: Kapitel I C).

56 Diese Aufzählung stellt lediglich eine Auswahl der Diskussionspunkte aus dem Bericht der Reflexionsgruppe dar, sofern sie für unsere Fragestellung von Interesse sind.

57 Das Protokoll sah vor: Bis zur ersten Erweiterung erhält jedes Land einen Kommissar, sofern man sich bis zu diesem Zeitpunkt über die Stimmengewichtung im Rat einig geworden ist. Sollte die Union zu einem Zeitpunkt die Zahl von zwanzig Mitgliedern überschreiten, was wahrscheinlich ist, so ist nach Art. 2 des Protokolls spätestens ein Jahr davor eine erneute Regierungskonferenz einzuberufen.

beträchtlich gesteigert. Das Parlament darf nun bei ca. drei Viertel aller EU-Gesetzgebungen mitentscheiden (Pfetsch 1997: S. 167). Ebenfalls an Zahl gestiegen sind die Politikfelder, in denen mit qualifizierter Mehrheit abgestimmt wird. Jedoch wurde die Mehrheitsregel nicht zur "allgemeinen Regel" der gemeinschaftlichen Entscheidungsfindung.
Für die Sozialpolitik brachte der Amsterdamer Vertrag wesentliche Änderungen: Zum einen wurde das Sozialprotokoll in den EGV integriert, zum anderen wurde mit der Einfügung eines Titels über Beschäftigung (Titel VIII) eine weitere sozialpolitische Kompetenz der Gemeinschaft begründet.
Durch die Einbeziehung des Sozialprotokolls in den Vertrag wurde das seit Maastricht existierende britische "opt-out" beseitigt.[58] Damit wurde die während der Regierungskonferenz von Rom 1990 vorgeschlagene Neufassung des Art. 118 EGV (nunmehr Art. 137 EGV) Vertragsrealität. Das Abkommen über die Sozialpolitik wurde mit geringen Änderungen in den Vertrag übernommen und erhält nun unmittelbare Geltung für alle Gemeinschaftsmitglieder. An der ordnungspolitischen Bewertung des neuen Art. 137 EGV ändert sich dadurch im Vergleich zur Maastrichter Vertragsrevision nichts.
Der abermals gestiegene Stellenwert der "sozialen Dimension" der Gemeinschaftspolitik wird bereits in Art. 136 EGV (ex Art. 117 EGV) deutlich. Hierin und zuvor in dem neuen Absatz 4 der Präambel des EUV bezieht sich die Gemeinschaft auf die sozialen Grundrechte sowohl der Sozialcharta von 1961 als auch auf die der Gemeinschaftscharta von 1989. Welche Bedeutung die Gemeinschaft in Zukunft diesen Grundrechten beimessen wird, dürfte zu einem großen Teil auch von der Rechtsprechung des Europäischen Gerichtshofes abhängen.
Die Kompetenzen zur Verwirklichung der sozialpolitischen Ziele liegen sowohl bei der Gemeinschaft als auch bei den Mitgliedstaaten. Diese Ziele wurden im Vergleich zum ehemaligen Art. 117 EGV um folgende erweitert:

- die Förderung der Beschäftigung,[59]
- einen angemessenen sozialen Schutz,
- den sozialen Dialog,
- die Entwicklung des Arbeitskräftepotentials und
- die Bekämpfung von Ausgrenzung.

Die Integrationsmethoden, mit denen diese Ziele erreicht werden sollen, bleiben unverändert. Art. 137 EGV (ex Art. 118 EGV) wird im Wesentlichen mit dem Wortlaut des Abkommens über die Sozialpolitik in den Vertrag integriert.[60] Ein neuer

---

58 Im gleichen Zuge ist die britische Regierung unter Premierminister Blair auch der "Gemeinschaftscharta der sozialen Grundrechte" beigetreten.

59 Auf Grundlage des neu hinzugefügten Art. 3 lit. i): "Förderung der Koordinierung der Beschäftigungspolitik (...) durch die Entwicklung einer koordinierten Beschäftigungsstrategie."

60 Einige Änderungen ergaben sich jedoch auch hier. Sie sind nicht wesentlich für den Fortgang dieser Arbeit: nach Art. 137 Abs. 2 EGV beschließt der Rat im Mitentscheidungsverfahren nach zusätzlicher Anhörung des Regionalausschusses. Auch für die Bereiche des Art. 137 Abs. 3 EGV muss der Regionalausschuss gehört werden. Diese zusätzliche Anhörung kann im Zusammenhang mit dem "Protokoll über den wirtschaftlichen und sozialen Zusammenhalt" aus

Art. 140 EGV fordert die Kommission auf, die Zusammenarbeit der Mitgliedstaaten und die Abstimmung ihrer Vorgehensweisen im Hinblick auf die sozialpolitischen Ziele in Art. 136 EGV zu fördern. Dabei wird auch die "Beschäftigung" in die Abstimmung der gemeinsamen Vorgehensweisen miteinbezogen. Meines Erachtens ist es unverständlich, wieso das "Beschäftigungskapitel" abseits des Titels über die Sozialpolitik in den Vertrag aufgenommen wurde, handelt es sich doch bei der Beschäftigungspolitik, so wie sie in diesem Zusammenhang verstanden wird, um Sozialpolitik. Zudem wird das beschäftigungspolitische Instrument "Sozialfonds" im Titel XI über die gemeinschaftliche Sozialpolitik geregelt.

Die Diskussion um die Notwendigkeit und die ordnungspolitischen Konsequenzen der Einführung eines Beschäftigungskapitels in den EGV wird sehr kontrovers geführt. Mit seiner Einführung haben die seit dem Essener Gipfel im Dezember 1994 vereinbarten Instrumentarien zur Beschäftigungspolitik (die Koordinierung von Beschäftigungspolitik sowie die Entwicklung einer koordinierten Beschäftigungsstrategie und Förderung der Wettbewerbsfähigkeit) Eingang in den Vertrag gefunden (Piepenschneider 1998: S. 9). Die Gemeinschaft erhält durch Titel VIII zwar keine neue direkte Kompetenz zur Durchführung einer eigenen europäischen Beschäftigungspolitik. Sie besitzt ohnehin bereits Teile solcher Kompetenzen durch ihre Einflussnahmemöglichkeiten über den Strukturfonds, die Regeln des Art. 140 EGV und den Auftrag aus einer Erweiterung des Art. 3 EGV um einen Abs. 2, bei allen Tätigkeiten darauf hinzuwirken, Ungleichheiten zu beseitigen.

Mit dem Vertrag von Amsterdam vergrößern sich die Möglichkeiten zur Einflussnahme der Gemeinschaft beträchtlich allein schon daraus, dass

1. nach Art. 125 und insbesondere 127 EGV alle relevanten Gemeinschaftspolitiken in den Dienst der Beschäftigung[61] gestellt werden müssen (Feldmann 1997: S. 17) und
2. Rat und Kommission die Beschäftigungspolitik *aller* (!) Mitgliedstaaten nach Maßgabe des Art. 128 EGV über "Leitlinien der Beschäftigungspolitik" koordinieren.

Die Förderung der Beschäftigung wird als Angelegenheit gemeinsamen Interesses angesehen (Art. 126 Abs. 2 EGV). Dazu soll die Gemeinschaft die Zusammenarbeit der Mitgliedstaaten in der Beschäftigungspolitik, aber auch die Beschäftigungspolitik der Mitgliedstaaten selbst "unterstützen" und "ergänzen" (Art. 127 Abs. 1 EGV). Dies kann nach Art. 128 Abs. 4 und Art. 129 EGV auf zweierlei Weise erfolgen: Erstens

dem Maastrichter Vertrag gesehen werden, weil darin die Förderung des wirtschaftlichen und sozialen Zusammenhalts mit Hilfe der Strukturfonds als wesentlich für den Erfolg der Gemeinschaft angesehen wird. Die Anhörung sowohl des WSA als auch des Regionalfonds entspricht diesem Ansinnen. Art. 137 Abs. 2 ermächtigt zusätzlich zum Abkommen den Rat, Maßnahmen zur Bekämpfung sozialer Ausgrenzung anzunehmen.

61 Die Rechtsgrundlage hierfür (Art. 125 EGV) verweist auf die Art. 2 sowohl des EUV als auch des EGV. Im EUV setzt sich die Union als erstes Ziel die "Förderung des wirtschaftlichen und sozialen Fortschritts und eines hohen Beschäftigungsniveaus". Analog Art. 2 EGV: "Aufgabe der Gemeinschaft ist es, (...) ein hohes Beschäftigungsniveau und ein hohes Maß an sozialem Schutz, (...) zu fördern."

kann der Rat nach einer jährlichen Prüfung der Beschäftigungspolitik der Mitgliedstaaten mit qualifizierter Mehrheit wirtschafts- und beschäftigungspolitische Empfehlungen an die Mitgliedstaaten richten. Zusätzlich kann der Rat mit qualifizierter Mehrheit "Anreizmaßnahmen" beschließen, die vor allem die Zusammenarbeit zwischen den Mitgliedstaaten, den Austausch von Informationen und bewährten Verfahren der Beschäftigungspolitik fördern sollen. Führen diese Maßnahmen - man kann davon ausgehen, dass es sich um finanzielle Maßnahmen handelt - zu mehr Transparenz zwischen den nationalen Arbeitsmärkten und senken sie die Transaktionskosten auf diesen Arbeitsmärkten, so sind solche unterstützenden Maßnahmen aus ordnungspolitischer Sicht zu begrüßen. Es ist aber unwahrscheinlich, dass es bei solchen Maßnahmen bleibt.
Aus der Verpflichtung, einen hohen Grad an Wettbewerbsfähigkeit herzustellen (Art. 2 EGV), leitet die Union Tätigkeiten insbesondere in den Bereichen Industriepolitik und Technologieförderung ab. Diese haben sich ebenfalls am Beschäftigungsziel zu orientieren. Deshalb liegt es nahe, begleitende beschäftigungspolitische Programme für Arbeitnehmer aufzulegen, die hierdurch auf den von der Kommission prognostizierten, zukünftigen wirtschaftlichen Wandel vorbereitet werden sollen. Man versucht damit, den Arbeitsmarkt auf die erwarteten "Schocks" durch den vorhergesagten technologischen Wandel vorzubereiten. Diese Maßnahmen beruhen allerdings im Wesentlichen auf Einschätzungen der Kommission.
Sich aus dem Konzert der beschäftigungspolitischen Leitlinien auszuklinken und eigene Maßnahmen zur Flexibilisierung des nationalen Arbeitsmarktes durchzuführen, könnte indessen fatal für ein Mitglied der EU sein - und letztlich sogar Vertragsziele verletzen. Legt ein Mitgliedstaat Wert auf weitere Finanzmittel aus den Fonds der Gemeinschaft, so tut es gut daran, die Leitlinien, die für alle gelten, zu befolgen und sich eine Reputation als "verlässlicher Partner" aufzubauen. Scheitert er dennoch mit dem Versuch, die Arbeitslosigkeit dauerhaft zu verringern, so können neue Forderungen gestellt werden. Mithin wird man dem Mitglied nicht vorwerfen können, gegen die Vertragsziele verstoßen zu haben.[62]
Alles in allem wird klar, dass die Union mittlerweile überhaupt keine Kompetenz zur Harmonisierung der Beschäftigungspolitik mehr braucht. Sie hat genügend

62 Mit der Industriepolitik und der Förderung von Forschung und technologischer Entwicklung verfolgt die Gemeinschaft im Grunde genommen auch sozialpolitische Ziele. Diese auf die Steigerung der Wettbewerbsfähigkeit der Union - was immer das auch heißen mag - zielenden Politiken sollen allesamt den wirtschaftlichen Wandel fördern und die Beschäftigungsmöglichkeiten der Arbeitnehmer erhalten bzw. erweitern. Dazu unterstützt die Gemeinschaft bestimmte Branchen und darin meist große Unternehmen. Auf weitere Ausführungen zu den sozialpolitischen Aspekten der Industrie- und Forschungspolitik wird im weiteren Verlauf verzichtet. Zur europäischen Industrie- und Technologiepolitik siehe Berg/Schmidt (1998) und Starbatty/Vetterlein (1998). Das Wettbewerbsprinzip als Basis der europäischen Wirtschaftsordnung ist ohnehin schon seit dem Maastrichter Vertrag arg ausgehöhlt worden. Dadurch, dass die Gemeinschaft auf industrie- und technologiepolitische Ziele festgelegt ist, wird das System, das den Wettbewerb in der Gemeinschaft vor Verfälschungen schützen soll, weiter infrage gestellt. Vgl. dazu Schmidt/Binder (1998: 1298ff.).

Möglichkeiten zur Einflussnahme auf die Beschäftigungspolitik der Mitgliedstaaten. Gleiches gilt für andere Bereiche der Sozialpolitik.
Insgesamt setzt der Amsterdamer Vertrag nicht nur in sozialpolitischer Hinsicht das fort, was spätestens mit dem Vertrag von Maastricht offensichtlich wurde: die Abwendung vom wettbewerblich-marktwirtschaftlichen hin zum politisch-bürokratischen Integrationsweg mit dem Ziel, eine Sozialunion wohlfahrtsstaatlicher Prägung zu schaffen. In diesem Sinne wirkt die Sozialunion korrigierend und egalisierend auf die Sozialpolitik der Mitgliedstaaten.[63]

4.6 Europäische Sozialpolitik in der Praxis

In den vorstehenden Kapiteln wurden die Veränderungen des "sozialpolitischen Gehalts" des europäischen Vertragswerkes im Ablauf der Zeit ermittelt. Dazu diente in erster Linie eine vergleichende Analyse der Änderungen der relevanten Artikel in den europäischen Einigungsverträgen. Den Abschluss der Analyse bildete jeweils eine kurze ordnungspolitische Bewertung der Änderungen.
Nun ist zu prüfen, wie der "soziale Gehalt" des aktuellen Vertragswerks tatsächlich in praktische Politik umgesetzt wird. Wie eingangs erwähnt, bildet die europäische Sozialpolitik kein in sich geschlossenes und konsistentes Gebäude. Charakteristisch für die europäische Sozialpolitik sind vielmehr die Vielzahl ihrer Erscheinungsformen und ein Nebeneinander von verschiedenen Programmen und Initiativen mit ähnlichen Zielsetzungen.
Im Verbund mit der vorangegangenen Analyse der Vertragstexte dient die Analyse der sozialpolitischen Praxis als Grundlage einer Bewertung der Änderungen im sozialpolitischen Leitbild der Union. Hierzu wird wiederum auf die Unterscheidungskriterien zurückgegriffen, die in Kapitel 2 entwickelt wurden. Diese ergeben zusammen mit den Ergebnissen des Kapitels 3 die Grundlage, von der aus die Sozialunion als ordnungspolitischer Prüfstein der europäischen Integration beurteilt werden kann.

---

63 Bezeichnend hierfür ist die Einschätzung Schultes (1998: S. 83) über Sinn und Zweck der Sozialunion: "Auf Unions- bzw. Gemeinschaftsebene fällt der sozialen Dimension in Gestalt des Ziels der *Sozialgemeinschaft bzw.* - künftig vielleicht - der *Sozialunion* die Aufgabe zu, Korrektiv der Liberalisierungs-, Privatisierungs- und Deregulierungsbestrebungen sowie zugleich Antwort auf die sozialpolitischen Forderungen der Bürger der Mitgliedstaaten und Unionsbürger zu sein."

Abbildung 4: Sozialpolitische Handlungsbereiche im Vertrag von Amsterdam

<table>
<tr><td colspan="2">Europäische Angleichungs- und Kohäsionspolitik</td></tr>
<tr><td></td><td>a) Angleichung der Lebens- und Arbeitsverhältnisse über Mindestvorschriften in folgenden Bereichen:</td></tr>
<tr><td>Qualifizierte Mehrheit</td><td>- Verbesserung der Arbeitsumwelt, Schutz von Gesundheit und Sicherheit der Arbeitnehmer
- Arbeitsbedingungen (Individualarbeitsrecht mit o.g. Ausnahmen)
- Unterrichtung und Anhörung der Arbeitnehmer (Mitbestimmung)
- Berufliche Eingliederung ausgegrenzter Personen
- Chancengleichheit und Gleichbehandlung von Männern und Frauen am Arbeitsplatz</td></tr>
<tr><td>Einstimmig</td><td>- Soziale Sicherheit und sozialer Schutz der Arbeitnehmer
- Schutz der Arbeitnehmer bei Beendigung des Arbeitsvertrages (Kündigungsschutz)
- Beschäftigungsbedingungen für dauerhaft in einem Mitgliedstaat beschäftigte Drittstaatenangehörige
- Finanzielle Förderung von Beschäftigung</td></tr>
<tr><td></td><td>b) Förderung des wirtschaftlichen und sozialen Zusammenhalts und Verringerung von Entwicklungsunterschieden mittels Strukturfonds und Kohäsionsfonds</td></tr>
<tr><td colspan="2">Koordination der nationalen Beschäftigungspolitiken und der beschäftigungspolitischen Programme</td></tr>
<tr><td colspan="2">Koordination der Sozialversicherungssysteme im Hinblick auf die Interessen von Wanderarbeitnehmern</td></tr>
</table>

4.6.1 Europäische Angleichungs- und Kohäsionspolitik

Es gibt zwei große europäische Politikbereiche, die im Verbund dazu dienen sollen, die Lebensverhältnisse innerhalb der Union einander anzugleichen. Der erste Politikbereich umfasst die "Sozialvorschriften" des Titel XI EGV. Hierin geht es um die Angleichung der Lebens- und Arbeitsbedingungen der Arbeitnehmer. Damit soll wohl so etwas wie Start- bzw. Leistungsgerechtigkeit hergestellt werden. Dieser Eindruck verstärkt sich, wenn berücksichtigt wird, dass sich die Union auf den Erlass von Mindeststandards beschränkt. Das ist aber nur scheinbar so.

Ein interregionales Verteilungsziel hingegen - nämlich interregionale Gerechtigkeit - verfolgt die Union im zweiten Politikbereich. Dieser ist auf die Angleichung der Lebensverhältnisse ausgerichtet. Hiermit sollen der wirtschaftliche und soziale Zusammenhalt gestärkt und Entwicklungsunterschiede ausgeglichen werden. Leitmotiv dieser Angleichungspolitik ist der Wunsch, auf europäischer Ebene einem Gefühl der Solidarität, wie es in der Präambel des EUV anklingt, Ausdruck zu geben.

4.6.1.1 Maßnahmen zur Angleichung der Lebens- und Arbeitsverhältnisse

Der Auftrag des Art. 3 Abs. 2 EGV ist richtungweisend für die sozialpolitischen Ambitionen der Union: Ungleichheiten gilt es zu beseitigen.[64] Ein Weg, Ungleichheiten zu beseitigen, kann die Festlegung allgemeiner Mindeststandards via Richtlinien entsprechend Art. 137 EGV sein.
Schon im Weißbuch über die Sozialpolitik von 1994 sieht die Kommission hohe "Mindeststandards" bei der Arbeitsumwelt und den Arbeitsbedingungen als Teil eines wettbewerbsfähigen Europas an. Mit hohen Standards[65] will sie erreichen, dass der Binnenmarkt nicht zu einem Absenken des Schutzniveaus und zu Verfälschungen des Wettbewerbs führt (Gemeinschaften 1994: S. 33). Begleitend dazu soll ein "guter Grundstock arbeitsrechtlicher Vorschriften" (ebenda: S. 36) über Mindestvorschriften geschaffen werden.
Der Rat hat von seiner Richtlinienkompetenz bei der Arbeitsumwelt und den Arbeitsbedingungen reichlich Gebrauch gemacht. Mindestvorschriften auf diesen beiden Gebieten berühren vor allem den Arbeitsschutz und das Arbeitsrecht.
Bereits 1989 hat der Rat mit der Rahmenrichtlinie 89/391/EWG "Durchführung von Maßnahmen zur Verbesserung der Sicherheit und des Gesundheitsschutzes der Arbeitnehmer bei der Arbeit" auf hohem Niveau liegende Mindestvorschriften erlassen, die zum Teil erheblich über dem Niveau der in der Bundesrepublik Deutschland geltenden Vorschriften lagen (Feldmann 2000: S. 416). In der Einleitung zu dieser Rahmenrichtlinie heißt es bereits, dass durch sie "keine mögliche Einschränkung des bereits in den einzelnen Mitgliedstaaten erzielten Schutzes gerechtfertigt werden (kann)." Im weiteren Verlauf der Einleitung stellt der Rat unterschiedliche Niveaus auf dem Gebiet der Sicherheit und des Gesundheitsschutzes fest. Diese Unterschiede könnten "eine Konkurrenz entstehen lassen, die zu Lasten der Sicherheit und des Gesundheitsschutzes geht" (Gemeinschaften/Rat 1989).
In der Folge hat der Rat, auf dieser Rahmenrichtlinie aufbauend, eine Vielzahl an Einzelrichtlinien erlassen.[66] Deren Zahl und Fülle an Details wird insbesondere von den Arbeitgebern als "überzogen" erachtet, da sie durch die Regelungstiefe dieser Richtlinien ihre unternehmerische Flexibilität eingeschränkt sehen

---

64 "Bei allen (...) Tätigkeiten wirkt die Gemeinschaft darauf hin, Ungleichheiten zu beseitigen (...)."

65 Die Gemeinschaft kann sich bei der Festlegung von Mindeststandards beim Arbeitsschutz auch auf Art. 95 Abs. 3 EGV (ex. Art. 100 a EGV) berufen, der explizit ein hohes Schutzniveau auf den Gebieten Sicherheit und Gesundheit vorsieht.

66 Eine Auswahl an Einzelrichtlinien, die direkt auf die Rahmenrichtlinie zum Arbeitsschutz zurückgeführt werden kann, befindet sich im Anhang Nr. 2.

Beispielhaft einige Details der Richtlinie 90/270/EWG über Mindestvorschriften bei der Arbeit an Bildschirmgeräten. Darin finden sich Regelungen über die Beschaffenheit des Bildschirms, die Darstellung der Zeichen, die notwendigen Verstellmöglichkeiten der Tastatur, die Beschriftung der Tasten, Anforderungen an Arbeitstische, -fläche und -stühle, die Beleuchtung, Reflexe und Blendungen, die von den Geräten oder der Umgebung ausgehen können, Wärme, Strahlung und Lärmverursachung.

(Arbeitgeberverbände 1997: S. 44). Mittlerweile deckt der europäische Arbeits- und Gesundheitsschutz "alle bekannten Sicherheits- und Gesundheitsrisiken ab" (Arbeitgeberverbände 2000: S. 5).[67]
Die Notwendigkeit des Schutzes von Gesundheit und Sicherheit am Arbeitsplatz wird hier keineswegs in Abrede gestellt. Sie hat durchaus ihre Berechtigung, vor allem da, wo der Mensch gesundheitlichen Gefahren am Arbeitsplatz ausgesetzt ist oder durch sein Handeln für andere zur Gefahr werden kann. Ökonomisch betrachtet können die Kosten, die auf Grund von Unfällen oder Krankheiten in Verbindung mit einer Arbeitsausübung entstehen, für eine Volkswirtschaft beträchtlich sein und die Kosten des Arbeitsschutzes übersteigen (UNICE 2000: S. 4). Zudem ist es vorstellbar, dass durch Arbeitsunfälle an gefährlichen Beschäftigungsorten Schäden entstehen, die grenzüberschreitende Wirkungen haben, so dass auch eine grenzüberschreitende Kompetenz angezeigt sein kann.
Die Gemeinschaft allerdings betreibt mit ihren Richtlinienpolitik im Arbeitsschutz Harmonisierung auf hohem Niveau. Von Mindeststandards im eigentlichen Sinne kann dabei keine Rede sein. Die hohen Anforderungen an den Arbeitsschutz dürften zu erheblichen Belastungen der Unternehmen geführt haben und weiterhin führen, zumal die Bestimmungen kontinuierlich an den Stand der Technik angepasst werden. Außerdem dürften im Verbund mit den für Europa typischerweise starren Nominallöhnen zusätzliche Kosten Arbeitsplätze dort gefährden, wo die Produktivität und Wettbewerbsentwicklung sehr viel niedriger ist.
Die meisten Richtlinien halten zudem in keiner Weise dem Subsidiaritätsprinzip stand. Bestimmungen zum Arbeitschutz könnten durchaus auf dezentraler Ebene - sei es national, branchenspezifisch oder sogar betrieblich - verhandelt und durchgeführt werden. Dezentrale Kompetenzen - vor allem bei Abstimmung mit den Anforderungen der Berufsgenossenschaften - würden zudem die Effizienz der Schutzmaßnahmen steigern, da sie den betrieblichen Gegebenheiten angepasst werden könnten. Für die Umsetzung der Arbeitsschutzmaßnahmen in den Betrieben sind die Arbeitgeber verantwortlich. Ihnen sollte man hinsichtlich ihrer Verantwortung für Sicherheit und Gesundheit der eigenen Mitarbeiter im Sinne der "subsidiären Kompetenz" Verhandlung und Durchführung der Maßnahmen überlassen.[68]
Das in Fußnote 200 angesprochene Muster eines Mindeststandards deutet jedoch darauf hin, dass der Ex post-Harmonisierung nicht viel zugetraut wird.
Ähnlich ist der Befund über Mindeststandards in Teilen des individuellen und kollektiven Arbeitsrechts. Der Gemeinschaft geht es darum, einen "guten Grundstock

[67] Auf europäischer Ebene hat der Arbeits- und Gesundheitserfolg durchaus beachtliche Erfolge vorzuweisen. So weist UNICE darauf hin, dass alleine zwischen 1994 und 1996 die Zahl der tödlichen Arbeitsunfälle um 13 % abgenommen habe (Arbeitgeberverbände 2000: S. 5).

[68] Dies ist auch die Position der europäischen Arbeitgeber, die mit Sorge die Angleichung des Arbeitsschutzes in der Union beobachten. Die Übernahme "subsidiärer Kompetenz" bedeutet für sie: "full exercise of this responsibility presupposes that the employer is in a position to choose the prevention measures best adapted to the characteristics of the company, and can put in place a system which allows him both to protect the safety and health of his workers and to promote the competitiveness of his company (UNICE 2000: S. 7).

arbeitsrechtlicher Vorschriften" zu sichern (Gemeinschaften 1994: S. 36). Aufgabe der Mindeststandards ist nach Bekunden der Gemeinschaft nämlich nicht eine Harmonisierung, sondern nur eine "Konvergenz der Ziele und Maßnahmen", um damit gleiche Ausgangsbedingungen auf dem Gemeinsamen Markt zu schaffen (ebenda: S. 13). Für Entwicklungen, die konvergieren sollen, ist übrigens die *Richtlinie* das politische Instrument der Wahl, da sie nur das zu erreichende Ziel vorgibt, den Weg dorthin allerdings offen lässt.
Die Richtlinien, die die Gemeinschaft auf dem Gebiet des Arbeitsrechts erlassen hat, regeln unterschiedliche Bereiche in unterschiedlichen Intensitäten. Grosses Aufsehen erregte die 1996 nach deutschem Vorbild erlassene Richtlinie über die Entsendung von Arbeitnehmern im Rahmen der Erbringung von Dienstleistungen.[69] Diese sog. "Entsenderichtlinie" verpflichtet die Arbeitgeber, den von ihnen in ein anderes Mitgliedsland entsendeten Arbeitnehmern die dortigen Arbeitsbedingungen zu garantieren. Diese Arbeitsbedingungen umfassen Höchstarbeitszeiten und Mindestruhezeiten, bezahlten Mindesturlaub, Mindestlohnsätze, Bedingungen für die Überlassung von Arbeitskräften, Bestimmungen über Sicherheit, Gesundheitsschutz und Hygiene am Arbeitsplatz, Schutzmaßnahmen für besonders schutzbedürftige Gruppen und die Gleichbehandlung von Männern und Frauen.
Interessant sind die Begründungen der Gemeinschaft für den Erlass dieser Richtlinie. Im ersten Erwägungsgrund der Richtlinie bezieht sich die Gemeinschaft zunächst auf ihren Auftrag aus Art. 3 EGV, Hindernisse für den freien Verkehr von Personen und Dienstleistungen zu beseitigen. Erwägungsgrund fünf nennt als Voraussetzung einer Förderung des Länder übergreifenden Dienstleistungsverkehrs einen "fairen Wettbewerb" sowie "Maßnahmen, die die Wahrung der Rechte der Arbeitnehmer garantieren" (Europäisches Parlament/Union 1996: S.). Erwägungsgrund zwölf stellt den Gastländern indes frei, auf die entsandten Arbeitskräfte die im Gastland geltenden Tarifverträge anzuwenden.[70] Ferner verdient der Grundsatz aus Erwägungsgrund achtzehn Aufmerksamkeit. Er besagt, dass "außerhalb der Gemeinschaft ansässige Unternehmen nicht besser gestellt werden dürfen als Unternehmen, die im Hoheitsgebiet eines Mitgliedstaats ansässig sind" (Parlament/Rat 1996).
Die Entsenderichtlinie ist ein typisches Beispiel einer auf massiven Druck von Interessengruppen aus Hochstandardländern zustande gekommenen Protektionsmaßnahme. Ihre Verwirklichung ist vor allen Dingen polit-ökonomischen Erwägungen zu verdanken. Sie widerspricht aber eklatant den Prinzipien des Binnenmarktes, da sie faktisch ein Wanderungshemmnis für Arbeitnehmer aus Ländern mit niedrigeren Beschäftigungsstandards darstellt.
Unterschiede in den Arbeitsbedingungen laufen im Geiste dieser Richtlinie den Anforderungen eines "fairen Wettbewerbs" zuwider, was diese Richtlinie zum

---

69 Richtlinie 96/71/EG des Europäischen Parlaments und des Rates vom 16. Dezember 1996 über die Entsendung von Arbeitnehmern im Rahmen der Erbringung von Dienstleistungen (Parlament/Rat 1996).

70 In Deutschland beispielsweise gelten in der Bauwirtschaft für entsandte Arbeitnehmer die Beschäftigungsbedingungen, die in allgemeinverbindlich erklärten Tarifverträgen niedergelegt sind (Arbeitgeberverbände 1997: S. 37). Vgl. auch Schulten (1999: 36ff.).

Musterbeispiel des gemeinschaftlichen Versuchs eines "level the playing field" macht. Allerdings "ebnet" die Richtlinie die Arbeitsbedingungen faktisch nur in einer Richtung: Sie schützt die Arbeitnehmer in den Ländern mit hohen Arbeitsstandards vor der Konkurrenz aus Niedrigstandardländern. In der anderen Richtung besitzt die Entsenderichtlinie wenig Relevanz: Arbeitnehmer aus Hochstandardländern dürften wenig Anreize verspüren, zu niedrigeren Bedingungen als im Herkunftsland zu arbeiten. Erwägungsgrund achtzehn legt zudem die protektionistische Seite der Richtlinie gegenüber Drittländern offen.
Mit der Entsenderichtlinie wurde das Prinzip der gegenseitigen Anerkennung von Arbeitsbedingungen für den Fall des entsendeten Arbeitnehmers ausgehebelt. Ersetzt wurde es durch die Ausschaltung des Wettbewerbs über die Angleichung per Anordnung. Dieses Verfahren kollidiert mit dem durch die EEA eingeführten Integrationsansatz der gegenseitigen Anerkennung. Die Verabschiedung gemeinschaftsweiter Mindeststandards sollte die gegenseitige Anerkennung im Sinne des Ursprungslandprinzips erleichtern.[71] Damit ist sie nicht dazu geeignet, die "Solidarität zwischen den Völkern"[72] Europas zu fördern. Insgesamt steht die Entsenderichtlinie in der Tradition ordnungspolitisch fragwürdiger Entwürfe, "dem wettbewerbsbeschränkenden Charakter der nationalen Arbeitsmarktordnung zumindest in wichtigen Teilaspekten internationale Geltung zu verschaffen" (Schüller 1999b: S. 8).
Neben der Entsenderichtlinie hat die Gemeinschaft in den letzten Jahren weitere Richtlinien erlassen, die individuelles und kollektives Arbeitsrecht betreffen. Erwähnenswert sind unter anderem die

- Richtlinie 94/45/EG des Rates vom 22. September 1994 über die Einsetzung eines Europäischen Betriebsrats oder die Schaffung eines Verfahrens zur Unterrichtung und Anhörung der Arbeitnehmer in gemeinschaftsweit operierenden Unternehmen und Unternehmensgruppen (Union 1994a),
- Richtlinie 93/104/EG des Rates vom 23. November 1993 über bestimmte Aspekte der Arbeitszeitgestaltung (Union 1993) und
- die seit 1975 mehrfach geänderte Richtlinie 98/59/EG des Rates vom 20. Juli 1998 zur Angleichung der Rechtsvorschriften der Mitgliedstaaten über Massenentlassungen (Union 1998a).

Seit der EEA ist die Gemeinschaft nach Art. 118 b EWGV auf das Ziel der "Förderung des sozialen Dialogs" verpflichtet. Das Maastrichter Sozialabkommen konkretisiert dieses Ziel dahin gehend, dass die Gemeinschaft die europäischen Sozialpartner, also in der Regel die europäischen Spitzenverbände der Arbeitnehmer- (EGB) und Arbeitgeberorganisationen (UNICE), zu hören hat, bevor sie eine sozialpolitische Maßnahme ergreift. Das Abkommen ermächtigt die europäischen Sozialpartner ferner, die Inhalte der durch die Kommission angestoßenen sozialpolitischen Maßnahmen

71 Siehe auch Streit/Mussler (1995: S. 30).

72 Ein Wunsch, der in der Präambel des EUV geäußert wird.

selber auszuhandeln.[73] Im Rahmen des "sozialen Dialogs" ist die Rolle der Sozialpartner auf europäischer Ebene erheblich aufgewertet worden. Dies liegt durchaus auf der Linie der Kommission und der Verbände; deren europäische Dachorganisationen erhalten durch die Möglichkeit der zentralen Verhandlungsführung die Gelegenheit, europaweite Regelungen durchzusetzen.
In diesem Kontext sind - um nur einige zu nennen - auch die Richtlinien über die Einsetzung europäischer Betriebsräte, zur Arbeitszeitgestaltung und zur Angleichung der Rechtsvorschriften über Massenentlassungen zu sehen. Sie sollen im Gleichklang mit der Europäisierung des Warenverkehrs die Europäisierung der arbeitsrechtlichen Bestimmungen vorantreiben. Die Weiterentwicklung des sozialen Dialogs auf europäischer Ebene wird indes von der Kommission als Schlüsselinstrument angesehen, die Wettbewerbsfähigkeit Europas und die europäische Solidarität zu fördern (Gemeinschaften 2000a: S. 27).

Bleibt festzuhalten: Der Gemeinschaft ist es in der Vergangenheit gelungen, durch eine Vielzahl von Richtlinien die Arbeitsbedingungen in den Mitgliedstaaten einander anzunähern. Der Erlass von Mindestvorschriften bietet der Gemeinschaft zahlreiche Möglichkeiten, eine Angleichungspolitik über das Instrument "Politikkoordination" zu betreiben.
Auf dem Gipfel von Lissabon 2000 wurde Europas Wirtschaftsstärke auf "sein" Sozialmodell zurückgeführt. Deshalb will die Kommission die "Rolle der Sozialpolitik als produktiven Faktor" stärken (Gemeinschaften 2000a: S. 6). Der soziale Fortschritt sei aber nur durch die Anwendung eines "positiven und aktiven Subsidiaritätsbegriffs" möglich, der es der Gemeinschaft ermögliche, tätig zu werden, wenn "Ziele von oder in den Mitgliedstaaten nicht optimal erreicht werden können und sie sich (...) besser auf Unionsebene verwirklichen lassen" (Gemeinschaften 1994: S. 11).
Die Vergangenheit hat gezeigt, dass die gemeinschaftliche Kompetenz für die "Angleichung der Arbeits- und Lebensbedingungen" primär als Ex ante-Harmonisierung verstanden wird. Hierfür scheint der "positive und aktive Subsidiaritätsbegriff" als Argumentationshilfe zu dienen.
Diese gemeinschaftlichen Angleichungsbestrebungen dürften sich in der Zukunft in dem Maße verstärken, wie die Union mit den anstehenden Erweiterungen auch in arbeitsrechtlicher Hinsicht heterogener wird.

73 Die erste Richtlinie, die aufgrund des Verfahrens des Art. 139 EGV (ex. Art. 118 b EGV) erlassen wurde, ist die "Richtlinie 96/34/EG des Rates vom 3. Juni 1996 zu der von UNICE, CEEP und EGB geschlossenen Rahmenvereinbarung über Elternurlaub" (Union 1996).

4.6.1.2 Förderung des wirtschaftlichen und sozialen Zusammenhalts

Seit der Einheitlichen Europäischen Akte ist der "wirtschaftliche und soziale Zusammenhalt" (Art. 158ff. EGV) ein Ziel der Gemeinschaft. Darin sieht die Kommission einen der "drei Hauptpfeiler des europäischen Aufbauwerks" (Gemeinschaften 1997b: S. 16).[74] In Art. 158 EGV setzt sich die Gemeinschaft zum Ziel, "die Unterschiede im Entwicklungsstand der verschiedenen Regionen" zu verringern. Dazu bedarf es laut Kommission "mehr denn je der europäischen Solidarität", die zudem einen "wesentlichen Beitrag zur Förderung eines hohen Beschäftigungsniveaus" zu leisten hat (ebenda: S. 16).
Diese einleitende Kurzdarstellung charakterisiert schon die wichtigsten Pfeiler der europäischen Politik des "wirtschaftlichen und sozialen Zusammenhalts", der so genannten Kohäsionspolitik: Ihr Ziel ist die Herstellung "interregionaler Gerechtigkeit", die über die Angleichung der Entwicklungsniveaus der Regionen erreicht werden soll. Als Handlungsmaxime dieser Angleichung dient die "europäische Solidarität".
Das Ziel "wirtschaftliche und soziale Kohäsion" soll nach Art. 159 EGV durch eine gemeinschaftlich koordinierte Wirtschaftspolitik und in einem zweiten Schritt durch gezielten Mitteleinsatz aus den Strukturfonds unterstützt werden. Mit dem "Protokoll über den wirtschaftlichen und sozialen Zusammenhalt" des Maastrichter Vertrages wurde den Strukturfonds der Kohäsionsfonds zur Seite gestellt, der ebenfalls den wirtschaftlichen und sozialen Zusammenhalt fördern soll.[75]
Damit tragen mittlerweile vier Fonds die gemeinschaftliche Kohäsionspolitik:[76]

- der Europäische Ausrichtungs- und Garantiefonds für die Landwirtschaft[77] - Abteilung Ausrichtung,

---

74 Enthusiastischer Echevarría (2000: S. 155): "Die Agenda 2000 bringt die absolute Priorität für die wirtschaftliche und soziale Kohäsion als eine Grundlage der gesamten Entwicklung der Europäischen Union zum Ausdruck."

75 Der Kohäsionsfonds ist mit einer Mittelausstattung von 18 Mrd. Euro von 2000-2006 ein "kleiner" Fonds im Vergleich zu den Strukturfonds, deren Volumen für den gleichen Zeitraum 195 Mrd. Euro betragen. Diese stehen allerdings allen Mitgliedsländern zur Verfügung, während die Mittel des Kohäsionsfonds den Kohäsionsländern Spanien, Griechenland, Portugal und Irland vorbehalten bleiben.

76 Eine systematische Darstellung der Strukturfonds findet sich in Anhang Nr. 3.

77 Dieser Fonds ist wesentlicher Bestandteil der EU-Agrarmarktordnung (Art. 32ff. EGV) - dem bisher am weitesten vergemeinschafteten Bereich der Integrationspolitik der Union. Die Abteilung "Garantie" des EAGFL trägt die Kosten für Marktordnungsmaßnahmen (Abschöpfungen und Erstattungen, Subventionen etc.), die Abteilung "Ausrichtung" ist hingegen für die strukturpolitischen Maßnahmen zuständig (Modernisierung/Schließung von Betrieben, Ausbildung von Junglandwirten, „Ökologisierung" der Landwirtschaft usw.). Der Europäische Ausrichtungs- und Garantiefonds für die Landwirtschaft wird im weiteren Verlauf nicht weiter berücksichtigt. Existenz und Aufgaben dieses Fonds sind jedoch Ausdruck der ordnungspolitischen Sonderstellung, die die Landwirtschaft in der Gemeinschaft trotz Reformversuchen immer noch einnimmt. Die Wettbewerbsregeln des EGV besitzen für die

- der Europäische Sozialfonds,
- der Europäische Fonds für regionale Entwicklung und
- der Kohäsionsfonds.[78]

Die gemeinschaftliche Kohäsionspolitik existiert folglich in drei "Darreichungsformen": Als Arbeitsmarktpolitik mit dem Europäischen Sozialfonds, als regionale Strukturpolitik mit dem Europäischen Fonds für regionale Entwicklung und als Infrastruktur- und Umweltpolitik mit dem Kohäsionsfonds. Gemeinsam ist allen Strukturfonds, dass mit ihnen das "politisch-bürokratische Instrument der Ressourcenumlenkung" (Schüller 1994a: S. 95) als Angleichungsmechanismus gewählt wurde. Damit kommt die Gemeinschaft jener Vorstellung entgegen, die von gezielten regionalen Unterstützungen mehr Gemeinschaftssolidarität erwartet. Letztlich folgt der Transfer von Ressourcen der Absicht, die Mitgliedsländer durch die dauerhafte Gewährung von Unterstützungen leichter zu einer Koordination ihrer Wirtschafts-, Finanz- und Sozialpolitiken zu bewegen.
Von dieser Schrittfolge wird eine "Konvergenz der Wirtschaftsleistung" (Art. 2 EGV) erwartet. In den Kohäsionsländern Spanien, Portugal, Griechenland und Irland wird dieser Denkansatz als richtig angesehen. Die Wohlstandsunterschiede in der Gemeinschaft - gemessen am Pro-Kopf-Einkommen - haben durch die Aufnahme dieser Länder zunächst stark zugenommen. In der Folge wurde dann eine konvergierende Entwicklung festgestellt, die auf das aufholende Wirtschaftswachstum in den Kohäsionsländern zurückgeführt wird. Dies wiederum wird nicht zuletzt auch der Wirkungskraft des Kohäsionsfonds zugeschrieben.
Tatsächlich lässt sich, bezogen auf die Arbeitslosigkeit und das Pro-Kopf-Einkommen in den *Regionen,*[79] nach wie vor ein ausgeprägtes Zentrum-Peripherie-Gefälle

---

Landwirtschaft in der Regel keine Geltung (Art. 32 Abs. 2 EGV). Die Markt- und Preispolitik, ausgestattet mit z.Zt. durchschnittlich 38 Mrd. €/Jahr (Gemeinschaften 1999e), nimmt innerhalb der Agrarmarktordnung eine dominierende Stellung ein. Diese Interventionspolitik hat in Verbindung mit garantierten Abnahmemengen in der Vergangenheit zu enormen Produktionsausweitungen ("Butter-", "Rindfleisch-" und andere "Berge" landwirtschaftlicher Erzeugnisse), im Weltmarktvergleich höheren Preisen für die Verbraucher und zu einem ausgeprägten Protektionismus geführt. Unmittelbar hiermit in Zusammenhang stehen auch die vielen Skandale um Erschleichung von Förderprämien oder - gerade wieder aktuell - gesundheitliche Folgen durch den Verzehr bestimmter landwirtschaftlicher Produkte (hier vor allem die Gefahren, die vom Verzehr des teilweise mit dem BSE-Erreger infizierten Rindfleischs verbunden sind). Auch wenn seit der Agenda 2000 (Gemeinschaften 1997b: S. 30ff.) Reformversuche unternommen wurden, die Politik der Preisstützung peu à peu durch Direktzahlungen an die Bauern zu ersetzen, so bleibt die Agrarpolitik doch derjenige Bereich der Integrationspolitik, der durch das höchste Maß an Interventionen gekennzeichnet ist und in keiner Weise der "Wirtschaftsverfassung des Wettbewerbs" nahe kommt. Einen Überblick über die Agrarpolitik der Gemeinschaft, ihre Instrumente und Institutionen liefert Schmitt (1998: S. 143ff.).

78 Kein Strukturfonds, obwohl mit strukturpolitischen Aufgaben betreut, ist das "strukturpolitische Instrument zur Vorbereitung auf den Beitritt", das im Rahmen der Heranführungsstrategie der Gemeinschaft Infrastrukturprojekte in den vorgesehenen Beitrittsländern unterstützt. Siehe dazu auch Anhang Nr. 3.

ausmachen (Klemmer 1998a: S. 486; Europäische Union 1999: S. 148; Eurostat 2000). Während die Arbeitslosigkeit in Europa wegen positiver konjunktureller Einflüsse leicht zurückgegangen ist, haben die Unterschiede in den Pro-Kopf-Einkommen seit 1980 zugenommen (Gemeinschaften 2000b: S. 9).

Divergierende Entwicklungen dieser Art (sog. regionale Disparitäten) können von der traditionellen Außenhandels- und Wachstumstheorie nicht hinreichend erklärt werden, da dort konvergente Entwicklungen prognostiziert werden.[80] Allerdings gibt es andere Erklärungsansätze, die das Vorhandensein und die Zementierung eines sog. "Zentrum-Peripherie-Gefälles" mit der unterschiedlichen Fähigkeit von Regionen erklären, Wissen zu schaffen und zu verbreiten. Die positiven externen Effekte der Schaffung und Verbreitung von Wissen stehen im Mittelpunkt innovationsorientierter Erklärungsansätze der neueren Wachstumstheorie (der sog. "endogenen Wachstumstheorie") und werden als Ursache von Entwicklungsunterschieden angesehen.[81] Hiernach zementieren insbesondere die durch Agglomerationsvorteile hervorgerufenen regionalen Skaleneffekte der Wissensschaffung die Unterschiede im Entwicklungsstand zwischen reichen und armen Regionen. Diese Unterschiede verringern sich erst dann, sobald es gelingt, Wissen schneller als bisher über die Grenzen der Wachstumsregionen in andere Regionen "diffundieren" zu lassen.

Dem soll die Kohäsionspolitik durch gezielten Einsatz der ihr zur Verfügung stehenden Fondsmittel dienen (Gemeinschaften 1996b: S. 16; Klemmer 1998a: S. 496). Diese Erwartung ist nun aber keineswegs begründet. Folgende Fragen sind zu stellen: Ist die Erklärung der regionalen Unterschiede durch Agglomerationsvorteile und räumlich begrenzte externe Effekte der Wissensschaffung tatsächlich zufrieden stellend? Liegen die Ursachen für divergierende Entwicklungen nicht tiefer - etwa auf der institutionellen Ebene? Welche institutionellen Rahmenbedingungen begünstigen oder diskriminieren die Hervorbringung von Innovationen und die Verbreitung des

---

79 Die Aussage bezieht sich auf die sog. NUTS-II-Regionen, die in Deutschland den Regierungsbezirken entsprechen. NUTS-I-Regionen repräsentieren die Bundesländer und NUTS-III-Regionen Städte und Landkreise (Franzmeyer 1996: S. 117f.).

80 Angleichung der Faktorpreise bzw. Wachstumsraten.

81 Die mannigfachen Ansätze der endogenen Wachstumstheorie versuchen, das nicht durch die Modelle der neoklassischer Wachstumstheorie ableitbare Wirtschaftswachstum zu erklären. Dabei trennen sie sich vor allem von den neoklassischen Annahmen des abnehmenden Grenzertrags des Kapitals, der exogen vorgegebenen Rate des technischen Fortschritts und dem exogenen Bevölkerungswachstum. Eine grundlegende Sammlung verschiedener Modelle der "endogenen Wachstumstheorie" liefern Frenkel/Hemmer (1999: S. 171ff.). Zu deren innovationsbasierten Ansätzen siehe Grossman/Helpman (1994) und Romer (1994).

Diese theoretische Orientierung scheint wohl auch die Kommission als Basis ihrer Entwicklungsstrategien zugrunde zu legen: "Europa muß auf der Grundlage von Wissen und Innovationen sowie einer nachhaltigen wirtschaftlichen Entwicklungsstrategie zu einem global wettbewerbsfähigen Wirtschaftsraum werden. (...) Europa verfügt zwar über solide wissenschaftliche und technologische Voraussetzungen, aber die unvollständige Nutzung der Ressourcen ist Europas größte Schwäche. Unser gesamtes Potential muß freigesetzt werden" (Gemeinschaften 2000i: S. 10).

Neuen?[82] Wenn hier die entscheidenden Gründe für die Entwicklungsunterschiede in der Gemeinschaft liegen, ist dann die Schrittfolge von Maßnahmen, wie sie oben skizziert worden ist, notwendig oder hilfreich?

Der Ansatz der Gemeinschaft besteht eher im gezielten Mitteleinsatz der Fonds: Im Rahmen des Ziels 3 der Kohäsionspolitik versucht die Gemeinschaft, durch eine Kombination von Subventionen für Niedriglohnbezieher und Qualifizierungsmaßnahmen, die sich am erwarteten wirtschaftlichen Wandel orientieren, die Fähigkeitspotentiale der Menschen in den Problemregionen zu stärken (Gemeinschaften 1996b: S. 7; Gemeinschaften 2000e: S. 14). Für Ziel 3 ist übrigens der Europäische Sozialfonds zuständig. Für die Interventionen, die die Ziele 1 und 2 betreffen, wird neben dem Sozialfonds in stärkerem Maße der Regionalfonds (zusätzlich auch der EAGFL/Ausrichtung und der FIAF) eingesetzt. Ziel 1 betrifft Regionen mit einem Pro-Kopf-Einkommen von weniger als 75 % des Gemeinschaftsdurchschnitts. Hier sollen vor allem durch strukturpolitische Hilfen und durch Förderung von "Wachstumsbranchen" endogene Potentiale in den Regionen erschlossen werden (Gemeinschaften 1999c: S. 24).[83] Ähnliches gilt für Regionen, die dem Ziel 2 zuzuordnen sind. Hier sollen durch die Förderung zukunftsträchtiger Branchen vor allem die Wirtschaftsstrukturen diversifiziert werden, um auf den wirtschaftlichen Wandel besser vorbereitet zu sein.
Insgesamt versucht die Gemeinschaft, mit ihren Fondsmitteln endogene Wachstumspotentiale in die zurückgebliebenen Regionen "hineinzupflanzen". Der bisherige Erfolg gilt als fragwürdig. So schätzt man den Beitrag, den die Strukturfonds zum Abbau der Disparitäten der Ziel-1-Regionen beisteuern, auf etwas mehr als 0,5 % der jeweiligen Wachstumsraten. Ein höherer Fördereffekt (ca. 1 % der Wachstumsraten) wird für die Kohäsionsländer angenommen, freilich mit einem relativ zum BIP massiven Ressourcentransfer (Gemeinschaften 1996b: S. 4; Europäische Union 1999: S. 12/156). Ohnehin darf ernsthaft bestritten werden, dass der Fördereffekt für sich überhaupt in der aufgeführten Weise ermittelt werden kann. Die fraglichen Projekte hätten sämtlich mit nationalen Mitteln bzw. mit Mitteln des freien Kapitalmarktes finanziert werden können - mit einer entsprechend härteren Kontrolle der ausgewählten Projekte und der Verwendungsqualität.

---

82 Siehe hierzu Gutmann (1995: 156ff.).

83 Beispiele: Kofinanzierung von Flughafenprojekten (Überseeische Gebiete Frankreichs), von Projekten zur Verbesserung der Telekommunikationsinfrastruktur (Griechenland), Fortbildungsmaßnahmen für Arbeitslose (Irland), Subventionen für neu geschaffene Arbeitsplätze (Niederlande), Förderung des Fremdenverkehrs und von Forschung und Entwicklung (Österreich, Großbritannien), die Errichtung eines Automobilwerkes in Portugal usw. Eine Aufstellung verschiedener Fördermaßnahmen aufgeschlüsselt nach Zielen (Nomenklatur von 1994-1999) findet sich in Generaldirektion Regionalpolitik (1999). Berichte über aktuelle Förderprogramme finden sich ebenfalls in den monatlich erscheinenden "Inforegio-News" der Generaldirektion Regionalpolitik.

Ernüchternd ist auch die Bilanz des Sozialfonds. Trotz seiner Fördertätigkeit haben selbst die Wachstumsraten des BSP der letzten Jahre keinen entsprechenden Einfluss auf die Beschäftigung in den Mitgliedstaaten ausüben können. Auch die Unterschiedlichkeit der regionalen Arbeitslosigkeit ist geblieben (Europäische Union 1999: S. 35ff.). Da die ordnungspolitischen Ursachen der Arbeitslosigkeit in Europa fortbestehen, kann eine gemeinsame Beschäftigungspolitik mit Hilfe des Sozialfonds keine durchschlagende Wirkung haben. Wie Hannowsky (1998: S. 433) zeigt, ist der Sozialfonds im derzeitigen ordnungspolitischen Rahmen der EU nicht geeignet, die Arbeitslosigkeit wirksam zu bekämpfen.[84] Es gibt sogar Gründe, sich stärker mit den kontraproduktiven Wirkungen zu beschäftigen - im Anschluss an nationale Erfahrungen mit Maßnahmen der aktiven Arbeitsmarktpolitik in Schweden und Deutschland.

Abgesehen davon, dass die Auswirkungen der Strukturfonds auf den Disparitätenabbau höchst fraglich sind, ist grundsätzlich darauf hinzuweisen, dass Unterschiede im Entwicklungsstand nur Momentaufnahmen darstellen. "Angleichung und Differenzierung lösen sich in der Dynamik grenzüberschreitender Marktprozesse ständig ab" (Schüller 1994a: S. 95). Für eine Kohäsionspolitik bestünde dann ohnehin kein ökonomisch begründbarer Bedarf.

Anders wäre dies, wenn ein Markt- oder Wettbewerbsversagen als Grund der Disparitäten nachgewiesen werden könnte, welches die Diffusion von Wissen aus den europäischen Zentren verhinderte. Nun zeigt Klemmer (1998a: S. 476f.), dass ein Markt- und Wettbewerbsversagen für die Agglomerationsvorteile einzelner Regionen nicht verantwortlich gemacht werden kann und dass für viele Agglomerationsprozesse dagegen vor allem solche Entscheidungen ausschlaggebend sind, die Preiserhöhungen behindern oder vollständig "blockieren". So werden Ansiedlung und Investition in den Zentren "politisch" verbilligt. Negative externe Effekte der Ballung werden nicht internalisiert; im Zentrum wird mit positiven Skaleneffekten "auf Kosten" der Peripherie produziert. Wenn hier die Ursachen von starken (unerwünschten) Disparitäten zwischen den Regionen liegen, sind dem entgegengerichtete Ausgleichsversuche von vornherein vergeblich. Selbst wenn eine Region grenzüberschreitende negative externe Effekte der Agglomeration produzieren würde, wäre es nahe liegend, wenn die geschädigte Region bilateral einen Ausgleich anstreben würde. Die periphere Region könnte dann in der Folge von steigenden Preisen im Ballungsraum profitieren, ihre eigenen komparativen Vorteile nutzen und ihr eigenes Profil als Standort entwickeln.

Als Fazit kann festgehalten werden, dass der Wunsch nach interregionaler Gerechtigkeit in erster Linie verteilungspolitisch motiviert ist und vor allem mit dem Hinweis auf eine europäische Solidarität begründet wird.[85] Es darf bezweifelt werden,

---

84 Siehe auch die Tabelle über regionale Arbeitslosigkeit in Anhang Nr. 5.

Negativ auf die Beschäftigung hat sich zudem ausgewirkt, dass viele Investitionszuschüsse und Subventionen aus den Strukturfonds dazu benutzt wurden, produktivitätserhöhende, kapitalintensive Investitionen zu tätigen. Vgl. Europäische Union (1999: S. 156).

85 Vgl. Steppachers (1996: S. 27) Ausführung zu der Ansicht Spaniens, die Strukturfonds als "konkreten Ausdruck des Solidaritätsprinzips" der Union anzusehen. Ähnlich auch die

dass die europäische Kohäsionspolitik dazu geeignet ist, sozialpolitische Ziele zu erreichen. Allerdings ist sie dazu geeignet, den Integrationsprozess mehr und mehr zu politisieren. Um nur einen Aspekt zu nennen: Die Besitzstandskämpfe um die nationalen Fondsanteile am Vorabend der Osterweiterung sind bereits heftig entbrannt.

4.6.2 Förderung der Beschäftigung

Durch den Vertrag von Amsterdam erlangt die europäische Beschäftigungspolitik eine exponierte Stellung im Handlungskonzept der Gemeinschaft. Im Angesicht permanent hoher Arbeitslosigkeit in der Gemeinschaft soll fortan das Handeln der Gemeinschaft in den Dienst der Aufgabe gestellt werden, für mehr Beschäftigung zu sorgen (Gemeinschaften 2000f: S. 9).

Das "Beschäftigungskapitel" des EGV ist Ausdruck dieses Vorhabens. Gemeinschaftliches Handeln heißt seitdem vor allem Beschäftigungspolitik, die im Rahmen des sog. "Luxemburg-Prozesses" verwirklicht werden soll. Die finanziellen Mittel zur Umsetzung der Beschäftigungsstrategie kommen aus den Strukturfonds der Gemeinschaft; dabei soll der Sozialfonds vor allem Maßnahmen einer aktiven Arbeitsmarktpolitik übernehmen (Gemeinschaften 2000g: S. 26f.).

Die europäische Beschäftigungsstrategie orientiert sich hauptsächlich an den beschäftigungspolitischen Leitlinien und Empfehlungen für die einzelnen Mitgliedsländer, die aufgrund der Jahresberichte des Rates herausgegebenen werden. Dieses Vorgehen soll die Komplementarität der Beschäftigungsstrategie mit den "Grundzügen der Wirtschaftspolitik" sicherstellen, die der Rat nach Art. 99 EGV als Orientierungsnorm aufzeigt.[86]

Die Beschäftigungsstrategie der Gemeinschaft besteht aus drei Teilen:

1. Koordinierung der Beschäftigungspolitik der Mitgliedstaaten auf der Grundlage abgestimmter beschäftigungspolitischer Leitlinien,
2. Fortsetzung und Weiterentwicklung einer wachstums- und stabilitätsorientierten makroökonomischen Politik unter Einbeziehung der Tarifpartner, der

---

Charakterisierung der Motive einer europäischen Kohäsionspolitik durch den Kronberger Kreis (1992: S. 49f.).

86 Zur Durchsetzung seiner "Grundzüge der Wirtschaftspolitik" steht dem Rat aber lediglich das Instrument der - nicht verbindlichen - "Empfehlung" zur Verfügung. Diese kann er an einen Mitgliedstaat richten, der eine Wirtschaftspolitik betreibt, die gegen die Grundzüge verstößt. Nachdruck kann der Rat seinen Empfehlungen jedoch dadurch verleihen, indem er sie veröffentlicht. Ergo: Hält sich ein Land nicht an die "Grundzüge der Wirtschaftspolitik", so kann es aufgrund der Veröffentlichungen des Rates in den Ruf geraten, eine dem Gemeinschaftsinteresse zuwider laufende Wirtschaftspolitik zu betreiben. Dies könnte sich für das betreffende Land als nachteilig in Bezug auf andere Aspekte der Integrationspolitik erweisen, etwa auf seine Verhandlungsposition, wenn es um die Teilhabe an Umverteilungsmaßnahmen der Union geht. Die Gefahr, einen "guten Ruf" zu verlieren, kann ein wirksames Sanktionierungsinstrument sein; deshalb bedient sich auch die WTO eines solchen Streitschlichtungsmechanismus.

Europäischen Zentralbank, des Rates und der Kommission (dies hat den Charakter einer "Konzertierten Aktion"),

3. Verwirklichung eines leistungsfähigen Binnenmarktes, der die Innovationsfähigkeit der Gemeinschaft und die Effizienz der Güter-, Dienstleistungs- und Kapitalmärkte steigern soll (Gemeinschaften 1999b: S. 1; Lesch 2000: S. 15; Gemeinschaften 2000h: S. 10ff.)

Die Marschroute für die Beschäftigungsstrategie der nächsten Jahre hat die Kommission kürzlich vorgegeben: "In wirtschaftlicher und sozialer Hinsicht muß unsere Priorität die Bekämpfung der Arbeitslosigkeit sein. Das bedeutet, den wirtschaftlichen Aufschwung zu nutzen, um das Arbeitsumfeld zu modernisieren, Investitionen und moderne Infrastrukturen zu fördern, neue Technologien schneller zu übernehmen und gut geschulte, mit der Digitaltechnik vertraute Arbeitskräfte heranzubilden, deren Ideen schneller die Marktreife erreichen (Gemeinschaften 2000i: S. 5).

Im Einklang hiermit bieten die beschäftigungspolitischen Leitlinien für 2000[87] vier Aktionsbereiche:

1. Verbesserung der Beschäftigungsfähigkeit,
2. Entwicklung des Unternehmergeistes,
3. Förderung der Anpassungsfähigkeit der Unternehmen und ihrer Beschäftigten und
4. Verstärkung der Maßnahmen zur Förderung der Chancengleichheit für Frauen und Männer.

Die "Verbesserung der Beschäftigungsfähigkeit" steht im Mittelpunkt der "präventiven Strategie" der Gemeinschaft. Damit versucht sie, vor allem der Jugend- und Langzeitarbeitslosigkeit Herr zu werden und die europäischen Arbeitnehmer auf die Anforderungen der "wissensbasierten Gesellschaft" vorzubereiten (Gemeinschaften 1999b: S. 14), denn das Ziel der Gemeinschaft besteht darin, "Europa zum wettbewerbsfähigsten und dynamischsten wissensbasierten Wirtschaftsraum der Welt zu machen" (Arbeitgeberverbände 2000a: S. 3). Die Strategie soll präventiven Charakter haben, d.h. die Maßnahmen sollen aktiv gestaltend sein. Auch das ist noch nicht prinzipiell als interventionistisch anzusehen, wenn etwa, wie geplant, die Sozialleistungs-, Steuer- und Ausbildungssysteme stärker in den Dienst der Beschäftigungsfähigkeit gestellt werden sollen. Für diesen ordnungspolitischen Ansatz einer aktiven Beschäftigungspolitik empfiehlt die Gemeinschaft den Mitgliedstaaten, die Einkommenssteuern - insbesondere für die oft durch hohe Grenzsteuersätze gekennzeichneten Zweiteinkommen - und die Sozialversicherungsbeiträge der Beschäftigten, und damit die Lohnnebenkosten, zu senken (Gemeinschaften 1997a: S. 7; Gemeinschaften 2000h: S. 28).[88] Prinzipiell zu begrüßen sind auch Anstrengungen

87 Sie entsprechen weitgehend den beschäftigungspolitischen Leitlinien vorangegangener Jahre.

88 Diese Empfehlung zielt insbesondere auf die in Europa im Vergleich zur USA noch mangelhafte Beschäftigung im vielgestaltigen, lohnkostenintensiven Dienstleistungssektor, von dem große Steigerungen der Beschäftigtenzahlen erwartet werden. Während in den USA ca. 55 % aller Beschäftigten im Dienstleistungssektor arbeiten, sind dies in Europa lediglich 40%. Dies bezieht sich auf alle Bereiche der Dienstleistungen.

der Mitgliedstaaten, um die allgemeine und berufliche Bildung insbesondere jener zu fördern, die die meisten Schwierigkeiten bei der Integration in den Arbeitsmarkt haben. Die Qualifikationen dieser Menschen stimmt oftmals nicht mit den Anforderungen der Arbeitgeber überein (sog. "mismatch-Arbeitslosigkeit"). Deshalb sollen die Mitgliedstaaten binnen drei Jahren sicherstellen, dass jeder Jugendliche binnen sechs Monaten nach Eintritt in die Arbeitslosigkeit einen Arbeitsplatz, einen Ausbildungs- oder Umschulungsplatz angeboten bekommt. Auch das sind wünschenswert erscheinende Vorhaben. Die Frage ist allerdings, wie diese realisiert werden sollen.

Auf der anderen Seite - dies ist die typische Kehrseite der "mismatch-Arbeitslosigkeit" - sind in den vielfach noch jungen Branchen der Informations- und Kommunikationstechnologie viele Stellen offen; sie können mangels qualifizierter Bewerber nicht besetzt werden.[89] Hier sollen kurz- und mittelfristig angelegte Umschulungsprogramme, in denen Berufsfremde und Arbeitslose neue Qualifikationen erwerben, Abhilfe schaffen. Insgesamt soll sichergestellt werden, dass 20 % der Arbeitslosen eine Teilnahme an einer aktiven Maßnahme zur Förderung der Beschäftigungsfähigkeit ermöglicht wird.

Indes besteht kein Grund, die Erfolgsaussichten von Maßnahmen der aktiven Arbeitsmarktpolitik zu überschätzen. Neuere empirische Untersuchungen der OECD fallen diesbezüglich ernüchternd aus - insbesondere in Bezug auf die Jugendarbeitslosigkeit (Martin 1998: S. 17ff.).[90] Hiernach sind aktive Qualifizierungsmaßnahmen zum Scheitern verurteilt, wenn sie zu allgemein bildend angelegt werden und wenig

---

Des Weiteren sieht die Union in einer Absenkung der den Nettolohn reduzierenden Sozialversicherungsbeiträge wirksame Anreize für Arbeitnehmer, Arbeit zu suchen und aufzunehmen. Für Arbeitgeber sieht sie Anreize, wegen der Kostenentlastungen durch gesunkene Lohnnebenkosten die Beschäftigtenzahlen zu erhöhen. Durch Reformen der Unterstützungsleistungen für Arbeitslose, die von bloßen Einkommenssubstituten wegführen sollen zu aktiven Arbeitsmarktmaßnahmen - so empfiehlt die Kommission - sollen insbesondere die Anreize für Langzeitarbeitslose (ca. 50 % der Arbeitslosen in Europa) erhöht werden, eine Beschäftigung anzunehmen. Insbesondere solle verhindert werden, dass sich der Abstand zwischen Lohnersatzleistungen und Erwerbseinkommen weiter verringert. Auf den Punkt gebracht: "Nach allgemeiner Auffassung aller Mitgliedstaaten der Union müssen die Sozialschutzsysteme dafür sorgen, daß sich die Arbeitsaufnahme finanziell lohnt" (Gemeinschaften 2000c: S. 20). Zu den Reformen der Sozialleistungssystemen siehe Gemeinschaften (1997a: S. 7) und Gemeinschaften (2000f: S. 5).

89 Alleine für 2002 schätzt die IDC den Bestand an nicht besetzbaren Stellen für Netzwerk-Spezialisten in der EU auf ca. 200.000, knapp die Hälfte davon befinden sich in Deutschland (Gemeinschaften 2000j: S. 18).

90 Untersucht wurden die gängigsten aktiven arbeitsmarktpolitischen Maßnahmen: Ausbildungs- und Qualifizierungsprogramme, Arbeitsvermittlung, spezielle Programme gegen Jugendarbeitslosigkeit, Lohnzuschüsse und die Arbeitsplatzschaffung im öffentlichen Sektor. Als einzige Maßnahme mit einem signifikant positiven Einfluss auf die Senkung der Arbeitslosigkeit wurden verstärkte Vermittlungsbemühungen identifiziert, insbesondere wenn sie mit finanziellen Anreizen zur Verkürzung der Zeit der Arbeitslosigkeit ausgestattet wurden (Martin 1998: S. 18). Ähnliche Ergebnisse bei Berthold/Fehn (1997c), die zudem eine Analyse der aktiven Arbeitsmarktpolitik in Deutschland liefern (ebenda: S. 426ff.).

zielgruppenspezifisch ausgelegt sind. Auch gilt es, Wechselwirkungen zu bedenken zwischen aktiver und passiver Arbeitsmarktpolitik, insbesondere was die Höhe der Ersatzeinkommen betrifft. So können hohe Lohnersatzleistungen die Anreize beschäftigungsloser Menschen dahingehend ändern, keine neue Arbeitsstelle zu suchen und anzutreten, obwohl die Qualifikation vorhanden wäre. Eine Hauptaussage der Studie überrascht allerdings kaum: Solange die Arbeitsmärkte in Europa nicht hinreichend flexibel sind, im Übrigen aber eine beachtliche Menge offener Stellen "produzieren", werden aktive arbeitsmarktpolitische Maßnahmen keinen signifikanten Beitrag zur Linderung der Massenarbeitslosigkeit leisten können (ebenda: S. 29).
Einen weiteren Schwerpunkt gemeinschaftlicher Beschäftigungspolitik bildet die verbesserte Vermittlung von Arbeitskräften innerhalb Europas (EURES) und die Förderung der Mobilität. Die im Jahr 2000 angelaufenen Gemeinschaftsprogramme Sokrates II und Leonardo II sollen den Prozess des "lebenslangen Lernens" durch die Förderung allgemeiner und beruflicher Bildung unterstützen. Eine strategische Bedeutung misst die Gemeinschaft der Verbesserung der Berufsausbildung und der Steigerung der "digitalen Kompetenz" von Schülern, Studenten und Auszubildenden bei. Hierdurch soll ein Fundamt für die angestrebte "wissensbasierte Gesellschaft" geschaffen werden.[91] Freilich wiederholt die Gemeinschaft damit nur das, was auch auf nationaler Ebene als notwendig erkannt wird, ohne dass die hierzu erforderlichen marktökonomischen Bedingungen geschaffen werden.
Einen weiteren Aktionsbereich europäischer Beschäftigungspolitik sieht die Gemeinschaft in der "Entwicklung des Unternehmergeistes". Europa ist im Vergleich zur USA überwiegend geprägt von einer "Arbeitnehmerkultur", die unter anderem darauf zurückzuführen ist, dass die Vorschriften und Verwaltungsverfahren zur Gründung von Unternehmen langwierig und kompliziert und die Möglichkeiten des schnellen Zugangs zu Risikokapital vielfach nicht gegeben sind (Gemeinschaften 2000f: S. 17). Den Unternehmergeist, der zur Gründung von klein- und mittelständischen Unternehmen führen soll, will die Gemeinschaft schon in der Ausbildung vermittelt wissen. Bereits im Rahmen der Lehrpläne soll das Verständnis für unternehmerisches Handeln gefördert werden. Außerdem soll der Zugang zu Risikokapitalmärkten erleichtert und die Steuer- und Abgabenbelastung der KMU gesenkt werden (Gemeinschaften 2000: S. 10).
Der dritte Bereich der beschäftigungspolitischen Leitlinien befasst sich mit Aspekten der Arbeitsorganisation. Die Sozialpartner werden aufgefordert, Modelle zur Flexibilisierung von Arbeitsverträgen[92] auszuhandeln und ein ausgewogenes

---

91 Erwerb und Nutzung von Wissen sieht die Gemeinschaft als Grundpfeiler der wirtschaftlichen und sozialen Entwicklung an, die die zukünftige Wettbewerbsfähigkeit der Union determinieren. Hierzu hat die Union eine Strategie für die Beschäftigung in der Informationsgesellschaft entworfen, in deren Zentrum die Vermittlung von Kompetenzen und neuen Ausbildungsstrategien hinsichtlich Nutzung und Verwertung neuer Technologien steht. Darin sieht die Union den Schlüssel zum erfolgreichen Übergang von Schülern und Auszubildenden in die "Informationsgesellschaft" (Gemeinschaften 2000a: S. 12; Gemeinschaften 2000f: S. 2; Gemeinschaften 2000j: S. 9ff.).

92 Beispielsweise die Einführung einer Jahresarbeitszeit, Arbeitszeitverkürzungen, Überstundenabbau, Ausbau von Teilzeitarbeit, Möglichkeiten für die zeitweise Unterbrechung

Verhältnis von Sicherheit und Flexibilität zu gewährleisten. Die Mitgliedstaaten werden aufgefordert zu prüfen, ob ggf. Rechtsvorschriften zur Flexibilisierung von Arbeitsverträgen geändert werden sollten (Gemeinschaften 2000: S. 12f.).
In einem vierten Leitlinienbündel widmet sich die Gemeinschaft der Förderung der Chancengleichheit von Männern und Frauen ("gender mainstreaming"). Angesichts der vergleichsweise niedrigen Erwerbsquoten und hohen Arbeitslosigkeit erwerbsfähiger Frauen (Eurostat 2000a) und der für die Zukunft erwarteten Alterung und Abnahme der Erwerbsbevölkerung Europas sollen die Mitgliedstaaten sicherstellen, dass "aktive arbeitsmarktpolitische Maßnahmen Frauen in dem Umfang zugänglich gemacht werden, wie es ihrem Anteil an den Arbeitslosen entspricht" (Gemeinschaften 2000: S. 13).[93] Insbesondere sollen sie durch Fördermaßnahmen die "geschlechterspezifischen Unterschiede" am Arbeitsmarkt beseitigen. Darunter versteht die Gemeinschaft vor allem ein "ausgewogenes Geschlechterverhältnis in allen Wirtschaftsbereichen und Berufen" (Gemeinschaften 2000: S. 14), die Förderung des gleichen Entgelts für Männer und Frauen für gleichwertige Arbeit und die Verringerung der Einkommensunterschiede zwischen den Geschlechtern. Ferner sollen Regelungen getroffen werden, die die Vereinbarkeit von Familie und Beruf sicherstellen. Die Gemeinschaft denkt dabei an Möglichkeiten zur Unterbrechung der Berufstätigkeit, an Elternurlaub, Verbesserung des Betreuungsangebots für Kinder, an die erleichterte Rückkehr ins Berufsleben durch Zugang zu den Berufsbildungsmaßnahmen und flexiblere Regelungen der Arbeitszeit.
Diese Maßnahmen sollen im Rahmen der beschäftigungspolitischen Leitlinien von den Mitgliedstaaten durchgeführt werden. Finanzielle Unterstützung können die Mitgliedstaaten hierfür hauptsächlich aus dem Sozialfonds erwarten. Die Forderung nach Chancengleichheit der Geschlechter sind indes nicht neu. Schon der Vertrag von Rom fordert von den Mitgliedstaaten der Gemeinschaft "Lohngleichheit für Mann und Frau" (Art. 119 EGV).[94] Vielfach sind die in den beschäftigungspolitischen Leitlinien formulierten Forderungen nach Chancengleichheit bereits vor Jahren Gegenstand von

---

von Arbeitsverhältnissen, betriebsinterne Weiterbildung und Umschulungen etc. (Gemeinschaften 2000: S. 12).

93 Etwa ab dem Jahr 2010 wird ein anhaltender Rückgang der Erwerbsbevölkerung in Europa erwartet. Dieser Rückgang könnte zum Teil kompensiert werden durch steigende Erwerbsquoten bei jungen Erwachsenen, Frauen und 55-64 Jährigen. Siehe hierzu Eurostat (2001). Lediglich aufgrund der Nettozuwanderung wurde 1999 noch ein leichter Bevölkerungsanstieg in der Union verzeichnet (Eurostat 2000b). Für die Zukunft wird erwartet, dass die Relation der Personen im Rentenalter zur Bevölkerung im erwerbsfähigen Alter (sog. "Altenquotient") von 23% im Jahr 1995 auf 48% im Jahr 2040 steigen wird. Diese Entwicklung betrifft am stärksten die bevölkerungsreichsten Länder der Union und kann - ceteribus paribus - nur durch eine Nettozuwanderung ausgeglichen werden, die deutlich über der bisher in Europa zu beobachtenden Zuwanderung liegen müsste. Siehe EZB (2000: S. 63ff.).

94 Der Grundsatz des "gleichen Entgelts für gleiche Arbeit" wird so ausgelegt, dass er sich nicht nur auf eine "identische" Tätigkeit, sondern auch auf eine "vergleichbare" Tätigkeit bezieht (Feldmann 2000: S. 425). Der Begriff "Entgelt" wird außerdem in Art. 119 EGV weit gefasst und umschließt neben den Grund- oder Mindestlöhnen und -gehältern sämtliche anderen Vergünstigungen, die der Arbeitgeber den Arbeitnehmern gewährt.

Richtlinien und Entschließungen gewesen.[95] Allerdings brachten die Maßnahmen, die zur Realisierung der Chancengleichheit ergriffen wurden, kaum Erfolg - im Gegenteil. Wie Feldmann (Feldmann 2000: S. 426ff.) zeigt, haben sich die Beschäftigungschancen von Frauen durch diese Maßnahmen insgesamt verschlechtert. Dies ist vor allem auf jene Maßnahmen zurückzuführen, die die Kosten der Unternehmen erhöhen und die Flexibilität der unternehmerischen Entscheidungen mindern.[96] Insgesamt laufen viele Maßnahmen, die unter der Zielsetzung der "Chancengleichheit" durchgeführt werden, Gefahr, die Entstehung jener Zustände zu begünstigen, die sie beseitigen sollten.

Neben den beschäftigungspolitischen Leitlinien soll die europäische Beschäftigungspolitik durch den Stabilitäts- und Wachstumspakt unterstützt werden. Hierbei haben sich die EU-Mitglieder, Sozialpartner und Zentralbanken verpflichtet, Preisstabilität zu gewährleisten, die Staatshaushalte zu konsolidieren, Mäßigung bei der Lohnentwicklung walten zu lassen und Wirtschaftsreformen durchzuführen, die die strukturellen Probleme der europäischen Arbeitsmärkte beseitigen helfen (Gemeinschaften 2000h: S. 10f./18f.). Angestrebt wird damit letztlich ein europaweiter korporatistischer Ansatz der Beschäftigungspolitik nach Art eines europäischen "Bündnisses für Arbeit" (Sarrazin 1999: S. 8).
Schließlich soll Arbeitslosigkeit gesenkt werden, indem die Binnenmarktrichtlinien beschleunigt umgesetzt werden.[97] Beschäftigungsfreundliche Binnenmärkte werden unter anderem von der Liberalisierung der Telekommunikations-, Post- und Energiemärkte, der Reform des öffentlichen Auftragswesens, der Liberalisierung der Eisenbahnen und des Handelssektors, sowie von liberalisierten Finanzmärkten erwartet. Insbesondere gelten die Märkte für Wagniskapital, auf denen sich junge, innovative Unternehmen finanzieren können, im Vergleich zu den USA als unterentwickelt. Die Gründe für eine vergleichsweise geringere Innovationstätigkeit Europas werden außerdem in unternehmensfeindlichen Regulierungen und im Fehlen eines Innovationen schützenden "Gemeinschaftspatents" gesehen (BDI 2000: S. 6; Gemeinschaften 2000h: S. 19ff.).

---

95 Beispielsweise in der Richtlinie 75/117/EWG über das gleiche Entgelt für Männer und Frauen (Gemeinschaften/Rat 1975) oder in der Richtlinie 96/34/EG über den Elternurlaub (Union 1996). Siehe auch mehrere Entschließungen des Rates zur Förderung der Chancengleichheit (Gemeinschaften/Rat 1982; Gemeinschaften/Rat 1986) oder die Entschließung des Rates 1988 zur Wiedereingliederung von Frauen ins Erwerbsleben (Gemeinschaften/Rat 1988), um nur einige zu nennen.

96 Hier sind vor allem die Regelungen in Bezug auf das "gleiche Entgelt für *vergleichbare* Tätigkeiten" zu nennen, die die Gestaltungsspielräume der Lohnfindung einengen, und die Auswirkungen der Richtlinie über den Elternurlaub, die zu sinkenden Einstellungschancen insbesondere junger Frauen führen (Feldmann 2000: S. 426f.).

97 Detaillierte Informationen zum Umsetzungsstand der Binnenmarktrichtlinien finden sich im jährlich erscheinenden "Binnenmarktanzeiger" (Gemeinschaften 2000k).

Wie ist die europäische Beschäftigungsstrategie zu beurteilen? Titel VIII des EGV enthält den Auftrag, lediglich beschäftigungspolitische Leitlinien und Empfehlungen zu geben. Deren Einlösung soll in jährlichen Beschäftigungsberichten überwacht werden. Die beschäftigungspolitische Kompetenz der Gemeinschaft beschränkt sich also im Wesentlichen auf diesen Soll-Ist-Vergleich. Hiermit scheint die gemeinschaftliche Beschäftigungspolitik einmal als Ordnungspolitik verstanden zu werden, zum anderen aber auch als Orientierungshilfe einer Ex ante-Harmonisierung im Hinblick auf bestimmte (Arbeitsmarkt-)Ergebnisse.
Die genannten wirtschaftspolitischen Empfehlungen, die sich auf Art. 99 Abs. 2 EGV beziehen, haben ordnungspolitischen Charakter. Die Überwachung der Durchführung gemäß Art. 99 Abs. 3 EGV hat ausschließlich informierende, also keine sanktionierende Wirkung.[98] Zuständig für die Annahme der Empfehlungen sind ausschließlich die Mitgliedstaaten. Lediglich der angestrebte "europäische makroökonomische Dialog" im Rahmen des "Stabilitäts- und Wachstumspaktes" könnte Ansatzpunkte für gemeinschaftliches Handeln bieten: zum einen im Hinblick auf die Konvergenzkriterien, zum anderen durch den Versuch, die Geldpolitik der Europäischen Zentralbank zu beeinflussen.
Der Versuch, die nationale Beschäftigungspolitik mittels Leitlinien und Empfehlungen im Hinblick auf bestimmte Soll-Ist-Konstellationen zu beeinflussen hat, wie angedeutet, in integrationsmethodischer Hinsicht zwei Gesichter: Auf der einen Seite versucht die Gemeinschaft, die wettbewerblich-marktwirtschaftliche Methode als Voraussetzung für mehr Beschäftigung zu stärken. Auf der anderen Seite finden sich Bemühungen, zugleich das zu harmonisieren, was als gewünschte "Arbeitsumwelt" verstanden wird. Insoweit soll die politisch-bürokratische Integrationsmethode Handlungsorientierung sein. Damit trägt die Gemeinschaft mit ihren Leitlinien und Empfehlungen nur dem Rechnung, was vielfach auf der handlungsbestimmenden nationalen Ebene miteinander in Konflikt liegt, wobei sich vor allem in Deutschland und Frankreich die zweite Integrationsmethode durchgesetzt hat - jedenfalls bis heute.
Soweit auf der Gemeinschaftsebene eine Präferenz für die politisch-bürokratische Methode der Angleichung besteht, ist diese genau mit jenen Defiziten belastet, die der Verzicht auf den Wettbewerb als Verfahren zur Wissensgenerierung und -verbreitung mit sich bringt. Ob der Anspruch der Union, "der wettbewerbsfähigste und dynamischste wissensbasierte Wirtschaftsraum der Welt" zu werden, eingelöst werden kann, wenn sich die Mitgliedstaaten nicht stärker als bisher an der ersten Integrationsmethode orientieren (was, wie dargestellt, durchaus mit den Leitlinien und Empfehlungen im Einklang zu stehen scheint), ist nach den internationalen Erfahrungen, die auf diesem Gebiet vorliegen, höchst fraglich. Die arbeitsrechtlichen Harmonisierungsversuche, die auf der Gemeinschaftsebene im Mittelpunkt dessen zu stehen scheinen, was heute als Sozialunion verstanden wird, unterstreichen das "Fragezeichen" hinter den beschäftigungspolitischen Handlungsvorstellungen der EU.

98 Freilich mit der Einschränkung, dass eine gewisse "Disziplinierung" der Mitgliedsländer dadurch erreicht werden kann, dass der Rat seine Empfehlungen an solche Mitgliedsländer, die sich nicht an die Grundzüge der Wirtschaftspolitik halten, veröffentlicht (Art. 99 Abs. 4 EGV). Siehe weiter oben.

Die Strategie der Gemeinschaft, die Menschen verstärkt mit "digitalen Kompetenzen" zu versehen, gibt nur das punktuelle Denken wieder, das auch vielfach auf nationaler Ebene das Handeln bestimmt. In dieser wie in anderer Hinsicht scheint die EU nur das "nachzubeten", was in einigen großen Mitgliedsländern "vorgedacht" worden ist,[99] ohne allerdings in ein umfassendes (beschäftigungswirksames) Bildungskonzept eingebunden zu sein.
Ein gemeinschaftliches Handlungskonzept bieten dagegen Art. 3 m) und Art. 3 n) EGV. Hier geht es um die Stärkung der Wettbewerbsfähigkeit mit Hilfe der gemeinsamen Forschungs- und Technologiepolitik. Sie bildet zugleich einen beschäftigungspolitischen Schwerpunkt der Gemeinschaft. So ist bei der Auswahl von Projekten des Fünften Rahmenprogramms der Forschungs- und Technologiepolitik (1998-2002) ausdrücklich den beschäftigungspolitischen Leitlinien Rechnung zu tragen (Gemeinschaften 1999b: S. 15; Gemeinschaften 1999d: S. 2ff.).[100] Hierbei besteht die Gefahr, dass mit Hilfe von Subventionen beträchtlicher Ressourcen in Bereiche gelenkt werden, in denen andere Länder bereits komparative Vorteile besitzen, die auf Wissensvorsprüngen beruhen. Die Geschichte der europäischen F&E-Politik ist - auch auf der nationalen Ebene - voll von solchen Beispielen (Starbatty/Vetterlein 1998: S. 667ff.). Im Übrigen müssen die Sondermittel für die europäische Forschungs- und Technologiepolitik von anderen Bereichen der Wirtschaft aufgebracht werden.

Insgesamt vermittelt die europäische Beschäftigungsstrategie den Eindruck, die Bedeutung der wettbewerblich-marktwirtschaftlichen Integrationsmethode in vielen Aspekten hoch einzuschätzen, sich aber dafür offen zu halten, was auf nationaler Ebene im Widerspruch dazu geschieht. Möglicherweise geht die Kommission auch davon aus, dass die von Deutschland und Frankreich favorisierten arbeitsrechtlichen Ex ante-Harmonisierungen sich gegenüber den kleineren Mitgliedsländern nicht durchsetzen lassen.
Schon bisher konnten durch die Privatisierung der staatlichen Telekommunikationsunternehmen und die Deregulierung dieser Märkte beträchtliche Beschäftigungszuwächse erzielt werden. Unternehmergeist entsteht auch auf anderen Märkten durch Entstaatlichung, Deregulierung und Entbürokratisierung. Zur Reform der beschäftigungsfeindlichen Besteuerungssysteme müsste sich auch ein beschäftigungsfreundlicher Umbau der Sozialleistungssysteme gesellen. Hier wiederholt die Gemeinschaft nur das, was hinlänglich bekannt, auf nationaler Ebene aber bislang nicht hinreichend durchsetzbar war.[101]

---

99 Ein deutsches Beispiel für eine Initiative, Schüler mit "digitalen Kompetenzen" zu versehen, ist die von der Deutschen Telekom AG und dem Bundesministerium für Bildung, Wissenschaft, Forschung und Technologie (BMBF) unter finanzieller Beteiligung vieler Technologieunternehmen initiierte Initiative "Schulen ans Netz".

100 Kritisch zur europäischen Forschungs- und Technologiepolitik als "auf die wirtschaftliche Modernisierung gerichtete Industriepolitik" siehe Starbatty/Vetterlein (1998: 667f.).

101 Der DGB versteht unter Beschäftigungspolitik etwas völlig anderes als etwa die Deregulierung des Arbeitsmarktes. Der DGB strebt eine "Koordination europäischer Finanzpolitik [an], die

4.6.3 Koordination der sozialen Sicherungssysteme

Das Recht auf Freizügigkeit gehört zu den konstitutiven Elementen des Binnenmarkts und des Wettbewerbs der Systeme. Es bezieht sich auf die Möglichkeit der Menschen, sich wie Inländer in der Gemeinschaft frei zu bewegen und einer Tätigkeit nachzugehen.

Seit jeher wird die Herstellung faktischer Freizügigkeit von der Union als impliziter Schwerpunkt ihres sozialpolitischen Handelns angesehen. Schon früh wurden die Probleme erkannt, die im Zusammenhang mit der sozialen Sicherung für die Freizügigkeit der Arbeitnehmer entstehen können. Durch die Verordnungen zur Koordinierung der Systeme der sozialen Sicherheit will die Gemeinschaft sicherstellen, dass Wanderarbeitnehmer durch die Arbeitsaufnahme in einem anderen Mitgliedstaat keine Nachteile hinsichtlich ihrer sozialen Sicherung erleiden. Solche Nachteile würden überdies ein ernstes Freizügigkeitshindernis bedeuten. Im Gegensatz zum arbeitsrechtlichen Bereich strebt die Gemeinschaft bislang keine Harmonisierung der unterschiedlichen Systeme der sozialen Sicherung an; es wird lediglich eine Koordination angestrebt.[102] Damit soll gewährleistet werden, dass ein Wanderarbeitnehmer nicht Gefahr läuft, durch die Aufnahme einer Beschäftigung in einem anderen Land der Gemeinschaft bestimmte Leistungsansprüche zu verlieren oder Leistungen nicht zu erhalten.

Deshalb hat der Rat die Verordnungen 1408/71 und 574/72 EWG (Anwendung der Systeme der sozialen Sicherheit) und die Verordnung 1612/68 EWG (Freizügigkeit der Arbeitnehmer) erlassen. Die Rechtsgrundlagen dieser Verordnungen befinden sich vor allem in den Art. 39 bis 41 EGV. Mittlerweile ist die Koordination des Sozialrechts durch mehrere Änderungen dieser Verordnungen und mehr als 400 auslegende Entscheidungen des Europäischen Gerichtshofes weiterentwickelt worden (Schulte 1998: S. 58).

Den genannten Verordnungen liegt eine Reihe von Prinzipien zugrunde: Die ersten Prinzipien beziehen sich auf die Möglichkeit, die in verschiedenen Mitgliedstaaten erworbenen *Ansprüche* an die Sozialversicherungssysteme zu *addieren* und sich *auszahlen* zu lassen, unabhängig davon, in welchem Mitgliedstaat man sich aufhält

---

dem im EU-Weißbuch 'Wettbewerb, Wachstum, Beschäftigung' angemahnten 'Plädoyer für aktives Handeln' gerecht wird:

- Ausbau transeuropäischer Infrastrukturnetze,
- Förderung in Forschung und Entwicklung,
- Förderung einer aktiven Arbeitsmarktpolitik,
- Verbesserung der Aus- und Weiterbildung" (Heise 1998: S. 30f.).

Die Gemeinschaft ist im Übrigen in ihren Richtlinien und Empfehlungen offen für diese beschäftigungspolitischen Aspekte.

102 Einen ausführlichen Vergleich europäischer, aber auch überseeischer Rentenversicherungssysteme liefert der Verband Deutscher Rentenversicherungsträger (Rentenversicherungsträger 1999). Siehe weiterhin im Anhang Nr. 1 eine Aufstellung der Hauptelemente der Alterssicherungssysteme in der EU.

(Art. 42 a) und Art. 42 b) EGV). Alle Personen, für die VO 1408/71 gilt, haben die gleichen Rechte und Pflichten wie die Bewohner des Mitgliedstaates, in dem diese Personen arbeiten und leben. Es gilt also das sog. *Inländerprinzip* nach Art. 3 Abs. 1 VO 1408/71. Der sachliche Anwendungsbereich umfasst nahezu alle Bereiche der sozialen Sicherung,[103] nicht solche Leistungsarten jedoch, die in den letzten Jahren von einigen Mitgliedsländern eingeführt wurden, wie etwa die deutsche Pflegeversicherung. Gleichwohl sind Überlegungen in Gang, auch solche Leistungsarten künftig zu koordinieren (Gemeinschaften 1997a: S. 20f.). Nicht erfasst von der VO 1408/71 sind die Sozialhilfe, Leistungen für Kriegsopfer und beitragsunabhängige Sonderleistungen gemäß Aufzählung im Anhang II der Verordnung. Allerdings werden solche Leistungen den Wanderarbeitnehmern durch den "Gleichbehandlungsartikel" der Freizügigkeitsverordnung 1612/68 EWG zuerkannt. So heißt es in Art. 7 Abs. 2 der Verordnung: "Er [der Arbeitnehmer, Anmerkung d. Verf.] genießt dort die gleichen sozialen und steuerlichen Vergünstigungen wie die inländischen Arbeitnehmer" (Wirtschaftsgemeinschaft 1968).

Art. 14 der Verordnung regelt die Koordination der Systeme sozialer Sicherung für Arbeitnehmer, die in einen anderen Mitgliedstaat entsendet werden. Für diese Arbeitnehmer gilt grundsätzlich das System der sozialen Sicherung des Landes, in dem sich der Firmensitz des Arbeitgebers befindet. "Entsendet" ist ein Arbeitnehmer in ein Mitgliedsland, wenn er sich dort in der Regel nicht länger als ein Jahr aufhält. Dieser Artikel darf übrigens nicht mit der "Entsenderichtlinie" von 1996 verwechselt werden. Die Entsenderichtlinie ermöglicht den Mitgliedstaaten, ihre Regelungen bezüglich der Arbeits- und Beschäftigungsbedingungen auf entsendete Arbeitnehmer anderer Mitgliedstaaten anzuwenden. Diese Richtlinie bezieht sich aber *nicht* auf die Systeme der sozialen Sicherung.

Im Verständnis des "sozialen Schutzes als produktiver Faktor" (Flynn 1997: S. 5) wurden in der Verordnung 1408/71 meist *hohe* Standards für den Schutz der betroffenen Personen verabschiedet. Im Laufe der Zeit hat insbesondere der Europäische Gerichtshof zudem aus dem Auftrag des EGV, Freizügigkeit herzustellen, durch seine Rechtsprechung eine Art "Günstigkeitsprinzip" für Wanderarbeitnehmer geschaffen. Dabei nimmt er auch die Besserstellung von Wanderarbeitnehmern gegenüber immobilen Arbeitnehmern in Kauf (Schulte 1998: S. 60).

National unterschiedliche Regelungen in den Sozialversicherungssystemen dürfen kein Freizügigkeitshemmnis darstellen. Deshalb ist eine Koordination dieser Systeme unerlässlich. Genauso wenig dürfen sie aber auch nicht diejenigen Arbeitnehmer diskriminieren, die auf ihr Recht auf Freizügigkeit verzichten. Der Umfang der sozialstaatlichen Leistungen ist dabei nicht das eigentliche Problem. Eine positive Korrelation zwischen dem Niveau an Sozialleistungen und Löhnen vorausgesetzt, ist eine Wanderung zum hohen Lohn und damit auch in aller Regel zum hohen

---

103 Art. 4 VO 1408/71: Leistungen bei Krankheit, Mutterschutz, Invalidität, Erhaltung und Verbesserung der Erwerbsfähigkeit, Leistungen bei Alter, an Hinterbliebene, bei Arbeitsunfällen und Berufskrankheiten, bei Arbeitslosigkeit, Leistungen an Familien und Sterbegeld. Die Verordnung gilt sowohl für beitragsfreie als auch beitragsfinanzierte Systeme sozialer Sicherung (Wirtschaftsgemeinschaft 1971).

Sozialstandard nahe liegend, aus allokativen Gründen erwünscht und aus juristischer Sicht wegen des Diskriminierungsverbots rechtens. Arbeitnehmern, die nach diesem Kalkül handeln, kann man schwerlich vorwerfen, "Sozialtourismus" zu betreiben. Abzulehnen ist allerdings eine Rechtsprechung des Gerichtshofes, die Wanderarbeitnehmer oder deren Angehörige systematisch gegenüber den immobilen Arbeitnehmern bevorteilt.[104]

Die Koordinierung der sozialen Sicherungssysteme erfolgt größtenteils gemäß dem "Beschäftigungslandprinzip". Deshalb werden auf Arbeitslose aus anderen Mitgliedstaaten ebenfalls die Regeln des Beschäftigungslandes angewendet. Wie Feldmann (2000: S. 407) feststellt, sind die Regelungen zur Koordination der Arbeitslosenversicherung grundsätzlich freizügigkeitsfördernd und auch im Sinne des Wettbewerbs unter den verschiedenen nationalen Arbeitslosenversicherungen sinnvoll. Anstoß ist jedoch an der Regelung zu nehmen, die dem in sein Heimatland zurückgekehrten Arbeitslosen nur noch für die Dauer von drei Monaten die Arbeitslosenunterstützung des ehemaligen Beschäftigungslandes gewährt. In der Tat scheint hier der "Grundsatz des wohlerworbenen Rechts" verletzt zu sein. Begründet wird dies u. a. damit, dass der in seine Heimat zurückgekehrte Arbeitslose durch die hohen Unterstützungsleistungen des ehemaligen Beschäftigungslandes wenig Anreize verspüren könnte, in der Heimat eine vergleichsweise schlecht bezahlte Arbeit anzunehmen. Man könnte ihm "absichtliche" Arbeitslosigkeit unterstellen, um im Niedrigstandardland ein "reicher" Arbeitsloser zu werden. Feldmanns Vorschlag (ebenda: S. 408), der auf eine moderate Kürzung der Arbeitslosenunterstützung bei einer längeren Verweildauer im Heimatland hinausläuft, scheint im Rahmen des Möglichen ein ausgewogener Vorschlag für diesen Konflikt zwischen Rechtsanspruch, Freizügigkeits- und Gleichbehandlungsgrundsatz zu sein.
Die Einstellung der Arbeitslosenunterstützung durch das ehemalige Beschäftigungsland nach einer festgelegten Zeit (zur Zeit sind das drei Monate) ist meines Erachtens aus ordnungspolitischen Gründen vertretbar. Man kann davon ausgehen, dass diese Arbeitslosen der Arbeitsvermittlung des ehemaligen Beschäftigungslandes realistischerweise nicht mehr zur Verfügung stehen und die Rückkehr ins Heimatland aus freien Stücken erfolgte. Sollte der Arbeitnehmer dann in seinem Heimatland in eine persönliche Notlage geraten, so wäre die dortige Sozialhilfe zuständig und nicht die Arbeitslosenversicherung im ehemaligen Beschäftigungsland.
Allerdings sollte man bedenken, dass dieser grundsätzliche Konflikt zwischen Rechtsanspruch, Freizügigkeits- und Gleichbehandlungsgrundsatz wahrscheinlich gar nicht erst entstehen würde, wenn man die Arbeitslosenversicherung von vornherein stärker am Äquivalenzprinzip orientieren würde. Dann steht es dem Versicherten frei, wo und wie er die Zeit der Arbeitslosigkeit verbringt - und zwar nach Maßgabe der von ihm ausgewählten Art der Arbeitslosenversicherung. Denn der Aufenthalt in einem Land mit niedrigeren Lebenshaltungskosten kann für einen Arbeitslosen

---

104 Beispiele siehe oben in Kapitel 3.2.2.2 im Zusammenhang mit dem Export von Sozialleistungen und der Auslegung des Arbeitnehmerbegriffs durch den EuGH. Vgl. auch Kuhn (1994: S. 264ff.) und Feldmann (2000: S. 412ff.).

durchaus eine rationale Option darstellen, die Zeit der Arbeitslosigkeit zu überbrücken. Dabei wäre kein Fall von "Ungerechtigkeit" zu entdecken, wenn er in seinem Heimatland ein vergleichsweise hohes Arbeitslosengeld seiner Arbeitslosenversicherung beziehen würde.

Auch von den Regelungen zur Koordination der Leistungen im Krankheitsfall (Art. 18 - 36 der VO) gehen keine größeren freizügigkeitshemmenden Restriktionen aus. Ein Arbeitnehmer wird bei dauerhafter Beschäftigung in einem Gastland dort Mitglied des jeweiligen Krankenversicherungssystems und erhält von diesem - je nachdem - Sach- und Geldleistungen. Wanderungshemmend dürften bei einer Präferenz für hohe Nettoeinkommen höchstens die den Nettolohn senkenden Krankenversicherungsbeiträge der Hochstandardländer sein oder umgekehrt niedrigere Standards im Gesundheitssystem anderer Länder. Aber auch hier stellen die Regelungen der nationalen Krankenversicherungen Determinanten eines Systemwettbewerbes um die präferenzengerechte Ausgestaltung der jeweiligen Gesundheitsdienste dar. Allerdings kann eine Person in Deutschland sich nicht nach britischem Recht krankenversichern. Bevorzugt die Person aber das britische Gesundheitssystem, kann sie sich in Großbritannien eine Beschäftigung suchen. Dieser Systemwettbewerb würde also ceteribus paribus nur über den "exit"-Mechanismus funktionieren.
Zusätzlich wird die Wahlfreiheit der Bürger hinsichtlich einer Krankenversicherungslösung im Ausland dadurch eingeengt, dass eine bestehende private Krankenversicherung als Substitut der ausländischen gesetzlichen Krankenversicherungen von den meisten Ländern der europäischen Union nicht anerkannt wird. Dies ist umso bedauerlicher, als eine private Krankenversicherungslösung meist europaweit gilt (Versicherungswissenschaft 1997: S. 30).
Ebenfalls eingeschränkt ist die Möglichkeit, im europäischen Ausland eine medizinische Leistung in Anspruch zu nehmen. Art. 22 der VO 1408/71 regelt die Bedingungen, unter denen Versicherte Leistungen zu Lasten ihres Versicherungsträgers im Ausland in Anspruch nehmen können. Dort sind sie zunächst nur berechtigt, eine Gesundheitsleistung zu empfangen, die "unverzüglich" erforderlich ist oder nicht aufgeschoben werden kann. In jüngster Zeit hat eine Entscheidung des Europäischen Gerichtshofes für Unruhe unter den gesetzlichen Krankenversicherungen gesorgt. In seinem Urteil hat es der Gerichtshof als Verstoß gegen den freien Waren- und Dienstleistungsverkehr gewertet, wenn die Krankenversicherungen die Zahlung einer im EU-Ausland erbrachten Zahnbehandlung und eines Brillenkaufs von einer vorherigen Genehmigung der Kassen abhängig machen. Mit diesem Urteil betont der Gerichtshof "den überragenden Stellenwert des freien Waren- und Dienstleistungsverkehrs" in der EU. Die Krankenversicherungen müssen nun - freilich nach dem im Versicherungsland geltenden Leistungskatalog - auch im EU-Ausland Gesundheitsleistungen zahlen (Daumann 2000: S. 438; FAZ 2000a: S. 18). Hierdurch dürfte in Zukunft zusätzlicher Wettbewerb die Effizienz der Gesundheitsmärkte steigern.

Die Rentenansprüche, die Wanderarbeitnehmer im Laufe der Zeit in verschiedenen Mitgliedstaaten erwerben, werden nach dem Prinzip der Zusammenrechnung nach

Maßgabe der Art. 46 und 47 VO 1408/71 berechnet. Ferner wird den Arbeitnehmern die uneingeschränkte Transferierbarkeit der erworbenen Rentenansprüche zugesichert, auch wenn sie nach ihrer Erwerbstätigkeit wieder in ihr Heimatland oder in ein anderes Land zurückkehren. Allerdings können von den verschiedenen nationalen Rentensysteme u. a. künstliche Wanderungsanreize ausgehen (Feldmann 2000: S. 411). Der Grund hierfür liegt zum Teil in den sehr kurzen Anwartschaften auf Renten und hohen staatlichen Rentensubventionen besonders in den ersten Jahren eines Rentenversicherungsverhältnisses in anderen Ländern der Gemeinschaft. Hier könnte man im wahrsten Sinne des Wortes von "rent-seeking" sprechen, wenn Arbeitnehmer bewusst eine Beschäftigung in solchen Ländern anstrebten, die vergleichsweise großzügig - also unter Verletzung des Versicherungsprinzips - Rentenansprüche gewähren und diese dann sammelten. Allerdings dürfte dieser Fall empirisch kaum ins Gewicht fallen. Die weitere Problematik ähnelt ansonsten jener der Krankenversicherung. Auch in der Rentenversicherung muss der Wanderarbeitnehmer dem Rentensystem seines Beschäftigungslandes beitreten, da auch hier das Inländerprinzip gilt. Mit der Richtlinie 98/49/EG zur Wahrung "ergänzender" Ansprüche von Arbeitnehmern und Selbständigen (Union 1998b) schließt die Union eine zuvor vernachlässigte Lücke bei der Sicherung von Rentenansprüchen. Ansprüche aus betrieblichen Renten gehen nun nicht mehr bei Aufnahme einer Beschäftigung in einem anderen EU-Land verloren, sondern werden grundsätzlich so behandelt, wie es sich bei den gleichen Umständen im Herkunftsland ergeben hätte. Sprich: die ergänzenden Rentenansprüche gleichen jenen von Arbeitnehmern, die im Mitgliedstaat verbleiben oder innerhalb des Mitgliedstaates den Arbeitsplatz wechseln (Erwägungsgrund 7 der Richtlinie 98/49/EG). Insgesamt dürfte die generelle Zusammenrechnung der Rentenansprüche und ihre Transferierbarkeit für die meisten wanderwilligen Arbeitnehmer eine "conditio sine qua non" für die Inanspruchnahme des Rechts auf Freizügigkeit sein. Das Problem des oben erwähnten speziellen "rent-seeking" ist vornehmlich ein Problem der betroffenen Mitgliedstaaten und bedarf keiner gemeinschaftlichen Koordination oder Reglementierung.

Der vierte Bereich der europäischen Koordination sozialer Sicherungssysteme regelt die staatlichen Transfersysteme, hier insbesondere die Sozialhilfe. Auch bei der Sozialhilfe findet das Inländerprinzip Anwendung. Der wesentliche Unterschied zu den vorher genannten, zumeist beitragsfinanzierten Sparten der sozialen Sicherung, besteht darin, dass die Leistungen aus der Sozialhilfe, die in der Regel nach dem Fürsorgeprinzip gewährt werden, prinzipiell nicht exportierbar sind. Aber auch hier kann die Höhe der Sozialhilfe einen Wanderungsdruck auslösen, insbesondere dann, wenn das legal erwirtschaftete Einkommen im Heimatland vergleichsweise gering zu der in Aussicht stehenden Sozialhilfe ausfällt. Angemerkt sei, dass Personen, die am Erwerbsleben nicht teilnehmen und nicht über ausreichende eigene Mittel verfügen, keinen Anspruch auf Freizügigkeit innerhalb der EU haben, so dass dieses Problem vernachlässigbar erscheint (Feldmann 2000: S. 415). Die Zuzugsregelungen des Art. 10 der VO 1612/68 beziehen sich denn auch nur auf die Angehörigen von Arbeitnehmern, die in einem Mitgliedstaat der EU beschäftigt sind.

Die Koordination der Systeme sozialer Sicherheit ist eine hilfreiche Einrichtung zur Gewährung faktischer Freizügigkeit, damit auch zur Stärkung der wettbewerblich-marktwirtschaftlichen Integrationsmethode. Der Grundsatz der Koordination nach dem Beschäftigungslandprinzip wirkt sich in aller Regel zwar positiv auf die Freizügigkeit aus; da Wanderungen aber tendenziell von den Ländern mit niedriger Produktivität in solche mit hoher Produktivität und hohen Löhnen stattfinden, verteuert die Anwendung des Beschäftigungslandprinzips in der Regel den Faktor Arbeit und verringert die Nachfrage nach (ausländischer) Arbeit. Auch hier könnte eine stärkere Berücksichtigung des Äquivalenzprinzips, sowohl unter Präferenzaspekten der Versicherten als auch unter Wettbewerbsgesichtspunkten diesen Nachteil verringern helfen. Würde das Beschäftigungsland generell den jeweils mitgebrachten sozialen Schutz aus einem bestehenden (privaten) Versicherungsverhältnis akzeptieren,[105] so würde dies die heimischen Sozialversicherungs- und Arbeitsmärkte in Richtung Deregulierung unter Druck setzen und damit den Wettbewerb der Systeme weiter verstärken. Allerdings wäre die Anwendung des Ursprungslandprinzips auch mit erheblichen Risiken für den Wanderarbeitnehmer verbunden. Diese müssen im Vorfeld der Entscheidung, in einem anderen Land einer Beschäftigung nachgehen zu wollen, bedacht und durch entsprechende Vorkehrungen abgesichert werden. Würde ein Wanderarbeitnehmer nämlich nur einen vergleichsweise geringen Schutz aus seiner Heimat mitbringen, so könnte er z.B. im Fall von Arbeitslosigkeit oder Krankheit im Beschäftigungsland in eine ernste Notlage geraten. Gegen das Diskriminierungsverbot innerhalb der Gemeinschaft würde eine *allgemeine* gemeinschaftsweite Anwendung des Ursprungslandprinzips und die Akzeptanz privatwirtschaftlicher Versicherungslösungen indes nicht verstoßen.

Die Lösung der geschilderten Probleme kann im Grunde nur durch eine fundamentale Transformation der europäischen Sozialversicherungssysteme erfolgen und ist entsprechend langwierig.[106] Nachdem eine vollkommene Harmonisierung der europäischen Sozialversicherungssysteme alleine wegen der unterschiedlichen ökonomischen Leistungsfähigkeit der Mitgliedstaaten ausscheidet, bliebe als Lösungsmöglichkeit nur noch die Überführung der staatlichen Sozialversicherungssysteme in privatwirtschaftliche, nach dem Äquivalenzprinzip organisierte

---

105 Dann würde das Herkunftslandprinzip gelten, was dem Ursprungsland auf Güterseite entspricht.

106 Wenn nicht gar auf absehbare Zeit utopisch. Es liegt nicht im Interesse einer staatlichen Sozialversicherung, private Konkurrenz zuzulassen, die ihre Existenz infrage stellen könnte. Dabei spielt es keine Rolle, ob diese Konkurrenz aus dem Inland oder Ausland erwachsen würde. Außerdem scheint es zum jetzigen Zeitpunkt kaum möglich, ein staatliches Sozialversicherungssystem in ein grundlegend marktlich organisiertes Sozialversicherungssystem zu transformieren. Dem stünden erhebliche wohlfahrtsstaatlich motivierte Widerstände entgegen - nicht nur auf nationaler Ebene, sondern auch auf europäischer Ebene. Ein Land, das sein staatliches Sozialversicherungssystem zugunsten eines privaten aufgäbe, würde sich unweigerlich Vorwürfen des "sozialen Dumpings" ausgesetzt sehen. Dies alles bedeutet aber nicht, dass in Zukunft verstärkt marktliche Sicherungslösungen möglich sein können. Der zunehmende internationale Wettbewerbsdruck und der oft marode Zustand vieler staatlicher Sozialversicherungssysteme, die meist nach dem Umlageverfahren finanziert werden und einen großzügigen Solidarausgleich betreiben, rechtfertigen hier einen verhaltenen Optimismus.

Versicherungssysteme. Dabei würde eine weitgehend private Sozialversicherung auch eine große Entlastung für die Koordination der sozialen Sicherungssysteme mit sich bringen: sie könnte bis auf wenige grundlegende Rahmenrichtlinien, zum Beispiel für die Vorgabe einer Versicherungspflicht, entfallen.

Einen ersten Schritt hin auf eine sich selbst koordinierende Sozialversicherung würde es bedeuten, wenn man den Krankenversicherungsschutz, den privat versicherte Personen aus ihren Herkunftsländern "mitbringen", im EU-Ausland akzeptierte. Dies würde zumindest die Wahlfreiheit der Bürger vergrößern.
Die Angestellten der europäischen Behörden haben diesbezüglich einen größeren Entscheidungsspielraum als der "gemeine" Europäer: Nach Art. 16 VO 1408/71 (Wirtschaftsgemeinschaft 1971) haben die "Hilfskräfte der Europäischen Gemeinschaften (..) die Wahl zwischen der Anwendung der Rechtsvorschriften des Mitgliedstaats, in dessen Gebiet sie beschäftigt sind, des Mitgliedstaats, in dem sie zuletzt versichert waren, oder des Mitgliedstaats, dessen Staatsangehörigkeit sie besitzen." Auch wenn dieses Wahlrecht nur einmal ausgeübt werden kann und beschränkt ist: es existiert wenigstens ein Wahlrecht. Honi soi qui mal y pense![107]

107 "Ein Schelm, wer Schlechtes dabei denkt." Dieser Wahlspruch des englischen "Hosenbandordens" soll auf den angeblichen Ausruf König Eduards III. zurückgehen, als dieser das Strumpfband der Gräfin von Salisbury, das auf den Boden gefallen war, auf- und dabei ihr Kleid versehentlich etwas anhob.

5 Wandel und Auswirkungen des sozialpolitischen Leitbildes der Gemeinschaft

Die vorausgegangenen Kapitel haben gezeigt, dass sich im bisherigen Integrationsprozess das Verständnis von europäischer Sozialpolitik verändert hat. Je weiter die europäische Integration voranschritt, desto mehr Politikbereiche mit im Grunde sozialpolitischen Zielsetzungen wurden in das Vertragswerk einbezogen. Die wirtschaftliche Integration wurde immer stärker an sozialpolitischen Zielsetzungen ausgerichtet. Im Zuge dieser Entwicklung gelang es der Gemeinschaft, zahlreiche sozialpolitische Kompetenzen auf Gemeinschaftsebene anzusiedeln. Der ordnungspolitische Charakter dieser Sozialunion hat allerdings Konsequenzen für den gesamten Integrationsprozess und die anstehenden Erweiterungen der Gemeinschaft.

Um die Auswirkungen der Sozialunion auf den europäischen Integrationsprozess abschätzen zu können, ist das zugrunde liegende sozialpolitische Leitbild zu identifizieren, da dieses - wie hier argumentiert wird - die Integrationsmethode bestimmt. Leitbildern liegen übergeordnete Ordnungsvorstellungen zugrunde. Deshalb stellen Leitbilder Orientierungsnormen für eine "gewollte Ordnung" dar. Die gewollte europäische Sozialordnung unterliegt der Logik der Interdependenz der Ordnungen, hier im Verhältnis zur europäischen Wirtschafts- und Währungsordnung. Bestehen in dieser Hinsicht Widersprüche, so entsteht ein Bruch in der Integrationskonzeption.

Mit den Römischen Verträgen haben sich die Mitgliedstaaten der Gemeinschaft prinzipiell auf die ordoliberale Konzeption der Wirtschaftsverfassung des Wettbewerbs geeinigt. Damit entschieden sie sich für die wettbewerblich-marktwirtschaftliche Integrationsmethode. Die Grundlage dieser Integrationsmethode bilden Transaktionen aus individuellen Handlungszielen und Entscheidungen gemäß dem Individualprinzip. Die Freiheit dieses eigenverantwortlichen Handelns wird durch die Gemeinschaft und die Mitgliedstaaten gemäß dem Subsidiaritätsprinzip gesichert. Eine ergänzende spezielle Sozialpolitik war – von den Aufgaben des Sozialfonds abgesehen – ursprünglich nicht beabsichtigt. Die Sozialpolitik der Gemeinschaft war in erster Linie Wirtschaftsordnungspolitik und orientierte sich somit am ordoliberalen Leitbild der Sozialpolitik; sie beschränkte sich darauf, die Freizügigkeit der Arbeitskräfte herzustellen und zu garantieren. Möglichst alle Individuen sollten sich nach eigenen Präferenzen, Zielen und Möglichkeiten am Wirtschaftsgeschehen beteiligen können. Das sozialpolitische Ziel "Sicherheit" galt mit der "Sicherung der persönlichen Freiheit" als realisiert und durch die Gewähr freiheitsschaffender Mindeststandards flankiert. Damit sollte gesichert sein, dass Wanderungswillige im Integrationsgebiet nach rechtsstaatlichen Prinzipien behandelt, also nicht diskriminiert werden. Diesem Diskriminierungsverbot entsprach als Gerechtigkeitsnorm die Start- und Leistungsgerechtigkeit. Die Unterschiede in den Lebens- und Arbeitsverhältnissen wurden demnach nicht als Problem einer speziellen europäischen Angleichungspolitik gesehen. Auch die angestrebte "harmonische Entwicklung des Wirtschaftslebens" sollte primär, wenn auch mit den Ausnahmen der Montan- und "Agrarunion", über den wettbewerblich-marktwirtschaftlichen Integrationsweg erreicht werden.

Das sozialpolitische Leitbild, das die Gemeinschaft in dieser Phase des Integrationsprozesses verfolgte, war folglich weitgehend ziel- als auch ordnungskonform zu den allgemeinen Ordnungsvorstellungen der Gemeinschaft.

Erst zu Beginn der 70er Jahre begann die Gemeinschaft - unter nachdrücklichem Verweis auf den Gedanken der "europäischen Solidarität" - ihren Gestaltungsanspruch im Hinblick auf die wirtschaftlichen *und* sozialen Verhältnisse in den Mitgliedstaaten auszubauen. Sozialpolitische Erwägungen wurden nicht mehr vorrangig als implizite Konsequenz des Integrationsprozesses angesehen, sondern als explizite Aufgabe betrachtet.
Die ordnungspolitische Umorientierung der Gemeinschaft in Richtung "Gleichheit" und "soziale Gerechtigkeit" setzte zaghaft mit dem Pariser Gipfel von 1972 ein und verstärkte sich mit der Einheitlichen Europäischen Akte. Hier erwies sich die Erweiterung gemeinschaftlicher Kompetenzen auf sozialpolitisch relevante Bereiche als folgenreich für das sozialpolitische Leitbild der Gemeinschaft. Mit der Hinwendung zum Prinzip der gegenseitigen Anerkennung nationaler Regulierungen wurde zunächst die wettbewerblich-marktwirtschaftliche Integrationsmethode auf den Gütermärkten gestärkt. Diese prinzipiell ergebnisoffene Integrationsmethode wurde allerdings durch neue Kompetenzen zur politisch-bürokratischen Angleichung in der Kohäsionspolitik und im Arbeitsschutz und mit den späteren Vertragsrevisionen auch im Arbeitsrecht und der Beschäftigungspolitik "gekontert".
Damit tritt zutage, dass die Gemeinschaft im Grunde genommen dem Binnenmarktgeschehen, welches ja durch unzählige Transaktionen von *Individuen* bestimmt wird, nicht zutraut, die Lebens- und Arbeitsverhältnisse in Europa zu verbessern und anzugleichen. Dieser Sicht entspricht, dass sich die Gemeinschaft vom Individual- und Subsidiaritätsprinzip ordoliberaler Deutung seitdem mehr und mehr abwendet. Stattdessen verfolgt sie unter Bezugnahme auf eine eventuell vorhandene "europäische Solidarität" und ein "Interesse der Gemeinschaft" eine Politik, die "gleiche" Lebens- und Arbeitsverhältnisse zunehmend als Voraussetzung und nicht als mögliches Ergebnis des europäischen Integrationsprozesses ansieht.
Die neuen Vorstellungen zur Harmonisierung des Arbeitsschutzes, des Arbeitsrechts und des wirtschaftlichen und sozialen Zusammenhalts zeigen dies deutlich. Die Ziele "hohes Schutzniveau" und "Herstellung interregionaler Gerechtigkeit" als Aspekte der Verteilungsgerechtigkeit sind Ausdruck hierfür. Ein personaler Bezugspunkt der damit in Zusammenhang stehenden Maßnahmen existiert allerdings nicht mehr. Stattdessen wird die bedürftige Person durch die "bedürftige Region" und andere Bezugsgrößen ersetzt, die sich an Kollektiven oder Großgruppen orientieren, denen bestimmte Eigenschaften und Bedürfnisse zugewiesen werden.[1]
Das im Maastrichter Vertrag eingeführte Subsidiaritätsprinzip wird in der Sache "von oben nach unten" interpretiert - als Instrument, die Ordnungsvorstellungen von Rat und Kommission nach unten durchzusetzen. Die Gemeinschaft geht davon aus, das hierfür notwendige Wissen auf Gemeinschaftsebene mobilisieren und nutzen zu

1 Etwa Arbeitnehmer verschiedener Branchen, Unternehmen bestimmter Industriezweige oder Regionen, deren Wirtschaftsstrukturen sich im Umbruch befinden, um nur einige zu nennen.

können. Der Wissenszentralisierung soll letztlich auch der verstärkte "soziale Dialog" dienen. Daraus entwickelt die Gemeinschaft eine Präferenz für korporatistische Lösungen der Arbeitsmarktprobleme. Dieses Handlungskonzept, das sich an wohlfahrtsstaatlichen Ordnungsvorstellungen orientiert, wurde mit der Vertragsrevision von Amsterdam erweitert.

Fazit und Ausblick: Für den Wettbewerb zwischen Unternehmen auf dem Binnenmarkt gilt weitgehend die Wirtschaftsverfassung des Wettbewerbs. Die Voraussetzungen für die Gewährleistung der vier Grundfreiheiten, die Wettbewerbsregeln und das Subsidiaritätsprinzip sind im EGV verankert (siehe Tabelle 2). Der Wettbewerb auf den Güter- und insbesondere auf den Faktormärkten wird dabei durch die Währungsunion und das Prinzip der gegenseitigen Anerkennung nationaler Regulierungen sogar noch verstärkt. In sozialpolitischer Hinsicht jedoch ist insbesondere seit der Einheitlichen Europäischen Akte zunehmend eine Integrationsrichtung eingeschlagen worden, die sich am Konzept der Ex ante-Harmonisierung orientiert. Mit diesem Wandel zum wohlfahrtsstaatlichen Leitbild der Sozialpolitik wird der Bruch in der Integrationskonzeption der Gemeinschaft und die *Ambivalenz* ihrer Integrationspolitik erkennbar. Dies äußert sich darin, dass zum einen Integrationsschritte unternommen wurden, die die Wettbewerbsintensität in Europa erhöhen; die Sozialunion wird aber ausdrücklich als *Korrektiv* eben jener Wettbewerbsergebnisse verstanden, die aufgrund der Ergebnisoffenheit von Wettbewerbsprozessen die Angleichungsziele der Union zumindest zeitweise "durchkreuzen" können:

1. Vor allem durch die *Währungsunion* wurde eine Entwicklung eingeleitet, welche die integrationspolitische Leitfunktion der Wirtschaftsverfassung des Wettbewerbs potenziell stärken könnte. Dabei könnte die Währungsunion über die Intensivierung des Wettbewerbes auf den Güter- und Faktormärkten auch prinzipiell günstigere Bedingungen schaffen für einen umfassenden Wettbewerb der Systeme in Europa, der auch das staatlich erstellte Angebot an Gütern und Diensten umfassen würde. Teilweise kann die Leitfunktion der Wirtschaftsverfassung des Wettbewerbs aber dort infrage gestellt werden, wo die Triebkräfte des Wettbewerbs ohnehin bereits geschwächt sind, nämlich vor allem auf den europäischen Arbeitsmärkten. So wurde bereits darauf hingewiesen, dass sich durch den Wegfall des wechselkursbedingten "Lohnschleiers" der Wettbewerbsdruck auf die nationalen Arbeitsmärkte und Systeme der sozialen Sicherung erhöhen wird. Die möglichen Anpassungen von Löhnen, Arbeitsbedingungen und anderen Regulierungen oder auch die Rückführung des Staatseinflusses bei den Systemen sozialer Sicherung werden jedoch nicht als Ergebnis der Wettbewerbsprozesse akzeptiert, sondern als Aufforderung verstanden, die Wettbewerbswirkungen auf diese Bereiche erst gar nicht durchschlagen zu lassen. Dazu sind allerdings umfangreiche Transfers notwendig oder Möglichkeiten, in die jeweils betroffenen wirtschaftspolitischen Bereiche "prophylaktisch" regulierend und harmonisierend einzugreifen. Hierzu konnte sich die Union im Zuge der vergangenen Vertragsrevisionen insbesondere in den

Bereichen der Kohäsionspolitik, der Beschäftigungspolitik und im Arbeitsrecht vielfältige Eingriffsmöglichkeiten eröffnen (siehe Kapitel 4).

2. Die anstehende *Osterweiterung* der EU stellt die Union vor ähnliche Probleme. Die Union - und besonders die deutsche Bundesregierung - fürchtet eine verstärkte Lohn- und Arbeitsplatzkonkurrenz durch den Beitritt der in Produktivität und Lohnentwicklung noch zurückliegenden Beitrittskandidatenländer. Auch hier sollen die gemeinschaftlichen Besitzstände hinsichtlich des sozialen Schutzes und der Regulierungen auf den Arbeitsmärkten nach Möglichkeit nicht dem Wettbewerb ausgesetzt werden. Unter Verweis auf ein "Sozialdumping" hinsichtlich der Löhne, der Arbeitsbedingungen, der sozialen Sicherung und einen befürchteten "Sozialtourismus" werden aktuell insbesondere von deutscher Seite nach dem Motto "Zeit gewinnen" Übergangsfristen gefordert, die die volle Freizügigkeit osteuropäischer Arbeitnehmer auf weitere sieben Jahre nach dem Beitritt einschränken (FAZ 2000b: S. 6). Bis dahin sollen die lohnrelevanten Kostenbestandteile, also nicht nur die Nominallöhne selbst, sondern auch alle relevanten Regulierungen der Arbeitsbedingungen, in den entsprechenden Ländern "nachgezogen" haben. Auch den Vorschlägen, bei der *Gewähr* sozialer Leistungen zunächst verstärkt nach dem Herkunftslandprinzip zu verfahren (Sinn 2000: S. 13), kann man in Anbetracht der Reformnotwendigkeiten der hiesigen Systeme sozialer Sicherung durchaus protektionistische Absichten unterstellen, sofern die sozialversicherungsrechtlichen Regelungen des Beschäftigungslandes - also in erster Linie Beitragszahlungen - auf die Wanderarbeitnehmer angewendet werden. Die Union knüpft die Aufnahme neuer Mitglieder an die Übernahme des kompletten gemeinschaftlichen Besitzstands an Regulierungen.[2] Damit verhindert sie jedoch im Vorfeld der Erweiterung das für die Entdeckung neuen Problemlösungswissens so wichtige "Testen und Generieren neuer Hypothesen" (Kerber) über die Problemlösungsfähigkeit unterschiedlicher nationaler institutioneller Arrangements. Stattdessen stülpt sie den neuen Mitgliedern ihre Regeln über. Hierdurch werden nicht nur die Wettbewerbsregeln übertragen, sondern auch all jene Regeln, die im Gefolge der Expansion wohlfahrtsstaatlicher Ordnungsvorstellungen von Integration entstanden sind. Hierbei dürften insbesondere die Gemeinschaftsregeln zum Arbeitsrecht und Arbeitsschutz ein Entwicklungshemmnis darstellen, ähnlich wie es immer noch für den Arbeitsmarkt der neuen Bundesländer nach der Wiedervereinigung der beiden deutschen Staaten zu beobachten ist (siehe hierzu Schüller 1996a: 23ff.). Dies

---

2 Siehe Gemeinschaften (1997b: S. 54ff.) Zu Fragen der Osterweiterung der EU, der notwendigen institutionellen und politischen Anpassungserfordernisse in den Beitrittskandidatenländern und der Union selbst siehe statt vieler Hartwig/Welfens (1998), Schüller (1994c), Welfens (1997), Kronberger Kreis (1998) und Ludwig-Erhard-Stiftung (1997). Über den Stand der Übernahme des Gemeinsamen Besitzstandes bei den Beitrittskandidaten geben die jährlich erscheinenden Berichte der Kommission über die Fortschritte auf dem Weg zum Beitritt Auskunft (Gemeinschaften 2000d).

wissen auch die politisch Verantwortlichen in den Beitrittskandidatenländern, und es bleibt abzuwarten, inwieweit sich die hoch regulierten Mitgliedsländer mit ihren vielfältigen Protektionsinteressen durchsetzen können. Es zeichnet sich jedenfalls jetzt schon ab, dass insbesondere um die Anteile an den Strukturfonds- und Kohäsionsfondsmitteln der Union heftige Verteilungskämpfe entbrennen werden.

3. Solche *Verteilungskämpfe* sind eine direkte Konsequenz daraus, dass sich die Gemeinschaft durch den von ihr herbeigeführten Bruch in der Integrationskonzeption immer weiter vom wettbewerblich-marktwirtschaftlichen Integrationsweg wegbewegt hat. Die Hauptaufgabe der Sozialunion besteht nunmehr darin, unerwünschte Wettbewerbswirkungen der Währungsunion und auch der Osterweiterung zu korrigieren. Die Möglichkeit, Ergebnisse ex ante zu beeinflussen, macht die Gemeinschaft zu einem wichtigen Ansprechpartner europäischer Interessenvertretungen. Je mehr Befugnisse zum Eingriff in die Verfügungsrechte Dritter auf Gemeinschaftsebene zentralisiert werden und je umfangreicher die zu Verteilungszwecken verfügbaren Mittel sind, desto stärker werden sich organisierte Interessenvertretungen bemühen, Entscheidungen der Union in ihrem Sinne zu beeinflussen. Die Erfolgschancen externer Einflussnahme haben sich in dem Maße verbessert, seit die Union über den "sozialen Dialog" offen korporatistische Lösungen sozialer Fragen im Sinne "europäischer Bündnisse für ..." befürwortet. Der Versuch, im Rahmen des "sozialen Dialogs" das individuelle Vertragsrecht auf der Ebene der Arbeitsmarktparteien zu kollektivieren, ist offensichtlich darauf gerichtet, die Unterschiedlichkeit der Lebens- und Arbeitsverhältnisse und der Entwicklungsniveaus in Europa stärker und schneller mit Hilfe der Ex ante-Methode auszugleichen, als dies auf andere Weise möglich erscheint.

Eingangs wurde argumentiert, das sozialpolitische Leitbild der Union als Bild einer gewollten Sozialordnung müsse mit der eingeschlagenen Integrationskonzeption der Union vereinbar sein. In der Logik der Systementfaltung und -bewahrung müssen die konstitutiven Ordnungsprinzipien der Sozialordnung mit jenen der Wirtschaftsordnung übereinstimmen. Das ordoliberale Leitbild der Sozialpolitik wurde als vereinbar identifiziert mit der europäischen Wirtschaftsordnung, die in weiten Teilen den Ordnungsvorstellungen der Wirtschaftsverfassung des Wettbewerbs folgt. Als komplementäre Integrationsmethode kommt die wettbewerblich-marktwirtschaftliche Integrationsmethode infrage. Die Bewertung der Sozialunion als ordnungspolitischer Prüfstein des europäischen Integrationsprozesses ergibt sich aus der Konformitätsprüfung zwischen sozialpolitischem Leitbild und der Integrationsmethode. Hier wurde festgestellt, dass das sozialpolitische Leitbild, welches größtenteils wohlfahrtsstaatlichen Ordnungsvorstellungen folgt, nicht mit den wettbewerblich-marktwirtschaftlichen Ordnungsvorstellungen des europäischen Integrationsprozesses konform ist.
Angesichts der anstehenden Erweiterungen der EU und des zunehmenden Wettbewerbsdrucks durch die Währungsunion sollte die Union darauf hinwirken,

insbesondere die europäischen Arbeits- und Versicherungsmärkte wieder funktionsfähig zu machen und nicht durch ihre Kohäsionspolitik und Regulierungstätigkeit die Funktionsstörungen dieser Märkte zu zementieren. In einer an Mitgliedern wachsenden Union wird die Angleichungspolitik in ihrer heutigen Form ohnehin kaum mehr durchzuführen sein. Dazu sind die Interessen und die wirtschaftlichen Gegebenheiten zu unterschiedlich.
Mehr Wettbewerb in der europäischen Sozialpolitik im Sinne der gegenseitigen Anerkennung und die Durchführung nationaler Sozialpolitiken gemäß dem Subsidiaritätsprinzip eröffnen den Mitgliedsländern weitaus bessere Perspektiven, jenes Maß an Differenzierung und Angleichung des sozialpolitischen Regelbestandes herauszufinden, das den Präferenzen der Bürger Europas entspricht - und zwar besser, als es die wohlfahrtsstaatliche Sozialunion jemals vermag.

Anhang 1: Systeme der Alterssicherung in der EU 1998

- stark vereinfachte und gekürzte Darstellung -

Land	Grundprinzip	Anwendungsbereich	Begründung Anwartschaft (Beitragszahlungen)	Leistungsberechnung nach
B	- Pflichtversicherung (beitragsfinanziert, Umlage)	- Pflichtversicherung für Arbeitnehmer	- keine	- Höhe Arbeitsentgelt - Versicherungsdauer - Familienstand - Geschlecht
DK	- Volksversicherung (allg. Deckungsmittel, Umlage) - Zusatzversicherung - Sonderrenten (beide beitragsfinanziert)	- Pflichtmitgliedschaft	- mind. 3 Jahre Wohnsitz in DK - keine	- Lebensjahre in Dänemark - Beitragszahlungen
D	- Pflichtversicherung (beitragsfinanziert, Umlage)	- Pflichtmitgliedschaft	- 60 Versicherungsmonate	- Beitragszahlungen
GR	- Versicherungsprinzip	- Pflichtversicherung	- 4500 beitragspflichtige Arbeitstage	- Beiträge - Versicherungsjahre
SP	--Versicherungsprinzip	- Pflichtversicherung	- 15 Beitragsjahre	- Beiträge - Versicherungsjahre
F	- Versicherungsprinzip - Pflichtzusatzrente	- Pflichtversicherung	- 1 Versicherungsquartal	- Arbeitsentgelt - Alter - Versicherungsdauer
IRL	- Beitragsabhängiges Sozialversicherungsystem	- alle Personen von 16 bis 66 Jahren in Arbeits- oder Ausbildungsverhältnissen - Ausnahmen möglich	- 10 Jahre vor Rentenbeginn	- Beitragszahlungen - Versicherungsdauer
I	- Versicherungsprinzip	- Arbeitnehmer der Privatwirtschaft	- 20 Jahre - neues System: 5 Jahre	- Lohn - Versicherungsdauer
L	- Versicherungsprinzip	- Alle Erwerbstätigen - Freiwillige Versicherung möglich	- 120 Versicherungsmonate	- Beiträge - Versicherungszeiten
NL	- Allgemeines Sicherungssystem (beitragsfinanziert) - Zusatzrentensystem	- alle Einwohner unter 65 Jahren	- keine	- Versicherungsdauer - Familienstand
P	- Versicherungsprinzip	- alle Arbeitnehmer	- 15 Beitragsjahre	- Versicherungsjahre - Beiträge

UK	Staatliches Renten-system: - Grundrente (pauschaler Beitrag) - Zusatzrente (entgeltbezogen) - proportionales Altersruhegeld (entgeltbezogen) - Staatliche Rente	- Arbeitnehmer und Selbständige - bestimmte Personen ab 80 Jahre	- 10 Jahre - sog. "Mehrein-kommen" - durch Sammeln sog. "Beitragseinheiten" zwischen 1961 und 1975	- Versicherungsdauer - Höhe des Entgelts - Höhe der Beiträge
AU	- Versicherungs-system (Umlage)	- Erwerbstätige	- 180 Beitragsmonate oder - 300 Versicherungs-monate	- Einkommenshöhe - Versicherungsdauer - Alter
SF	- Volksrente - Versicherungs-system	- alle Einwohner - Erwerbstätige	- 3 Jahre Wohnsitz in Finnland - 1 Monat Erwerbstätigkeit	- Dauer Wohnsitz, sonst. Renteneinkommen - Dauer, Entgelthöhe
S	- einkommens-bezogenes Rentensystem (Umlage) - Versicherungs-system (Kapitaldeckung) - Garantierte Rente		- keine - 3 Jahre Wohnsitz in Schweden	- Einkommen, Alter, allg. wirtschaftl. Entwicklung - Entwicklung Kapitalstock - Dauer Wohnsitz

Quelle: Daten für 1998 aus dem MISSOC Informationssystem der Europäischen Union (http://europa.eu.int/comm/employment_social/soc-prot/missoc99/german/f_main.htm, abgerufen am 2.1.2001), Rentenversicherungsträger (1999: S. 359ff.), eigene Zusammenstellung.

Anhang 2: Richtlinien zum Arbeitsschutz

Rahmenrichtlinie Sicherheit und Gesundheitsschutz in Arbeitsstätten:

Richtlinie 89/391/EWG des Rates vom 12. Juni 1989 über die Durchführung von Maßnahmen zur Verbesserung der Sicherheit und des Gesundheitsschutzes der Arbeitnehmer bei der Arbeit (Gemeinschaften/Rat 1989).

Einzelrichtlinien:

1. Richtlinie 89/654/EWG des Rates vom 30. November 1989 über Mindestvorschriften für Sicherheit und Gesundheitsschutz in Arbeitsstätten (Erste Einzelrichtlinie im Sinne des Artikels 16 Absatz 1 der Richtlinie 89/391/EWG).
2. Richtlinie 89/655/EWG des Rates vom 30. November 1989 über Mindestvorschriften für Sicherheit und Gesundheitsschutz bei Benutzung von Arbeitsmitteln durch Arbeitnehmer bei der Arbeit (Zweite Einzelrichtlinie im Sinne des Artikels 16 Absatz 1 der Richtlinie 89/391/EWG).
3. Richtlinie 89/656/EWG des Rates vom 30. November 1989 über Mindestvorschriften für Sicherheit und Gesundheitsschutz bei Benutzung persönlicher Schutzausrüstungen durch Arbeitnehmer bei der Arbeit (Dritte Einzelrichtlinie im Sinne des Artikels 16 Absatz 1 der Richtlinie 89/391/EWG).
4. Richtlinie 90/269/EWG des Rates vom 29. Mai 1990 über die Mindestvorschriften bezüglich der Sicherheit und des Gesundheitsschutzes bei der manuellen Handhabung von Lasten, die für die Arbeitnehmer insbesondere eine Gefährdung der Lendenwirbelsäule mit sich bringt (Vierte Einzelrichtlinie im Sinne von Artikel 16 Absatz 1 der Richtlinie 89/391/EWG).
5. Richtlinie 90/270/EWG des Rates vom 29. Mai 1990 über die Mindestvorschriften bezüglich der Sicherheit und des Gesundheitsschutzes bei der Arbeit an Bildschirmgeräten (Fünfte Einzelrichtlinie im Sinne von Artikel 16 Absatz 1 der Richtlinie 89/391/EWG).
6. Richtlinie 90/394/EWG des Rates vom 28. Juni 1990 über den Schutz der Arbeitnehmer gegen Gefährdung durch Karzinogene bei der Arbeit (Sechste Einzelrichtlinie im Sinne von Artikel 16 Absatz 1 der Richtlinie 89/391/EWG).
7. Richtlinie 90/679/EWG des Rates vom 26. November 1990 über den Schutz der Arbeitnehmer gegen Gefährdung durch biologische Arbeitsstoffe bei der Arbeit (Siebte Einzelrichtlinie im Sinne von Artikel 16 Absatz 1 der Richtlinie 89/391/EWG).

8. Richtlinie 92/57/EWG des Rates vom 24. Juni 1992 über die auf zeitlich begrenzte oder ortsveränderliche Baustellen anzuwendenden Mindestvorschriften für die Sicherheit und den Gesundheitsschutz (Achte Einzelrichtlinie im Sinne des Artikels 16 Absatz 1 der Richtlinie 89/391/EWG)
9. Richtlinie 92/58/EWG des Rates vom 24. Juni 1992 über Mindestvorschriften für die Sicherheits- und/oder Gesundheitsschutzkennzeichnung am Arbeitsplatz (Neunte Einzelrichtlinie im Sinne von Artikel 16 Absatz 1 der Richtlinie 89/391/EWG).
10. Richtlinie 92/85/EWG des Rates vom 19. Oktober 1992 über die Durchführung von Maßnahmen zur Verbesserung der Sicherheit und des Gesundheitsschutzes von schwangeren Arbeitnehmerinnen, Wöchnerinnen und stillenden Arbeitnehmerinnen am Arbeitsplatz (zehnte Einzelrichtlinie im Sinne des Artikels 16 Absatz 1 der Richtlinie 89/391/EWG).
11. Richtlinie 92/91/EWG des Rates vom 3. November 1992 über Mindestvorschriften zur Verbesserung der Sicherheit und des Gesundheitsschutzes der Arbeitnehmer in den Betrieben, in denen durch Bohrungen Mineralien gewonnen werden (Elfte Einzelrichtlinie im Sinne des Artikels 16 Absatz 1 der Richtlinie 89/391/EWG).
12. Richtlinie 92/104/EWG des Rates vom 3. Dezember 1992 über Mindestvorschriften zur Verbesserung der Sicherheit und des Gesundheitsschutzes der Arbeitnehmer in übertägigen oder untertägigen mineralgewinnenden Betrieben (Zwölfte Einzelrichtlinie im Sinne des Artikels 16 Absatz 1 der Richtlinie 89/391/EWG).
13. Richtlinie 93/103/EG des Rates vom 23. November 1993 über Mindestvorschriften für Sicherheit und Gesundheitsschutz bei der Arbeit an Bord von Fischereifahrzeugen (13. Einzelrichtlinie im Sinne von Artikel 16 Absatz 1 der Richtlinie 89/391/EWG).
14. Richtlinie 98/24/EG des Rates vom 7. April 1998 zum Schutz von Gesundheit und Sicherheit der Arbeitnehmer vor der Gefährdung durch chemische Arbeitsstoffe bei der Arbeit (vierzehnte Einzelrichtlinie im Sinne des Artikels 16 Absatz 1 der Richtlinie 89/391/EWG).
15. Richtlinie 1999/92/EG des Europäischen Parlaments und des Rates vom 16. Dezember 1999 über Mindestvorschriften zur Verbesserung des Gesundheitsschutzes und der Sicherheit der Arbeitnehmer, die durch explosionsfähige Atmosphären gefährdet werden können (Fünfzehnte Einzelrichtlinie im Sinne von Artikel 16 Absatz 1 der Richtlinie 89/391/EWG).

Quellen: Amtsblatt der Europäischen Gemeinschaften, Reihe L veröffentlicht. Eine Übersicht der wichtigsten Richtlinien zum Arbeitsschutz findet sich im Internet unter der Adresse: http://europa.eu.int/eur-lex/de/lif/reg/de_register_ 05202010.html. Die Daten für diese Zusammenstellung wurde am 22.12.2000 abgerufen.

Anhang 3: Politik des wirtschaftlichen und sozialen Zusammenhalts der Gemeinschaft[1]

Beteiligte Fonds:

- Regionalfonds (EFRE),
- Sozialfonds (ESF),
- (Ausrichtungs- und Garantiefonds für die Landwirtschaft)
- Kohäsionsfonds,
- Strukturpolitisches Instrument zur Vorbereitung auf den Beitritt.

1. Strukturfonds

1.1 Ziele

Die Strukturfonds verfolgen drei vorrangige Ziele. Vor der Reform der Strukturfonds 1999 waren dies sechs Ziele.

Ziele der Strukturfonds	
Strukturfonds 1994 - 1999	Strukturfonds 2000 - 2006
Ziel 1: Entwicklung und strukturelle Anpassung de Regionen mit Entwicklungsrückstand	Ziel 1: Entwicklung und strukturelle Anpassung der Regionen mit Entwicklungsrückstand
Ziel 2: Umstellung der Regionen und Gebiete mit rückläufiger industrieller Entwicklung	Ziel 2: Wirtschaftliche und soziale Umstellung von Gebieten mit Strukturproblemen
Ziel 3: Bekämpfung der Langzeitarbeitslosigkeit und Förderung der beruflichen Eingliederung	Ziel 3: Anpassung und Modernisierung der Bildungs-, Ausbildungs- und Beschäftigungspolitiken und -systeme
Ziel 4: Anpassung an die industrielle Wandlungsprozesse	
Ziel 5a) Anpassung der Agrar- und Fischereistrukturen	
Ziel 5b) Entwicklung empfindlicher ländlicher Problemgebiete	
Ziel 6: Entwicklung der Regionen mit einer extrem niedrigen Bevölkerungsdichte	

1 Diese Aufstellung basiert auf Datenmaterial folgender Publikationen: Gemeinschaften (1999c) und Gemeinschaften (2000e). Die einzeln aufgeführten Verordnungen befinden sich in verschiedenen Amtsblättern der Europäischen Gemeinschaften; eine Einzelaufstellung findet sich im Literaturverzeichnis, siehe Union (1999a-g).

Ziel 1: Entwicklung und strukturelle Anpassung der Regionen mit Entwicklungsrückstand

Förderungsfähig:
- Regionen mit einem Pro-Kopf-BIP von weniger als 75 % des Gemeinschaftsdurchschnitts
- Regionen, die vormals unter Ziel 6 fielen,
- Regionen in äußerster Randlage.

Beteiligte Strukturfonds: EFRE, ESF, EAGFL-Ausrichtung, FIAF.
Anmerkung:
22,2 % der Gesamtbevölkerung der Union leben in Regionen, die nach Ziel 1 förderfähig sind.

Ziel 2: Wirtschaftliche und soziale Umstellung von Gebieten mit Strukturproblemen

Förderungsfähig:
1. Industriegebiete
   a) mit über dem Gemeinschaftsdurchschnitt liegender Arbeitslosigkeit,
   b) mit über dem Gemeinschaftsdurchschnitt liegendem Anteil in der Industrie beschäftigter Erwerbstätiger,
   c) mit einem Rückgang der Zahl der Erwerbstätigen in der Industrie,
2. ländliche Gebiete mit geringer Bevölkerungsdichte mit einem hohen Anteil von in der Landwirtschaft beschäftigten Personen, kombiniert mit einer hohen Arbeitslosigkeit und Bevölkerungsrückgang,
3. städtische Gebiete, in denen von den folgenden fünf Kriterien mindestens eines erfüllt sein muss:
   a) eine hohe Quote an Langzeitarbeitslosigkeit,
   b) hohes Armutsniveau,
   c) geschädigte Umwelt,
   d) hohe Kriminalitätsrate,
   e) niedriges Bildungsniveau,
   f) Fischereigebiete mit einem Rückgang der Zahl der Arbeitsplätze in diesem Sektor.

Beteiligte Strukturfonds: EFRE, ESF.
Anmerkung:
Die Ziel-2-Gebiete dürfen nicht mehr als 18 % der Gemeinschaftsbevölkerung erfassen. Für jedes Mitgliedsland wird außerdem von der Kommission eine Bevölkerungshöchstgrenze festgelegt.

Ziel 3: Anpassung und Modernisierung der Bildungs-, Ausbildungs- und Beschäftigungspolitiken und -systeme

Förderungsfähig:
- Maßnahmen der aktiven Arbeitsmarktpolitik,
- Förderung des Zugangs zum Arbeitsmarkt für von sozialer Ausgrenzung bedrohte Personen,
- Förderung der Beschäftigungsfähigkeit durch Aus- und Weiterbildung,
- Förderung von Maßnahmen zur Vorwegnahme und Erleichterung der Anpassung an wirtschaftliche und soziale Veränderungen,
- Förderung der Chancengleichheit von Männern und Frauen.

Beteiligter Fonds: ESF.
Anmerkung:
Ziel 3 trägt vor allem dem Beschäftigungskapitel des Amsterdamer Vertrages Rechnung.

Gemeinschaftsinitiativen

Neben den Strukturfonds führt die Gemeinschaft noch so genannte Gemeinschaftsinitiativen mit enger definierten Zielsetzungen durch. Im Zeitraum von 2000-2006 werden vier solcher Initiativen durchgeführt.

1. Interreg III: interregionale/internationale Zusammenarbeit zur Förderung einer harmonischen und ausgewogenen Entwicklung und Raumplanung der Gemeinschaft,
2. Leader+: Entwicklung des ländlichen Raumes durch Entwicklungs- und Kooperationsprogramme lokaler Gruppen,
3. Equal: Zusammenarbeit zur Bekämpfung von Diskriminierung und Ungleichheiten jeglicher Art im Zusammenhang mit dem Arbeitsmarkt,
4. Urban: wirtschaftliche und soziale Wiederbelebung krisenbetroffener Städte und Stadtviertel.

Beteiligte Strukturfonds:
- Interreg III und Urban: EFRE
- Leader+: EAGFL-Ausrichtung
- Equal: ESF

1.2. Mittelausstattung
Die Mittelausstattung der Strukturfonds beträgt 195 Mrd. Euro, wovon
- 69,7 % auf Ziel 1 entfallen,
- 11,5 % auf Ziel 2 ,
- 12,3 % auf Ziel 3 und
- 0,5 % auf Strukturmaßnahmen im Fischereisektor.

5,35 % der Gesamtmittel sind den Gemeinschaftsinitiativen vorbehalten.

1.3. Aktuelle Rechtsgrundlagen (Verordnungen)

- Rahmenverordnung über die Strukturfonds:
  Verordnung (EG) Nr. 1260/1999 des Rates vom 21. Juni 199 mit allgemeinen Bestimmungen über die Strukturfonds.
- Regionalfonds:
  Verordnung (EG) Nr. 1783/1999 des Europäischen Parlaments und des Rates vom 12. Juli 1999 über den Europäischen Fonds für regionale Entwicklung.
- Sozialfonds:
  Verordnung (EG) Nr. 1784/1999 des Europäischen Parlaments und des Rates vom 12. Juli 1999 betreffend den Europäischen Sozialfonds.
- (Ausrichtungs- und Garantiefonds für die Landwirtschaft):
  Verordnung (EG) Nr. 1257/1999 des Rates vom 17. Mai 1999 über die Förderung der Entwicklung des ländlichen Raums durch den Europäischen Ausrichtungs- und Garantiefonds für die Landwirtschaft (EAGFL) und zur Änderung bzw. Aufhebung bestimmter Verordnungen.
- (Finanzinstrument für die Ausrichtung der Fischerei):
  Verordnung (EG) Nr. 1263/1999 des Rates vom 21. Juni 1999 über das Finanzinstrument für die Ausrichtung der Fischerei.

2. Kohäsionsfonds

Der Kohäsionsfonds wurde 1993 auf Drängen insbesondere Spaniens gegründet, das von der Gründung des Kohäsionsfonds sein Plazet zum Unionsvertrag von Maastricht abhängig gemacht hatte. Die folgenden Angaben beziehen sich auf den Förderzeitraum 2000-2006.

2.1 Ziel

Erleichterung des Einhaltens der Konvergenzanforderungen nach Art. 104 EGV durch Bereitstellung von Finanzmitteln im Bereich Umwelt und transeuropäische Netze.

2.2 Förderfähigkeit

Mitgliedstaaten mit einem Pro-Kopf-BSP von weniger als 90 v.H. des Gemeinschaftsdurchschnitts, die aber ein Programm zur Erfüllung der Anforderungen aus Art. 104 EGV (Konvergenzkriterien zur Teilnahme an der Währungsunion) vorweisen können.

Begünstigt werden zur Zeit: Spanien, Griechenland, Portugal und Irland.

Die Förderfähigkeit wird zur Halbzeit des Förderungszeitraumes überprüft.

2.3 Mittelausstattung

Von 2000-2006 betragen die Fördemittel 18 Mrd. Euro, die sich wie folgt auf die Köhäsionsstaaten aufteilen:

- Spanien: 61-63,5 %,
- Griechenland 16-18 %,
- Portugal 16-18 %,
- Irland 2-6%.

Die Aufteilung erfolgt anhand der Kriterien Bevölkerung, Pro-Kopf-BSP und Landesfläche.

2.4 Grundprinzipien der Förderung

- Makroökonomische Konditionalität:
  Kohäsionsstaaten müssen den Anforderungen der Stabilitäts- und Konvergenzprogramme folgen. Die Kommission kann den Rat darüber unterrichten, falls ein Kohäsionsstaat insbesondere seiner Verpflichtung zur Vermeidung eines übermäßigen öffentlichen Defizits nicht nachkommt. Die Finanzhilfen können ggf. ausgesetzt werden.
- Verstärkter Zugriff auf private Finanzierungsquellen:
  Vorhaben aus dem Kohäsionsfonds sind oftmals für private Investoren sehr attraktiv. Deshalb will die Kommission verstärkt öffentlich/private Finanzierungen fördern.
- Anwendung des Verursacherprinzips:
  Der Höchstsatz der gemeinschaftlichen Förderung beläuft sich auf 80-85 % der Projektausgaben. Der Satz kann verringert werden, um der Geltung des Verursacherprinzips aus Art. 174 Abs. 2 Nachdruck zu verleihen.
- Stärkere Verantwortung der Mitgliedstaaten bei der Finanzkontrolle
  Die Mitgliedstaaten sind hauptverantwortlich für die Verwaltung der Vorhaben und die Finanzkontrolle.

2.5 Aktuelle Rechtsgrundlagen (Verordnungen)

- Verordnung (EG) Nr. 1164/94 des Rates vom 16. Mai 1994 zur Errichtung des Kohäsionsfonds.
- Verordnung (EG) Nr. 1264/99 des Rates vom 221. Juni 1999 zur Änderung der Verordnung (EG) Nr. 1164/94 zur Errichtung des Kohäsionsfonds.
- Verordnung (EG) Nr. 1265/1999 des Rates vom 21. Juni 1999 zur Änderung von Anhang II der Verordnung (EG) Nr. 1164/94 zur Errichtung des Kohäsionsfonds.

3. Das strukturpolitische Instrument zur Vorbereitung auf den Beitritt

Eines von drei Förderinstrumenten im Rahmen der Heranführungsstrategie, die die Beitrittskandidaten auf die Politiken der Gemeinschaft vorbereiten und die Übernahme des gemeinschaftlichen Besitzstandes erleichtern sollen.

3.1 Programme

- PHARE: zielt darauf ab, die Institutionen der Beitrittskandidaten zu festigen, ihnen die Teilnahme an Programmen der Gemeinschaft zu erleichtern, die regionale und soziale Entwicklung zu fördern und nicht zuletzt die Umstrukturierung der Industrie und die Entwicklung von KMU zu begleiten.
- SAPARD: zur Modernisierung der Landwirtschaft und Entwicklung des ländlichen Raumes.
- ISPA: das eigentliche strukturpolitische Instrument dient dem Ausbau der Infrastrukturen der Bereiche Verkehr und Umweltschutz.

3.2 Mittelausstattung
Der Förderrahmen aller drei Instrumente beläuft sich auf 21,84 Mrd. Euro von 2000-2006. 50 % der Mittel entfallen auf PHARE, 16,67 % auf SAPARD und der Rest auf das strukturpolitische Instrument zur Vorbereitung auf dem Beitritt ISPA.

3.3 Aufteilung der Mittel
Die Mittel werden anhand der Kriterien Bevölkerung, Pro-Kopf-BSP und Landesfläche ermittelt. Das Gros der Mittel erhält Polen (30-37 %), gefolgt von Rumänien (20-26 %), Bulgarien und Ungarn.
Finanziert werden zu gleichen Teilen Projekte der Bereiche Verkehr und Umweltschutz. Die Förderung beträgt bis zu 75 % der Projektkosten, kann aber aufgrund eines Kommissionsbeschlusses auf 85 % erhöht werden.

3.4 Tätigkeiten des ISPA
- Schutz der Umwelt: technische und finanzielle Unterstützung zur Behebung von Problemen bei der Wasser- und Luftverschmutzung und der Abfallentsorgung.
- Ausbau der Verkehrssysteme: Investitionen in Schiene, Straße, Flughäfen und Häfen zur besseren Verknüpfung der Verkehrsnetze untereinander und deren Anschluss an die transeuropäischen Verkehrsnetze.
- Technische Hilfe: Mittel zur Finanzierung von Vorstudien zur Beurteilung der Wirksamkeit der Infrastrukturprojekte.

3.5 Aktuelle Rechtsgrundlagen (Verordnungen)
- Verordnung (EG) Nr. 1266/1999 des Rates vom 21. Juni 1999 zur Koordinierung der Hilfe für die beitrittswilligen Länder im Rahmen der Heranführungsstrategie und zur Änderung der Verordnung (EWG) Nr. 3906/89.
- Verordnung (EG) Nr. 1267/1999 des Rates vom 21. Juni 1999 über ein strukturpolitisches Instrument zur Vorbereitung auf den Beitritt.

Anhang 4: Aufgaben und Tätigkeiten der Gemeinschaft - Änderungen im Zeitablauf

Aufgaben:

EWG-Vertrag Rom	EWG-Vertrag EEA	EG-Vertrag Maastricht	EG-Vertrag Amsterdam
Aufgabe der Gemeinschaft ist es, durch die Errichtung eines Gemeinsamen Marktes und die schrittweise Annäherung der Wirtschaftspolitik der Mitgliedstaaten • eine harmonische Entwicklung des Wirtschaftslebens innerhalb der Gemeinschaft, • eine beständige und ausgewogene Wirtschafts-ausweitung, • eine größere Stabilität, • eine beschleunigte Hebung der Lebenshaltung und • engere Beziehungen zwischen den Staaten zu fördern, die in dieser Gemeinschaft zusammengeschlossen sind. identisch	Aufgabe der Gemeinschaft ist es, durch die Errichtung eines Gemeinsamen Marktes und die schrittweise Annäherung der Wirtschaftspolitik der Mitgliedstaaten • eine harmonische Entwicklung des Wirtschaftslebens innerhalb der Gemeinschaft, • eine beständige und ausgewogene Wirtschafts-ausweitung, • eine größere Stabilität, • eine beschleunigte Hebung der Lebenshaltung und • engere Beziehungen zwischen den Staaten zu fördern, die in dieser Gemeinschaft zusammengeschlossen sind.	Aufgabe der Gemeinschaft ist es, durch die Errichtung eines Gemeinsamen Marktes und einer Wirtschafts- und Währungsunion sowie durch die Durchführung der in den Artikeln 3 und 3a genannten gemeinsamen Politiken oder Maßnahmen • eine harmonische und ausgewogene Entwicklung des Wirtschaftslebens innerhalb der Gemeinschaft, • ein beständiges, nichtinflationäres und umweltverträgliches Wachstum, • einen hohen Grand an Konvergenz der Wirtschaftsleistungen, • ein hohes Beschäftigungsniveau, • ein hohes Maß an sozialem Schutz, • die Hebung der Lebenshaltung und der Lebensqualität, • den wirtschaftlichen und sozialen Zusammenhalt und • die Solidarität zwischen den Mitgliedstaaten zu fördern.	Aufgabe der Gemeinschaft ist es, durch die Errichtung eines Gemeinsamen Marktes und einer Wirtschafts- und Währungsunion sowie durch die Durchführung der in den Artikeln 3 und 4 genannten gemeinsamen Politiken und Maßnahmen in der ganzen Gemeinschaft • eine harmonische, ausgewogene und nachhaltige Entwicklung des Wirtschaftslebens, • ein hohes Beschäftigungsniveau und • ein hohes Maß an sozialem Schutz, • die Gleichstellung von Männern und Frauen, • ein beständiges, nichtinflationäres Wachstum, • einen hohen Grad von Wettbewerbsfähigkeit und Konvergenz der Wirtschafts-leistungen, ein hohes Maß an Umweltschutz und Verbesserung der Umweltqualität,

			• die Hebung der Lebenshaltung und der Lebensqualität, • den wirtschaftlichen und sozialen Zusammenhalt und • die Solidarität zwischen den Mitgliedstaaten zu fördern.

Tätigkeiten der Gemeinschaft nach Artikel 3 EWG/EG-Vertrag

(1) Die Tätigkeit der Gemeinschaft im Sinne des Artikels 2 umfaßt nach Maßgabe dieses Vertrages und der darin vorgesehenen Zeitfolge:

EWG-Vertrag Rom	EWG-Vertrag EEA	EG-Vertrag Maastricht	EG-Vertrag Amsterdam
a) die Abschaffung der Zölle und mengenmäßigen Beschränkungen bei der Ein- und Ausfuhr von Waren sowie aller sonstigen Maßnahmen gleicher Wirkung zwischen den Mitgliedstaaten	a) die Abschaffung der Zölle und mengenmäßigen Beschränkungen bei der Ein- und Ausfuhr von Waren sowie aller sonstigen Maßnahmen gleicher Wirkung zwischen den Mitgliedstaaten	a) die **Abschaffung** der Zölle und mengenmäßigen Beschränkungen bei der Ein- und Ausfuhr von Waren sowie aller sonstigen Maßnahmen gleicher Wirkung zwischen den Mitgliedstaaten	a) das **Verbot** von Zöllen und mengenmäßigen Beschränkungen bei der Ein- und Ausfuhr von Waren sowie aller sonstigen Maßnahmen gleicher Wirkung zwischen den Mitgliedstaaten
b) die Einführung eines gemeinsamen Zolltarifs und einer gemeinsamen Handelspolitik gegenüber dritten Ländern	b) die Einführung eines gemeinsamen Zolltarifs und einer gemeinsamen Handelspolitik gegenüber dritten Ländern	b) eine gemeinsame Handelspolitik	b) eine gemeinsame Handelspolitik
c) die Beseitigung der Hindernisse für den freien Personen-, Dienstleistungs- und Kapitalverkehr zwischen den Mitgliedstaaten	c) die Beseitigung der Hindernisse für den freien Personen-, Dienstleistungs- und Kapitalverkehr zwischen den Mitgliedstaaten	c) einen Binnenmarkt, der durch die Beseitigung der Hindernisse für den freien Waren-, Personen-, Dienstleistungs- und Kapitalverkehr zwischen den Mitgliedstaaten gekennzeichnet ist	c) einen Binnenmarkt, der durch die Beseitigung der Hindernisse für den freien Waren-, Personen-, Dienstleistungs- und Kapitalverkehr zwischen den Mitgliedstaaten gekennzeichnet ist

keine Entsprechung vorhanden	keine Entsprechung vorhanden	d) Maßnahmen hinsichtlich der Einreise in den Binnenmarkt und des Personenverkehrs im Binnenmarkt gemäß Artikel 100c	d) Maßnahmen hinsichtlich der Einreise in den Binnenmarkt und des Personenverkehrs im Binnenmarkt nach Titel IV
d) die Einführung einer gemeinsamen Politik auf dem Gebiet der Landwirtschaft	d) die Einführung einer gemeinsamen Politik auf dem Gebiet der Landwirtschaft	e) eine gemeinsame Politik auf dem Gebiet der Landwirtschaft und der Fischerei	e) eine gemeinsame Politik auf dem Gebiet der Landwirtschaft und der Fischerei
e) die Einführung einer gemeinsamen Politik auf dem Gebiet des Verkehrs	e) die Einführung einer gemeinsamen Politik auf dem Gebiet des Verkehrs	f) eine gemeinsame Politik auf dem Gebiet des Verkehrs	f) eine gemeinsame Politik auf dem Gebiet des Verkehrs
f) die Errichtung eines Systems, das den Wettbewerb innerhalb des Gemeinsamen Marktes vor Verfälschungen schützt	f) die Errichtung eines Systems, das den Wettbewerb innerhalb des Gemeinsamen Marktes vor Verfälschungen schützt	g) ein System, das den Wettbewerb innerhalb des Binnenmarkts vor Verfälschungen schützt	g) ein System, das den Wettbewerb innerhalb des Binnenmarkts vor Verfälschungen schützt
g) die Anwendung von Verfahren, welche die Koordinierung der Wirtschaftspolitik der Mitgliedstaaten und die Behebung von Störungen im Gleichgewicht ihrer Zahlungsbilanzen ermöglichen	g) die Anwendung von Verfahren, welche die Koordinierung der Wirtschaftspolitik der Mitgliedstaaten und die Behebung von Störungen im Gleichgewicht ihrer Zahlungsbilanzen ermöglichen	entfällt	entfällt
h) die Angleichung der innerstaatlichen Rechtsvorschriften, soweit dies für das **ordnungsmäßige** Funktionieren des Gemeinsamen Marktes erforderlich ist	h) die Angleichung der innerstaatlichen Rechtsvorschriften, soweit dies für das **ordnungsmäßige** Funktionieren des Gemeinsamen Marktes erforderlich ist	h) die Angleichung der innerstaatlichen Rechtsvorschriften, soweit dies für das Funktionieren des Gemeinsamen Marktes erforderlich ist	h) die Angleichung der innerstaatlichen Rechtsvorschriften, soweit dies für das Funktionieren des Gemeinsamen Marktes erforderlich ist

keine Entsprechung vorhanden	keine Entsprechung vorhanden	keine Entsprechung vorhanden	i) die Förderung der Koordinierung der Beschäftigungspolitik der Mitgliedstaaten im Hinblick auf die Verstärkung ihrer Wirksamkeit durch die Entwicklung einer koordinierten Beschäftigungs-strategie
i) Schaffung eines europäischen Sozialfonds, um die Beschäftigungsmöglich-keiten der Arbeitnehmer zu verbessern und zur Hebung ihrer Lebenshaltung beizutragen	i) Schaffung eines europäischen Sozialfonds, um die Beschäftigungs-möglichkeiten der Arbeitnehmer zu verbessern und zur Hebung ihrer Lebenshaltung beizutragen	i) eine Sozialpolitik mit dem Europäischen Sozialfonds	j) eine Sozialpolitik mit dem Europäischen Sozialfonds
keine Entsprechung vorhanden	keine Entsprechung vorhanden	j) die Stärkung des wirtschaftlichen und sozialen Zusammenhalts	k) die Stärkung des wirtschaftlichen und sozialen Zusammen-halts
keine Entsprechung vorhanden	keine Entsprechung vorhanden	k) eine Politik auf dem Gebiet der Umwelt	l) eine Politik auf dem Gebiet der Umwelt
keine Entsprechung vorhanden	keine Entsprechung vorhanden	l) die Stärkung der Wettbewerbsfähigkeit der Industrie der Gemeinschaft	m) die Stärkung der Wettbewerbsfähigkeit der Industrie der Gemeinschaft
keine Entsprechung vorhanden	keine Entsprechung vorhanden	m) die Förderung der Forschung und der technischen Entwicklung	n) die Förderung der Forschung und der technischen Entwicklung
keine Entsprechung vorhanden	keine Entsprechung vorhanden	n) die Förderung des Auf- und Ausbaus transeuropäischer Netze	o) die Förderung des Auf- und Ausbaus transeuropäischer Netze
keine Entsprechung vorhanden	keine Entsprechung vorhanden	o) einen Beitrag zur Erreichung eines hohen Gesundheitsschutz-niveaus	p) einen Beitrag zur Erreichung eines hohen Gesundheitsschutz-niveaus

keine Entsprechung vorhanden	keine Entsprechung vorhanden	p) einen Beitrag zu einer qualitativ hochstehenden allgemeinen und beruflichen Bildung sowie zur Entfaltung des Kulturlebens in den Mitgliedstaaten	q) einen Beitrag zu einer qualitativ hochstehenden allgemeinen und beruflichen Bildung sowie zur Entfaltung des Kulturlebens in den Mitgliedstaaten
		q) eine Politik auf dem Gebiet der Entwicklungs-zusammenarbeit	r) eine Politik auf dem Gebiet der Entwick-lungszusammenarbeit
j) die Errichtung einer europäischen Investitionsbank, um durch Erschließung neuer Hilfsquellen die wirtschaftliche Ausweitung in der Gemeinschaft zu erleichtern	j) die Errichtung einer europäischen Investitionsbank, um durch Erschließung neuer Hilfsquellen die wirtschaftliche Ausweitung in der Gemeinschaft zu erleichtern	entfällt	entfällt
k) die Assoziierung der überseeischen Länder und Hoheitsgebiete, um den Handelsverkehr zu steigern und die wirtschaftliche und soziale Entwicklung durch gemeinsame Bemühungen zu fördern	k) die Assoziierung der überseeischen Länder und Hoheitsgebiete, um den Handelsverkehr zu steigern und die wirtschaftliche und soziale Entwicklung durch gemeinsame Bemühungen zu fördern	r) die Assoziierung der überseeischen Länder und Hoheitsgebiete, um den Handelsverkehr zu steigern und die wirtschaftliche und soziale Entwicklung durch gemeinsame Bemühungen zu fördern	s) die Assoziierung der überseeischen Länder und Hoheitsgebiete, um den Handelsverkehr zu steigern und die wirtschaftliche und soziale Entwicklung durch gemeinsame Bemühungen zu fördern
		s) einen Beitrag zur Verbesserung des Verbraucherschutzes	t) einen Beitrag zur Verbesserung des Verbraucherschutzes
		t) Maßnahmen in den Bereichen Energie, Katastrophenschutz und Fremdenverkehr	u) Maßnahmen in den Bereichen Energie, Katastrophenschutz und Fremdenverkehr

Mit der Vertragsreform weiter hinzugefügt wurde der Abs. 2 EG-Vertrag:

(2) Bei allen in diesem Artikel genannten Tätigkeiten wirkt die Gemeinschaft darauf hin, Ungleichheiten zu beseitigen und die Gleichstellung von Männern und Frauen zu fördern.

Anhang 5: Arbeitslosenquoten in europäischen Region

Arbeitslosenquoten in den NUTS II-Regionen der EU, April 1999, in Prozent

Niedrigste Werte		Höchste Werte	
Åland (SF)	2,1	Campania (I)	23,7
Berks, Bucks & Oxfords (UK)	2,2	Sicilia (I)	24,8
Utrecht (NL)	2,3	Ceuta y Melilla (SP)	25,5
Centro (P)	2,4	Extremadura (SP)	25,5
Luxemburg	2,4	Andalucia (SP)	26,8
Oberösterreich	2,7	Calabria (I)	28,7
Noord-Brabant (NL)	2,8	EU-Durchschnitt	9,4

Bandbreite der Arbeitslosenquoten der NUTS II-Regionen innerhalb der Mitgliedstaaten

Land	Regionen mit niedrigster Arbeitslosigkeit		Regionen mit höchster Arbeitslosigkeit	
Belgien	Vlaams Brabant	3,9	Hainaut	16,6
Deutschland	Oberbayern	4,0	Dessau	20,9
Griechenland	Ionia Nisia	5,5	Dytiki Makedonia	14,6
Spanien	Rioja	7,1	Andalucia	26,8
Frankreich	Alsace	6,6	Languedoc-Roussillon	17,8
Irland	Southern and Eastern	5,5	Border, Midland and Western	7,1
Italien	Trentino-Alto Adige	3,9	Calabria	28,7
Niederlande	Utrecht	2,3	Groningen	6,0
Österreich	Oberösterreich	2,7	Wien	5,9
Portugal	Centro	2,4	Alentejo	6,7
Finnland	Åland	2,1	Itae-Suomi	15,7
Schweden	Stockholm	5,2	Mellersta Norrland	10,3
Vereinigtes Königreich	Berkshire, Bucks & Oxfordshire	2,2	Merseyside	11,7

Jugendarbeitslosigkeit (Erwerbspersonen unter 25 Jahre)

EU-Durchschnitt: 17,8%
Niedrigste: Niederösterreich - 3,5%
Höchste: Calabria, Italien - 65,2%
Quoten unter 10% hatten meist nur nord- oder mitteleuropäische Regionen aufzuweisen.

Arbeitslosenquote bei Frauen

Niedrigste: Berkshire, Bucks & Oxfordshire - 2,0%
Höchste: Calabria, Italien - 41,4%

Quelle: Eurostat 2000.

Literaturverzeichnis

Adebahr, H./W. Maennig (1987): Aussenhandel und Weltwirtschaft, Berlin.

Åkerlof, G. A. (1970): The market for "lemons": Quality uncertainty and the market mechanism, in: The Quarterly Journal of Economics, Vol. 84: S. 489-500.

Albers, W. et. al., Hg. (1988): Handwörterbuch der Wirtschaftswissenschaften (HdWW), UTB für Wissenschaft: Große Reihe, Stuttgart, Tübingen, Göttingen.

(Arbeitgeberverbände 1997) Bundesvereinigung der Deutschen Arbeitgeberverbände (1997): Sozialer Dialog, Internet, Download vom: 9.8.2000, http://www.arbeitgeber.de/www/bdaonline.nsf/a65136b6b9d34bc2c125682b00548f10/cb06b7b979defe0141256611003854556/$FILE/SOZIALER+DIALOG.DOC.

(Arbeitgeberverbände 2000) Bundesvereinigung der Deutschen Arbeitgeberverbände (2000): UNICE-Stellungnahme: Grundsatzpapier "Arbeits- und Gesundheitsschutz", in: Euro-Info, Nr. 5 vom 17.11.2000: S. 4-5.

(Arbeitgeberverbände 2000a) Bundesvereinigung der Deutschen Arbeitgeberverbände (2000a): Beschäftigungsleitlinien 2001, in: Euro-Info, Nr. 5 vom 17.11.2000: S. 3.

Autorenkollektiv (1972): Sozialpolitik, Betrieb, Gewerkschaften, Berlin (Ost).

Backhaus, J., Hg. (1991): Systemwandel und Reform in östlichen Wirtschaften, Marburg.

Balassa, B. (1961): The theory of economic integration, London.

Barnier, M. (2000): Das Vetorecht - eine große Illusion, in: Frankfurter Allgemeine Zeitung, Nr. 276, 27.11.2000: S. 9.

Baron von Maydell, B./E.-M. Hohnerlein, Hg. (1993): Die Umgestaltung der Systeme sozialer Sicherheit in den Staaten Mittel- und Osteuropas: Fragen und Lösungsansätze, Berlin.

Baumgartner, A. (1997), "Jede Gesellschaftstätigkeit ist ihrem Wesen nach subsidiär" - Zur anthropologischen und theologischen Begründung der Subsidiarität, in: K. W. Noll/T. Oppermann (1997): S. 13-22.

(BDI 2000) Bundesverband der Deutschen Industrie e.V. (2000): Die Forschungspolitik der Europäischen Union für die Jahre 2002 bis 2006 unter den Bedingungen einer erweiterten Gemeinschaft, Positionspapier, Berlin.

Bender, D. et. al., Hg. (1992): Vahlens Kompendium der Wirtschaftstheorie und Wirtschaftspolitik, Band 2, 5. A., München.

Bender, D. et. al., Hg. (1992a): Vahlens Kompendium der Wirtschaftstheorie und Wirtschaftspolitik, Band 1, 5. A., München.

Berg, H., Hg. (1999): Globalisierung der Wirtschaft: Ursache - Formen - Konsequenzen, Schriften des Vereins für Socialpolitik, Neue Folge, Band 263, Berlin.

Berg, H./F. Schmidt (1998), Industriepolitik, in: P. Klemmer (1998): S. 849-943.

Berié, H./R. Miller (1957): Gemeinsamer Markt und Euratom - Vertragstexte, Herne, Berlin.

Bernholz, P./M. E. Streit et al., Hg. (1998): Political Competition, Innovation and Growth: A Historical Analysis, Berlin, Heidelberg, New York.

Berthold, N. (1991): Ansätze einer ökonomischen Theorie der Sozialpolitik, in: Jahrbuch für Sozialwissenschaft, Band 42: S. 145-178.

Berthold, N. (1992): Das "Binnenmarktprojekt 1992"- Konvergenz oder Divergenz in Europa?, in: Wirtschaftswissenschaftliches Studium, Heft 12, (21. Jg.): S. 598-604.

Berthold, N. (1993a), "Fiscal Federalism" in Europa: Voraussetzung für eine erfolgreiche Wirtschafts- und Währungsunion?, in: H. Gröner/A. Schüller (1993): S. 147-171.

Berthold, N. (1993b): Sozialunion in Europa - Notwendig oder überflüssig?, in: Wirtschaftsdienst, Nr. 8, 1993, (73): S. 414-418.

Berthold, N. (1994): Europäische Sozialunion - Eine Gefahr für die europäische Integration, in: Volkswirtschaftliche Korrespondenz der Adolf-Weber-Stiftung, Nr. 10/1994, (33. Jg.): S. 1-4.

Berthold, N. (1996a), Währungsunion, Sozialunion und Politische Union - Anmerkungen zur Interdependenz von Ordnungen, in: Wissenschaftlicher Beirat (1996): S. 52-64.

Berthold, N. (1996b): Der Sozialstaat auf dem Prüfstand, in: Frankfurter Allgemeine Zeitung, Nr. 256, 2.11.1996: S. 15.

Berthold, N. (1997), Sozialstaat und marktwirtschaftliche Ordnung - Ökonomische Theorie des Sozialstaats, in: K.-H. Hartwig (1997): S. 11-41.

Berthold, N. (1998), Sozialpolitik, in: P. Klemmer (1998): S. 945-999.

Bieling, H.-J. (1997), Arbeitsmarkt- und Sozialpolitik im europäischen Integrationsprozeß - strukturelle und strategische Konvergenz ohne Harmonisierung, in: H.-W. Platzer (1997): S. 61-75.

Biskup, R., Hg. (1996): Globalisierung und Wettbewerb, Bern, Stuttgart.

(BKU 1999) Bund Katholischer Unternehmer, Hg. (1999): In christlicher Verantwortung. 50 Jahre Bund Katholischer Unternehmer, Frankfurt/Main.

Boettcher, E., Hg. (1957): Sozialpolitik und Sozialreform, Tübingen.

Bohl, E. (1998): Motor der Integration, in: Frankfurter Allgemeine Zeitung, Nr. 135, 15.6.1998: S. 17.

Börsch-Supan, A. (2000): Die Zeiten, in denen die Leute genug Kinder bekommen, sind vorbei, in: Frankfurter Allgemeine Zeitung, Nr. 109, 11.5.2000: S. 10.

Brok, E. (1997), Die Bedeutung der europäischen Sozialpolitik für Integration und Erweiterung der Europäischen Union, in: W. Schmähl/H. Rische (1997): S. 209-215.

Buchanan, J. M. (1975/1984): Die Grenzen der Freiheit: zwischen Anarchie und Leviathan, Tübingen.

(Bundeswahlleiter 2000) Statistisches Bundesamt - Bundeswahlleiter (2000): Europawahlen - Wahlbeteiligung der Männer und Frauen bei den Europawahlen 1979-1999 nach Altersgruppen, Internet, Download vom: 9.8.2000, http://www.statistik-bund.de/wahlen/eutabalt/eutab18.htm.

Burkhardt-Reich, B./H.-J. Hof et al., Hg. (1996): Herausforderung an die Sozialstaatlichkeit der Bundesrepublik, Beiträge aus den Bereich Wirtschaft der Fachhochschule Pforzheim, Hochschule für Gestaltung, Technik und Wirtschaft, Nr. 76, Pforzheim.

Caesar, R./H.-E. Scharrer, Hg. (1994): Maastricht: Königsweg oder Irrweg zur Wirtschafts- und Währungsunion?, Europäische Schriften des Instituts für Europäische Politik, Bd. 72, Bonn.

Caesar, R./H.-E. Scharrer, Hg. (2000): Die Zukunft Europas im Lichte der Agenda 2000, Veröffentlichungen des Hamburger Welt-Wirtschafts-Archiv (HWWA), Band 56, Baden-Baden.

Cassel, D., Hg. (1984): Wirtschaftspolitik im Systemvergleich, München.

Cassel, D. (1996): Anpassungsbedarf der Europäischen Union bei der Osterweiterung. Korreferat zu Hubert Gabrisch, in: Beihefte der Konjunkturpolitik, 44: S. 157-167.

Cassel, D. (1997): Institutionelle Probleme der Systemtransformation, Berlin.

Cassel, D., Hg. (1998): 50 Jahre Soziale Marktwirtschaft: Ordnungstheoretische Grundlagen, Realisierungsprobleme und Zukunftsperspektiven einer wirtschaftspolitischen Konzeption, Schriften zu Ordnungsfragen der Wirtschaft, Band 57, Stuttgart.

Däubler, W. (1989), Sozialstaat EG? Notwendigkeit und Inhalt einer Europäischen Grundrechtsakte, in: W. Däubler/G. Fels (1989): S. 35-173.

Däubler, W./G. Fels, Hg. (1989): Sozialstaat EG? Die andere Dimension des Binnenmarktes, Strategien und Optionen für die Zukunft Europas: Grundlagen, Gütersloh.

Daumann, F. (2000): Müssen die nationalen Krankenversicherungssysteme in der EU harmonisiert werden, in: ORDO: Jahrbuch für die Ordnung von Wirtschaft und Gesellschaft, Band 51: S. 435-455.

Demmer, M. (1994): Europäische Sozialpolitik im Spannungsfeld zwischen institutionellem Wettbewerb und institutioneller Integration, Köln.

Demsetz, H. (1969): Information and efficiency: another viewpoint, in: The Journal of Law and Economics, Vol. 12 (1): S. 1-22.

Derix, H.-H. (1994), Soziale Marktwirtschaft und westeuropäischer Integrationsprozeß - Zum ordnungspolitischen Leitbild der Europäischen Union, in: W. Klein (1994): S. 233-268.

Deroose, S. (1999): Wohlstand durch Wettbewerb politisch steuern, in: Die Mitbestimmung, 5/99, (45): S. 21-23.

Deutsche Bundesbank (1997): Europäische Organisationen und Gremien im Bereich Währung und Wirtschaft, Frankfurt am Main.

Dichmann, W. (1994): Subsidiarität: Herkunft, sozialpolitische Implikationen und ordnungspolitische Konsequenzen eines Prinzips, in: ORDO: Jahrbuch für die Ordnung von Wirtschaft und Gesellschaft, Band 45: S. 195-249.

Dietz, B., Hg. (1994): Die soziale Zukunft Europas: Bedingungen und Perspektiven einer sozialen Integration Europas, Focus kritische Universität, Gießen.

Echevarría, S. G. (2000), Wirtschaftlicher und sozialer Zusammenhalt in der EU, in: R. Caesar/H.-E. Scharrer (2000): S. 153-162.

Eickhof, N. (1993): Zur Legitimation ordnungspolitischer Ausnahmeregelungen, in: ORDO: Jahrbuch für die Ordnung von Wirtschaft und Gesellschaft, Band 44: S. 203-222.

Eikhof, N. (1998), Osterweiterung der Europäischen Union: Ausgangslage, Auswirkungen und Anpassungserfordernisse, in: W. Zohlnhöfer (1998): S. 9-32.

Engel, C. (1995), Rat der Europäischen Union, in: W. Weidenfeld/W. Wessels (1995): S. 273-278.
Engel, C. (1995a), Sozialpolitik, in: W. Weidenfeld/W. Wessels (1995): S. 297-301.
Eucken, W. (1932/1997): Staatliche Strukturwandlungen und die Krisis des Kapitalismus, in: ORDO: Jahrbuch für die Ordnung von Wirtschaft und Gesellschaft,
Band 48: S. 5-24.
Eucken, W. (1952/1990): Grundsätze der Wirtschaftspolitik, 6. durchgesehene A., Tübingen.
Europäische Union (1999): Sechster Periodischer Bericht über die sozio-ökonomische Lage und Entwicklung der Regionen der Gemeinschaft, Internet, Download vom: 19.1.2001, http://www.inforegio.org/document/pdf/document/radi/de/pr6_ complete_ de.pdf.
Eurostat (2000): Regionale Arbeitslosigkeit reicht von 2,1% bis 28,7%, in: Eurostat News Release, Nr. 87/2000 vom 25.7.2000.
Eurostat (2000a): Arbeitslosenquote in der Eurozone auf 8,9% gesunken, in: Eurostat News Release, Nr. 135/2000 vom 5.12.2000.
Eurostat (2000b): EU-Bevölkerung 1999 leicht angestiegen, in: Eurostat News Release, Nr. 96/2000 vom 11.8.2000.
Eurostat (2001): Die Erwerbsbevölkerung in den Regionen der EU: jüngste Entwicklung und künftige Perspektiven, in: Eurostat Pressemitteilung, Nr. 20/2001 vom 20.2.2001.
(EZB 2000), Europäische Zentralbank (2000): Monatsbericht Juli 2000, Frankfurt a.M.
FAZ (1998): Blüm warnt vor "Völkerwanderung", in: Frankfurter Allgemeine Zeitung, Nr. 148, 30.6.1998: S. 5.
FAZ (1998a): Osteuropa und Deutschland im Vergleich, Daten für 1997, in: Frankfurter Allgemeine Zeitung, Nr. 276, 27.11.1998: S. 18.
FAZ (1998b): Auseinandersetzung um deutsche Sozialhilfe für EU-Arbeitnehmer, in: Frankfurter Allgemeine Zeitung, Nr. 174, 30.7.1998: S. 12.
FAZ (1999): Europa hat hohe Arbeitskosten, in: Frankfurter Allgemeine Zeitung, Nr. 183, 10.8.1999: S. 21.
FAZ (2000): Klein- und Mittelbetriebe sind in Brüssel schlecht vertreten, in: Frankfurter Allgemeine Zeitung, Nr. 125, 30.5.2000: S. 28.
FAZ (2000a): Sorge wegen Exports von Sozialleistungen, in: Frankfurter Allgemeine Zeitung, Nr. 248, 25.10.2000: S. 18.
FAZ (2000b): Schröder verteidigt "fünf Punkte", in: Frankfurter Allgemeine Zeitung, Nr. 297, 21.12.1999: S. 6.
Feldmann, H. (1997): Über den Gipfeln der Geist von Amsterdam, in: Frankfurter Allgemeine Zeitung, Nr. 278, 29.11.1997: S. 17.
Feldmann, H. (1999): Diskriminierung durch Harmonisierung, in: Frankfurter Allgemeine Zeitung, Nr. 283, 4.12.1999: S. 15.
Feldmann, H. (2000): Wie sozial ist die europäische Sozialpolitik, in: ORDO: Jahrbuch für die Ordnung von Wirtschaft und Gesellschaft, Band 51: S. 405-433.
Fisch, H., Hg. (1991): Sozialwissenschaften, Weltbildkolleg Abiturwissen, Wirtschaft, Augsburg.

Fischer, W., Hg. (1989): Währungsreform und Soziale Marktwirtschaft: Erfahrungen und Perspektiven nach 40 Jahren, Schriften des Vereins für Socialpolitik, Neue Folge, Band 90, Berlin.

Flynn, P. (1997): Modernisierung und Verbesserung des Sozialschutzes in der Europäischen Union, in: Versicherungswissenschaft, Hg.: S. 10-20.

(Forschungsstelle 1991) Forschungsstelle zum Vergleich wirtschaftlicher Lenkungssystem der Philipps-Universität Marburg, Hg. (1991): Zur Transformation von Wirtschaftssystemen: Von der Sozialistischen Planwirtschaft zur Sozialen Marktwirtschaft, Hannelore Hamel zum 60. Geburtstag, Arbeitsberichte zum Systemvergleich, Nr. 15, 2. übarb. u. erw. A., Marburg.

Franke, S. F. (1999), Sozialdumping durch Schwellenländer? Begründung und Probleme der Forderung nach Sozialstandards, in: H. Berg (1999): S. 157-182.

Franzmeyer, F. (1996), Europäische Struktur- und Regionalpolitik, in: R. Ohr (1996): S. 111-140.

Frenkel, M./H.-R. Hemmer (1999): Grundlagen der Wachstumstheorie, München.

Frey, B. S. (1988), Ökonomische Theorie der Politik, in: W. Albers et. al. (1988): S. 658-667.

Gahlen, B., Hg. (1991): Wachstumstheorie und Wachstumspolitik: ein neuer Anlauf, Schriftenreihe des Wirtschaftswissenschaftlichen Seminars Ottobeuren, Bd. 20, Tübingen.

(Gemeinschaft 1989) Europäische Gemeinschaft (1989): Gemeinschaftscharta der sozialen Grundrechte der Arbeitnehmer, Internet, Download vom: 23.10.2000, http://jura-uni-sb.de/FB/LS/Weth/InfEA/vorschr/egrecht/de/charta.htm.

(Gemeinschaft 1993) Europäische Gemeinschaft, Europäische Union (1993): Die Vertragstexte von Maastricht mit den deutschen Begleitgesetzen, Bonn.

(Gemeinschaft 1997) Europäische Gemeinschaft, Europäische Union (1997): EU- und EG-Vertrag - Konsolidierte Fassungen im Rahmen des Vertrages von Amsterdam, Baden-Baden, Köln, Wien, Zürich.

(Gemeinschaften 1985) Kommission der Europäischen Gemeinschaften (1985): Vollendung des Binnenmarktes - Weißbuch der Kommission an den Europäischen Rat, Luxemburg.

(Gemeinschaften 1993) Kommission der Europäischen Gemeinschaften, Hg. (1993): Grünbuch über die Europäische Sozialpolitik: Weichenstellung für Europa, Luxemburg.

(Gemeinschaften 1994) Kommission der Europäischen Gemeinschaften, Hg. (1994): Weißbuch - Europäische Sozialpolitik - Ein zukunftsweisender Weg für die Union, Luxemburg.

(Gemeinschaften 1996a) Kommission der Europäischen Gemeinschaften, Hg. (1996a): Soziale Gemeinschaftspolitik, Luxemburg.

(Gemeinschaften 1996b) Kommission der Europäischen Gemeinschaften (1996b): Die Strukturinterventionen der Gemeinschaft und die Beschäftigung, Entwurf einer Mitteilung von Frau Wulf-Mathies im Einvernehmen mit Herrn Flynn, Herrn Fischler und Frau Bonino, Internet, Download vom: 28.7.99, http://www.inforegio. cec.eu.int/document/pdf/document/emploi/de.pdf.

(Gemeinschaften 1997a) Kommission der Europäischen Gemeinschaften (1997a): Modernisierung und Verbesserung des Sozialschutzes in der Europäischen Union, Luxemburg.

(Gemeinschaften 1997b) Kommission der Europäischen Gemeinschaften, Hg. (1997b): Agenda 2000 - Eine stärkere und erweiterte Union, Vol. 1, Brüssel.

(Gemeinschaften 1997c) Kommission der Europäischen Gemeinschaften, Hg. (1997c): Agenda 2000 - Die Erweiterung der Union - eine Herausforderung, Vol. 2, Brüssel.

(Gemeinschaften 1999a) Kommission der Europäischen Gemeinschaften (1999a): Eine konzertierte Strategie zur Modernisierung des Sozialschutzes, Internet, Download vom: 28.7.99, http://europa.eu.int/comm/dg05/soc-prot/social/com99-347/com99-347_de.pdf.

(Gemeinschaften 1999b) Kommission der Europäischen Gemeinschaften (1999b): Gemeinschaftspolitiken zur Förderung der Beschäftigung, Internet, Download vom: 28.7.99, http://europa.eu.int/comm/dg05/empl&esf/docs/com127_de.pdf.

(Gemeinschaften 1999c) Kommission der Europäischen Gemeinschaften (1999c): Reform der Strukturfonds 2000-2006 - Eine vergleichende Analyse, Luxemburg.

(Gemeinschaften 1999d) Kommission der Europäischen Gemeinschaften (1999d): Tätigkeiten der Europäischen Union im Bereich der Forschung und technologischen Entwicklung - Jahresbericht 1999, Brüssel.

(Gemeinschaften 1999e) Kommission der Europäischen Gemeinschaften (1999e): Die Lage der Landwirtschaft in der Europäischen Union, Bericht 1999, Brüssel.

(Gemeinschaften 2000) Kommission der Europäischen Gemeinschaften (2000): Leitlinien für beschäftigungspolitische Maßnahmen der Mitgliedstaaten im Jahr 2000, Vorschlag der Kommission, Internet, Download vom: 22.9.2000, http://acm.keme.net/dg-v/pdf/docs/eg2000_de.pdf.

(Gemeinschaften 2000a) Kommission der Europäischen Gemeinschaften (2000a): Sozialpolitische Agenda, Brüssel.

(Gemeinschaften 2000b) Kommission der Europäischen Gemeinschaften (2000b): Soziale Trends: Perspektiven und Herausforderungen, Brüssel.

(Gemeinschaften 2000c) Kommission der Europäischen Gemeinschaften (2000c): Bericht über die soziale Sicherheit in Europa 1999, Brüssel.

(Gemeinschaften 2000d) Kommission der Europäischen Gemeinschaften (2000d): Strategiepapier zur Erweiterung - Bericht über die Fortschritte jedes Bewerberlandes auf dem Weg zum Beitritt, Brüssel.

(Gemeinschaften 2000e) Kommission der Europäischen Gemeinschaften (2000e): Strukturpolitische Maßnahmen 2000-2006 - Kommentare und Verordnungen, Luxemburg.

(Gemeinschaften 2000f) Kommission der Europäischen Gemeinschaften (2000f): Gemeinschaftspolitiken zur Förderung der Beschäftigung, Brüssel.

(Gemeinschaften 2000g) Kommission der Europäischen Gemeinschaften (2000g): 11. Jahresbericht über die Strukturfonds (1999), Brüssel.

(Gemeinschaften 2000h) Kommission der Europäischen Gemeinschaften (2000h): Bericht der Kommission an den Rat über die Umsetzung der Grundzüge der Wirtschaftspolitik 1999, Brüssel.

(Gemeinschaften 2000i) Kommission der Europäischen Gemeinschaften (2000i): Strategische Ziele 2000-2005: "Das Neue Europa gestalten", Brüssel.

(Gemeinschaften 2000j) Kommission der Europäischen Gemeinschaften (2000j): Strategien für Beschäftigung in der Informationsgesellschaft, Brüssel.

(Gemeinschaften 2000k) Kommission der Europäischen Gemeinschaften (2000k): Single Market Scoreboard, Brüssel.

(Gemeinschaften/Rat 1974) Rat der Europäischen Gemeinschaften (1974): Entschließung des Rates vom 21. Januar 1974 über ein sozialpolitisches Aktionsprogramm, in: Amtsblatt der Europäischen Gemeinschaften, Nr. C 013 vom 12. Februar 1974: S. 1-4.

(Gemeinschaften/Rat 1975) Rat der Europäischen Gemeinschaften (1975): Richtlinie 75/117/EWG des Rates vom 10. Februar 1975 zur Angleichung der Rechtsvorschriften der Mitgliedstaaten über die Anwendung des Grundsatzes des gleichen Entgelts für Männer und Frauen, in: Amtsblatt der Europäischen Gemeinschaften, Nr. L 45 vom 19. Februar 1975: S. 19-20.

(Gemeinschaften/Rat 1977) Rat der Europäischen Gemeinschaften (1977): Richtlinie 77/187/EWG des Rates vom 14. Februar 1977 zur Angleichung der Rechtsvorschriften der Mitgliedstaaten über die Wahrung von Ansprüchen der Arbeitnehmer beim Übergang von Unternehmen, Betrieben oder Betriebsteilen, in: Amtsblatt der Europäischen Gemeinschaften, Nr. L 61 vom 5. März 1977: S. 26-28.

(Gemeinschaften/Rat 1978) Rat der Europäischen Gemeinschaften (1978): Richtlinie 79/7/EWG des Rates vom 19. Dezember 1978 zur schrittweisen Verwirklichung des Grundsatzes der Gleichbehandlung von Männern und Frauen im Bereich der sozialen Sicherheit, in: Amtsblatt der Europäischen Gemeinschaften, Nr. L 006 vom 10. Januar 1979: S. 24-25.

(Gemeinschaften/Rat 1980) Rat der Europäischen Gemeinschaften (1980): Richtlinie 80/987/EWG des Rates vom 20. Oktober 1980 zur Angleichung der Rechtsvorschriften der Mitgliedstaaten über den Schutz der Arbeitnehmer bei Zahlungsunfähigkeit des Arbeitgebers, in: Amtsblatt der Europäischen Gemeinschaften, Nr. L 283 vom 20. Oktober 1980: S. 23-27.

(Gemeinschaften/Rat 1982) Rat der Europäischen Gemeinschaften (1982): Entschließung des Rates vom 12. Juli 1982 zur Förderung der Chancengleichheit der Frauen, in: Amtsblatt der Europäischen Gemeinschaften, Nr. C 186 vom 21. Juli 1982: S. 3 -4.

(Gemeinschaften/Rat 1986) Rat der Europäischen Gemeinschaften (1986): Zweite Entschließung des Rates vom 24. Juli 1986 zur Förderung der Chancengleichheit der Frauen, in: Amtsblatt der Europäischen Gemeinschaften, Nr. C 203 vom 12. August 1986: S. 1.

(Gemeinschaften/Rat 1988) Rat der Europäischen Gemeinschaften (1988): Entschließung des Rates vom 16. Dezember 1988 zur Wiedereingliederung und Späteingliederung von Frauen in das Berufsleben, in: Amtsblatt der Europäischen Gemeinschaften, Nr. C 333 vom 28. Dezember 1988: S. 1-2.

(Gemeinschaften/Rat 1989) Rat der Europäischen Gemeinschaften (1989): Richtlinie 89/391/EWG vom 12. Juni 1989 über die Durchführung von Maßnahmen zur Verbesserung der Sicherheit und des Gesundheitsschutzes der Arbeitnehmer bei der Arbeit, in: Amtsblatt der Europäischen Gemeinschaften, Nr. L 183 vom 29. Juni 1989: S. 1-8.

(Gemeinschaften/Rat 1990) Rat der Europäischen Gemeinschaften (1990): Richtlinie 90/270/EWG des Rates vom 29. Mai 1990 über die Mindestvorschriften bezüglich der Sicherheit und des Gesundheitsschutzes bei der Arbeit an Bildschirmgeräten, in: Amtsblatt der Europäischen Gemeinschaften, Nr. L 156 vom 21. Juni 1990: S. 14-18.

(Generaldirektion Regionalpolitik 1999) Generaldirektion Regionalpolitik der Kommission der Europäischen Gemeinschaften (1999): Die Tätigkeit der Strukturfonds im Jahr 1998, in: Inforegio Mitteilungsblatt vom 2.11.1999.

Geue, H. (1997): Evolutionäre Institutionenökonomik: ein Beitrag aus der Sicht der österreichischen Schule, Stuttgart.

Görgens, E. (1993), Der Arbeitsmarkt im europäischen Integrationsprozeß, in: H. Gröner/A. Schüller (1993): S. 197-236.

Gröner, H. (1989), Gerechtigkeitsvorstellungen bei W. Eucken und K. P. Hensel, in: G. Gutmann/A. Schüller (1989): S. 309-321.

Gröner, H. (1993), Integrationsmerkmale und Integrationsmethoden: Die ordnungspolitische Konzeption der EG im Wandel, in: H. Gröner/A. Schüller (1993): S. 3-20.

Gröner, H./A. Schüller (1984), Konzeptionen und Praxis internationaler Wirtschaftspolitik, in: D. Cassel (1984): S. 117-142.

Gröner, H./A. Schüller, Hg. (1993): Die europäische Integration als ordnungspolitische Aufgabe, Schriften zum Vergleich von Wirtschaftsordnungen, Band 43, Stuttgart, Jena, New York.

Grossman, G. M./E. Helpman (1991): Innovation and growth in the global economy, Cambridge, MA.

Grossman, G. M./E. Helpman (1994): Endogenous Innovation in the Theory of Growth, in: Journal of Economic Perspectives, Vol. 8, No. 1, Winter 1994: S. 23-44.

Gutmann, G. (1986): Ordnungskonformität von Wirtschaftspolitik in Marktwirtschaften und Zentralverwaltungswirtschaften, in: Hamburger Jahrbuch für Wirtschafts- und Gesellschaftspolitik, (Jg. 31): S. 49-62.

Gutmann, G. (1995): Wettbewerbstheorie und Wachstumstheorie: Chance für eine Synthese?, in: ORDO: Jahrbuch für die Ordnung von Wirtschaft und Gesellschaft, Band 46: S. 149-163.

Gutmann, G./A. Schüller, Hg. (1989): Ethik und Ordnungsfragen der Wirtschaft, Monographien der List-Gesellschaft e.V., N.F., Band 20, Baden-Baden.

Hamel, H. (1991), Demokratischer Zentralismus, in: A. Schüller/H.-G. Krüsselberg (1991): S. 83.

Hamel, H. (1994), Soziale Marktwirtschaft: Anspruch und Realität eines ordnungspolitischen Konzepts, in: W. Klein (1994): S. 109-132.

Hamm, W. (1981): An den Grenzen des Wohlfahrtsstaats, in: ORDO: Jahrbuch für die Ordnung von Wirtschaft und Gesellschaft, Band 32: S. 117-139.

Hamm, W. (1989): Wirtschaftsordnungspolitik als Sozialpolitik, in: ORDO: Jahrbuch für die Ordnung von Wirtschaft und Gesellschaft, Band 40: S. 363-381.

Hamm, W. (1996), Grenzen europäischer Sozialpolitik, in: F. A. Zimmermann (1996): S. 117-128.

Hannowsky, D. (1998): Der Europäische Sozialfonds: ein wirksames Instrument zur Bekämpfung der Arbeitslosigkeit?, in: List Forum für Wirtschafts- und Finanzpolitik, Heft 4, (24): S. 425-442.

Hartwig, K.-H., Hg. (1997): Alternativen der sozialen Sicherung - Umbau des Sozialstaates, Gespräche der List-Gesellschaft e.V., Bd. 17, Baden-Baden.

Hartwig, K.-H./H. J. Thieme, Hg. (1991): Transformationsprozesse in sozialistischen Wirtschaftssystemen - Ursachen, Konzepte, Instrumente, Studies in Contemporary Economics, Berlin, Heidelberg, New York.

Hartwig, K.-H./P. J. J. Welfens (1998), EU und Osteuropa, in: P. Klemmer (1998): S. 375-455.

Hasse, R. H., Hg. (1994): Ordnung in Freiheit: Festgabe für Hans Willgerodt zum 70. Geburtstag, Schriften zur Wirtschaftspolitik, 5, Stuttgart, Jena, New York.

Heinrich, R. P. et. al. (1996): Sozialpolitik im Transformationsprozeß Mittel- und Osteuropas, Tübingen.

Heise, A. (1998): Europäische Sozialpolitik - Eine Einschätzung aus gewerkschaftlicher Sicht, Bonn.

Hensel, K. P. (1992): Grundformen der Wirtschaftsordnung: Marktwirtschaft - Zentralverwaltungswirtschaft, 4. A., Münster, Hamburg.

Herrmann-Pillath, C., Hg. (1994): Marktwirtschaft als Aufgabe - Wirtschaft und Gesellschaft im Übergang vom Plan zum Markt, Grundtexte zur sozialen Marktwirtschaft der Ludwig-Erhard-Stiftung e.V., Bonn, Band 3, Stuttgart, Jena, New York.

Hirsch, G. (1998): Europäische Sozialunion durch Richterrecht?, in: Frankfurter Allgemeine Zeitung, Nr. 163, 17.7.1998: S. 18.

Hirschman, A. O. (1974): Abwanderung und Widerspruch - Reaktionen auf Leistungsabfall bei Unternehmungen, Organisationen und Staaten, Tübingen.

Hoppmann, E. (1998): Eine universelle Quelle von Ordnung, in: Frankfurter Allgemeine Zeitung, Nr. 289, 12.12.1998: S. 15.

Hrbek, R., Hg. (1995): Das Subsidiaritätsprinzip in der Europäischen Union: Bedeutung und Wirkung für ausgewählte Politikbereiche, Schriftenreihe des Arbeitskreises Europäische Integration e.V., Bd. 36, Baden-Baden.

(Institut für Politische Bildung) Institut für Politische Bildung, Forschung und Politikberatung der Friedrich-Naumann-Stiftung, Hg. (1992): Argumente der Freiheit, St. Augustin.

Jacobi, O. (1997): Binnenmarkt und Arbeitsverhältnisse - Brauchen wir eine Sozialunion?, in: Zeitschrift zur politischen Bildung, Eichholz Brief, Band 34: S. 39-51.

Janning, J. (1995), Leitbilder der europäischen Integration, in: W. Weidenfeld/W. Wessels (1995): S. 253-258.

Johnson, D. B. (1991): Public Choice: an introduction to the new political economy, Mountain View, Cal.

Junker, A. (1997): Individualwille, Kollektivgewalt und Staatsintervention im Arbeitsrecht, in: Neue Zeitschrift für Arbeitsrecht, 24, (14. Jg.): S. 1305-1319.

Kantzenbach, E., Hg. (1992): Die wirtschaftliche Neuordnung Europas: Erfahrungen und Perspektiven, Schriften des Vereins für Socialpolitik, Neue Folge, Band 218, Berlin.

Kath, D. (1992), Sozialpolitik, in: D. Bender et. al. (1992): S. 405-457.

Kath, D./A. Kuck (1998), Die Zukunft der Sozialpolitik in der EU - Wettbewerb der Institutionen, Sozialklauseln oder Sozialunion?, in: E. Knappe/N. Berthold (1998): S. 372-392.

Kerber, W. (1993), Zur Wettbewerbskonzeption im europäischen Wettbewerbsrecht, in: H. Gröner/A. Schüller (1993): S. 279-318.

Kerber, W. (1997), Wettbewerb als Hypothesentest: Eine evolutorische Konzeption wissenschaffenden Wettbewerbs, in: K. von Delhaes/U. Fehl (1997): S. 29-78.

Kerber, W. (1998): Zum Problem einer Wettbewerbsordnung für den Systemwettbewerb, in: Jahrbuch für Neue Politische Ökonomie, Band 17: S. 199-230.

Kirsch, G./G. Lohmann (1997): Ordnung ist die ganze Zukunft, in: Frankfurter Allgemeine Zeitung, Nr. 207, 6.9.1997: S. 15.

Kiwit, D./S. Voigt (1995): Überlegungen zum institutionellen Wandel unter Berücksichtigung des Verhältnisses interner und externer Institutionen, in: ORDO: Jahrbuch für die Ordnung von Wirtschaft und Gesellschaft, Band 46: S. 117-147.

Klein, W., Hg. (1994): Soziale Marktwirtschaft: ein Model für Europa - Festschrift für Gernot Gutmann zum 65. Geburtstag, Berlin.

Kleinhenz, G. (1973), Leitbilder und Zielsysteme der Sozialpolitik der Europäischen Gemeinschaften, in: H. Sanmann (1973): S. 185-232.

Kleinhenz, G., Hg. (1993): Soziale Integration in Europa I, Schriften des Vereins für Socialpolitik, Neue Folge, Band 222, Berlin.

Kleinhenz, G. (1994), Notwendigkeit, Möglichkeiten und Grenzen einer Europäischen Sozialunion, in: G. Rübel (1994): S. 139-160.

Kleinhenz, G., Hg. (1996): Soziale Integration in Europa II, Schriften des Vereins für Socialpolitik, Neue Folge, Band 222/II, Berlin.

Kleinhenz, G. (1996a), Subsidiarität und Solidarität bei der sozialen Integration in Europa, in: G. Kleinhenz (1996): S. 7-24.

Kleinhenz, G. (1997): Sozialstaatlichkeit in der Konzeption der Sozialen Marktwirtschaft, in: Jahrbücher für Nationalökonomie und Statistik, Bd. 216, Heft 4/5: S. 392-412.

Klemmer, P., Hg. (1998): Handbuch Europäische Wirtschaftspolitik, München.

Klemmer, P. (1998a), Regionalpolitik, in: P. Klemmer (1998): S. 457-517.

Kliemann, A. (1997): Die europäische Sozialintegration nach Maastricht, Baden-Baden.

Kloten, N. (1967): Utopie und Leitbild im wirtschaftspolitischen Denken, in: Kyklos, Bd. 20: S. 331-354.

Klump, R. (1995): Produktivitätslücken, Konvergenzprozesse und die Rolle der Wirtschaftsordnung: Anmerkungen zur "Catching up"-Hypothese, in: Zeitschrift für Wirtschaftspolitik, Heft 1, (Jg. 44): S. 29-44.

Klump, R. (1996): Wachstum und Wandel: Die "neue" Wachstumstheorie als Theorie wirtschaftlicher Entwicklung, in: ORDO: Jahrbuch für die Ordnung von Wirtschaft und Gesellschaft, Band 47: S. 101-120.

Knall, B. (1988), Entwicklungstheorien, in: W. Albers et. al. (1988): S. 421-435 (Band 2).

Knappe, E./N. Berthold, Hg. (1998): Ökonomische Theorie der Sozialpolitik - Bernhard Külp zum 65. Geburtstag, Heidelberg.

Kösters, W. (1998), Europäische Integration: Wirtschaftspolitischer Autonomieverlust durch Supranationalisierung politischer Entscheidungen, in: D. Cassel (1998): S. 441-455.

Kronberger Kreis (1992): Einheit und Vielfalt in Europa, Bad Homburg v.d.H.

Kronberger Kreis (1996): Sozialunion für Europa?, Bad Homburg v.d.H.

Kronberger Kreis (1998): Osterweiterung der Europäischen Union: als Chance zur Reform begreifen, Bad Homburg v.d.H.

Kronberger Kreis (1998a): Es türmen sich die Aufgaben, in: Frankfurter Allgemeine Zeitung, Nr. 229, 2.10.1998: S. 15.

Krugman, P. (1991): Geography and Trade, London.

Krugman, P. (1999): Der Mythos vom globalen Wirtschaftskrieg: eine Abrechnung mit den Pop-Ökonomen, Frankfurt/Main.

Krüsselberg, H.-G. (1988): Vermögenspolitik im Sozialen Rechtsstaat, in: ORDO: Jahrbuch für die Ordnung von Wirtschaft und Gesellschaft, Band 39: S. 301-313.

Krüsselberg, H.-G. (1989): Zur Interdependenz von Wirtschafts- und Gesellschaftsordnung: Euckens Plädoyer für ein umfassendes Denken in Ordnungen, in: ORDO: Jahrbuch für die Ordnung von Wirtschaft und Gesellschaft, Band 40: S. 223-241.

Krüsselberg, H.-G. (1991), Distribution versus Allokation: Zur Dominanz verteilungsorientierten Denkens und dessen Effekte, in: K.-H. Hartwig/H. J. Thieme (1991): S. 55-80.

Kuhn, B. (1994), Zentralisierung in der Europäischen Sozialpolitik: die Rolle des Europäischen Gerichtshofes, in: J. Wahl (1994): S. 261-279.

Külp, B./H.-D. Haas, Hg. (1977): Soziale Probleme der modernen Industriegesellschaft, Schriften des Vereins für Socialpolitik, Neue Folge, Band 92, Berlin.

Lachmann, L. M. (1963): Wirtschaftsordnung und wirtschaftliche Institutionen, in: ORDO: Jahrbuch für die Ordnung von Wirtschaft und Gesellschaft, Band 14: S. S. 63-77.

Lafontaine, O./C. Müller (1998): Keine Angst vor der Globalisierung: Wohlstand und Arbeit für alle, 2. durchges. u. aktual. A., Bonn.

Lampert, H. (1973), Leitbilder und Zielsystem der Sozialpolitik im "entwickelten gesellschaftlichen System des Sozialismus" in der DDR, in: H. Sanmann (1973): S. 101-163.

Lampert, H. (1988), Sozialpolitik I: staatliche, in: W. Albers et. al. (1988): S. 60-76 (Band 7).

Lampert, H. (1990): Gerechtigkeit im Konzept der sozialen Marktwirtschaft, in: Hamburger Jahrbuch für Wirtschafts- und Gesellschaftspolitik, (35. Jg.): S. 75-91.

Lampert, H. (1995): Die Wirtschafts- und Sozialordnung der Bundesrepublik Deutschland, 12. völlig überarb. A., München, Landsberg am Lech.

Lampert, H. (1998): Lehrbuch der Sozialpolitik, 5. überarb. u. erw. A., Berlin, Heidelberg, New York.

Lampert, H./F. Schubert (1988), Sozialpolitik V: In der Deutschen Demokratischen Republik, in: W. Albers et. al. (1988): S. 130-152 (Band 7).

Läufer, T. (1995), Europäischer Gerichtshof, in: W. Weidenfeld/W. Wessels (1995): S. 179-182.

Leipold, H. (1989): Neuere Ansätze zur Weiterentwicklung der Ordnungstheorie, in: Jahrbuch für Neue Politische Ökonomie, 8: S. 13-29.

Leipold, H. (1994), Interdependenz von wirtschaftlicher und politischer Ordnung, in: C. Herrmann-Pillath (1994): S. 723-737.

Leipold, H. (1994a), Die EG im Spannungsverhältnis zwischen Konsens und Effizienz, in: H. Leipold (1994b): S. 1-38.

Leipold, H., Hg. (1994b): Ordnungsprobleme Europas: Die Europäische Union zwischen Vertiefung und Erweiterung, Arbeitsberichte zum Systemvergleich, Nr. 18, Marburg.

Leipold, H. (1994c), Die EU im Spannungsverhältnis zwischen Vertiefung und Erweiterung, in: H. Leipold (1994b): S. 39-78.

Leipold, H. (1997), Der Zusammenhang zwischen gewachsener und gesetzter Ordnung: Einige Lehren aus den postsozialistischen Reformerfahrungen, in: D. Cassel (1997):
S. 43-68.

Lesch, H. (2000): Gemeinsam arbeitslos, in: Frankfurter Allgemeine Zeitung, Nr. 72, 25.3.2000: S. 15.

Ludwig-Erhard-Stiftung (1997): Die Erweiterung der EU nach Osten: wirtschaftspolitische Fragen, Krefeld.

Martin, J. P. (1998): What works among active labour market policies: evidence from OECD countries' experiences, OECD - Occasional Papers No. 35, Paris.

Mayer, O. G./H.-E. Scharrer, Hg. (1997): Osterweiterung der Europäischen Union: Sind die mittel- und osteuropäischen Länder und die EU reif für eine Erweiterung?, Veröffentlichungen des HWWA-Institut für Wirtschaftsforschung - Hamburg, Bd. 35, Baden-Baden.

Merten, D. (1993), Entwicklungsperspektiven der sozialen Dimension in der EG: Funktionen sozialer Grundrechte, in: D. Merten/R. Pitschas (1993): S. 63-77.

Merten, D./R. Pitschas, Hg. (1993): Der europäische Sozialstaat und seine Institutionen, Berlin.

Mestmäcker, E.-J. (1994), Zur Wirtschaftsverfassung in der Europäischen Union, in: R. H. Hasse (1994): S. 263-292.

Müller-Armack, A. (1948): Die Wirtschaftsordnungen sozial gesehen, in: ORDO: Jahrbuch für die Ordnung von Wirtschaft und Gesellschaft, Bd. 1: S. 125-154.

Mussler, W./M. E. Streit (1996), Integrationspolitische Strategien in der EU, in: R. Ohr (1996): S. 265-292.

Mussler, W./M. Wohlgemuth (1994): Institutionen im Wettbewerb - Ordnungstheoretische Anmerkungen zum Systemwettbewerb in Europa, Max-Planck-Institut zur Erforschung von Wirtschaftssystemen Jena, Diskussionsbeitrag 05/94, Jena.

Myrdal, G. (1959): Ökomomische Theorie und unterentwickelte Regionen, Stuttgart.

Nienhaus, V. (1994), Die Sozialunion: Eine notwendige Ergänzung der Wirtschafts- und Währungsunion?, in: R. Caesar/H.-E. Scharrer (1994): S. 269-289.

Nienhaus, V. (1998), Geschichte, Institutionen und Strategien der Europäischen Union, in: P. Klemmer (1998): S. 1-139.

Noll, K. W./T. Oppermann, Hg. (1997): Subsidiarität: Idee und Wirklichkeit: zur Reichweite eines Prinzips in Deutschland und Europa, Tübingen.

Nörr, K. W. (1997), Subsidiarität, privatrechtstheoretisch betrachtet, in: K. W. Noll/T. Oppermann (1997): S. 239-251.

North, D. C. (1988): Theorie des institutionellen Wandels: eine neue Sicht der Wirtschaftsgeschichte, 1. A., Tübingen.

North, D. C. (1992): Institutionen, institutioneller Wandel und Wirtschaftsleistung, Tübingen.

North, D. C. (1994): Economic Performance through time, in: American Economic Review, Vol. 84, No. 3, June 1994: S. 359-368.

North, D. C. (1998), The rise of the western world, in: P. Bernholz/M. E. Streit et. al. (1998): S. 13-28.

Nuscheler, F. (1995): Lern- und Arbeitsbuch Entwicklungspolitik, Bonn.

Oberender, P. (1992): Mehr Markt im sozialen Sicherungssystem, in: Wirtschaftswissenschaftliches Studium, Heft 2, (21 Jg.): S. 65-70.

Oberender, P./E.-M. Reißmann (1993), Sozialpolitik und Sozialversicherung in der europäischen Integration, in: H. Gröner/A. Schüller (1993): S. 379-396.

Ohr, R., Hg. (1996): Europäische Integration, Stuttgart, Berlin, Köln.

Olson, M. (1991): Aufstieg und Niedergang von Nationen: ökonomisches Wachstum, Stagflation und soziale Starrheit, 2. durchgesehene A., Tübingen.

Ortlieb, H.-D./D. Lösch (1988), Sozialismus II: Sozialismus als Leitbild der Wirtschafts-ordnung, in: W. Albers et. al. (1988): S. 28-41 (Band 7).

(Parlament/Rat 1996) Europäisches Parlament und Rat der Europäischen Union (1996): Richtlinie 97/71/EG des Europäischen Parlaments und des Rates vom 16. Dezember 1996 über die Entsendung von Arbeitnehmern im Rahmen der Erbringung von Dienstleistungen, in: Amtsblatt der Europäischen Gemeinschaften, Nr. L 018 vom 21. Januar 1997: S. 1-6.

(Parlament/Rat 1999) Europäisches Parlament und Rat der Europäischen Union (1999): Verordnung (EG) Nr. 1783/1999 des Europäischen Parlaments und des Rates vom 12. Juli 1999 über den Europäischen Fonds für regionale Entwicklung, in: Amtsblatt der Europäischen Gemeinschaften, Nr. L 213 vom 13. August 1999: S. 1-4.

(Parlament/Rat 1999a) Europäisches Parlament und Rat der Europäischen Union (1999a): Verordnung (EG) Nr. 1784/1999 des Europäischen Parlaments und des Rates vom 12. Juli 1999 betreffend den Europäischen Sozialfonds, in: Amtsblatt der Europäischen Gemeinschaften, Nr. L 213 vom 13. August 1999: S. 5-8.
Peterhoff, R. (1991), Die Bedeutung der Sozialpolitik im Systemwandel, in: Forschungsstelle (1991): S. 156-170.
Pfetsch, F. R. (1997): Die Europäische Union: Geschichte, Institutionen, Prozesse, München.
Piepenschneider, M. (1998): Der Vertrag von Amsterdam - Analyse und Bewertung, Konrad-Adenauer-Stiftung, St. Augustin, Arbeitspapier der Konrad-Adenauer-Stiftung, 3. überarb. Auflage, Internet, Download vom: 21.7.1998, http://www.kas.de/ publikationen/themen/europa.html.
Platzer, H.-W. (1994), Sozialpolitik und soziale Integration in der Europäischen Union: Bedingungen, Perspektiven und Grenzen im Spannungsfeld von Markt- und Politikintegration, in: B. Dietz (1994): S. 41-62.
Platzer, H.-W., Hg. (1997): Sozialstaatliche Entwicklungen in Europa und die Sozialpolitik der Europäischen Union: Die soziale Dimension im EU-Reformprozeß, Schriftenreihe des Arbeitskreises Europäische Integration e.V., Bd. 40, Baden-Baden.
Popper, K. R. (1979): Das Elend des Historizismus, 5., verbesserte A., Tübingen.
Preston, C. (1997): Enlargement & Integration in the European Union, London, New York.
Queisser, M. (1998): Die Rente mit Kapital unterlegen, in: Frankfurter Allgemeine Zeitung, Nr. 20, 24.1.1998: S. 17.
Rauscher, A., Hg. (1985): Selbstinteresse und Gemeinwohl - Beiträge zur Ordnung der Wirtschaftsgesellschaft, Soziale Orientierungen, 5, Berlin.
Rawls, J. (1971/1993): Eine Theorie der Gerechtigkeit, 7. A., Frankfurt am Main.
Recktenwald, H. C. (1988), Öffentliche Finanzwirtschaft, in: W. Albers et. al. (1988): S. 144-164 (Band 3).
Reflexionsgruppe (1995): Bericht der Reflexionsgruppe, Europäisches Parlament - Offizielle Positionen der anderen Organe und Einrichtungen, Internet, Download vom: 8.1.2001, http://www.europarl.eu.int/enlargement/cu/agreements/reflex1_de.htm.
Reinhard, H.-J. (1997), Sozial- und arbeitsmarktpolitische Entwicklungen in den europäischen Ländern. Konsequenzen und Aufgabenstellungen für die EU, in: H.-W. Platzer (1997): S. 45-60.
(Rentenversicherungsträger 1999) Verband Deutscher Rentenversicherungsträger, Hg. (1999): Rentenversicherung im internationalen Vergleich, DRV-Schriften, Band 15, Bad Homburg v.d.H.
Richter, R. (1994): Institutionen ökonomisch analysiert, Tübingen.
Richter, R./E. Furubotn (1996): Neue Institutionenökonomik, Tübingen.
Rieber, H. (1962): Europäische Sozial-Charta, Baden-Baden, Bonn.
Ringler, J. C. K. (1997): Die europäische Sozialunion, Berlin.
Romer, P. M. (1994): The Origins of Endogenous Growth, in: Journal of Economic Perspectives, Vol. 8, No. 1, Winter 1994: S. 3-22.

Röpke, W. (1953/1997): Kernfragen der Wirtschaftsordnung, in: ORDO: Jahrbuch für die Ordnung von Wirtschaft und Gesellschaft: S. 27-64.

Röpke, W. (1957), Integration und Desintegration der internationalen Wirtschaft, in: E. von Beckerath/F. W. Meyer et. al. (1957): S. 493-501.

Rose, K./K. Sauernheimer (1992): Theorie der Außenwirtschaft, 11. völlig überarb. u. erw. A., München.

Rübel, G., Hg. (1994): Perspektiven der Europäischen Integration, Heidelberg.

Rumjanzew, A. F. et. al. (1973): Politische Ökonomie des Sozialismus, Berlin (Ost).

Rupp, H. H. (1988), Grundrechte, in: W. Albers et. al. (1988): S. 709-726.

Sanmann, H., Hg. (1973): Leitbilder und Zielsysteme der Sozialpolitik, Schriften des Vereins für Socialpolitik, Neue Folge, Band 72, Berlin.

Sanmann, H. (1973a), Leitbilder und Zielsysteme der praktischen Sozialpolitik als Problem der wissenschaftlichen Sozialpolitik, in: H. Sanmann (1973): S. 61-75.

Sarrazin, T. (1999): Ansatzpunkte für eine Europäische Arbeitsmarkt- und Beschäftigungs-politik, Managerkreis der Friedrich-Ebert-Stiftung, Bonn.

Schäfer, W. (1999), Globalisierung: Entmonopolisierung des Nationalen?, in: H. Berg (1999): S. 9-21.

Schlecht, O. (1986): Die Vereinbarkeit von politischer und wirtschaftlicher Ordnung, Tübingen.

Schlecht, O. (1998), Leitbild oder Alibi? Zur Rolle der Konzeption der Sozialen Marktwirtschaft in der praktischen Wirtschaftspolitik, in: D. Cassel (1998): S. 35-48.

Schmähl, W./H. Rische, Hg. (1997): Europäische Sozialpolitik, Baden-Baden.

Schmidt, I./S. Binder (1998), Wettbewerbspolitik, in: P. Klemmer (1998): S. 1229-1314.

Schmitt, G. (1998), Agrarpolitik, in: P. Klemmer (1998): S. 141-215.

Schmitz, K. (1997), Die EU als sozialpolitischer Handlungsrahmen und die Perspektive der Regierungskonferenz: Die Sicht der Akteure - Deutscher Gewerkschaftsbund, in: H.-W. Platzer (1997): S. 137-141.

Schmuck, O. (1995), Europäisches Parlament, in: W. Weidenfeld/W. Wessels (1995): S. 190-197.

Schneider, H.-P. (2000): Grenzen der Rechtsangleichung in Europa, in: Frankfurter Allgemeine Zeitung, Nr. 240, 16.10.2000: S. 12.

Schüller, A. (1985), Zur Effizienz sozialistischer Marktwirtschaften, in: A. Rauscher (1985): S. 159-227.

Schüller, A. (1989), Gerechtigkeit und wirtschaftliche Entwicklung - Sozialethische Anforderungen und ordnungspolitische Konsequenzen der Entwicklungslehren von G. Myrdal und P. T. Bauer, in: G. Gutmann/A. Schüller (1989): S. 411-449.

Schüller, A. (1991), Das Marktgeschehen, in: H. Fisch (1991): S. 241-283.

Schüller, A. (1991a), Wirtschaftsordnung - Ordnungstheorie, in: A. Schüller/H.-G. Krüsselberg (1991): S. 1-6.

Schüller, A. (1991b), Probleme des Übergangs von der Staatswirtschaft zur Marktwirtschaft, in: Forschungsstelle (1991): S. 1-26.

Schüller, A. (1991c): Vollendung des Europäischen Binnenmarktes und Erweiterung der EG, in: Finanzierung, Leasing, Factoring, Nr. 5: S. 179-184.

Schüller, A. (1994a), Die Europäische Union vor der Frage der Osterweiterung: Entscheidungslinien und Hindernisse, in: H. Leipold (1994b): S. 79-108.

Schüller, A. (1994b), Systemwechsel und Systemwandel in Deutschland - Die Soziale Marktwirtschaft an der Wende zu einer grundlegenden Veränderung?, in: W. Klein (1994): S. 207-231.

Schüller, A. (1994c), Zur Osterweiterung der EG: Motive, Methoden, Hindernisse, Bedingungen, in: R. H. Hasse (1994): S. 306-330.

Schüller, A. (1996a): Das wirtschaftliche Zusammenwachsen in Deutschland: Eine ordnungspolitische Zwischenbilanz, in: ORDO: Jahrbuch für die Ordnung von Wirtschaft und Gesellschaft, Band 47: S. 13-32.

Schüller, A. (1996b), Der Sozialstaat unter dem Einfluß chaotischer Umverteilungskräfte, in: B. Burkhardt-Reich/H.-J. Hof et. al. (1996): S. 38-65.

Schüller, A. (1997), Subsidiarität im Spannungsfeld zwischen Wettbewerb und Harmonisierung - Interpretationsversuche aus ordnungspolitischer Sicht, in: K. W. Noll/T. Oppermann (1997): S. 69-104.

Schüller, A. (1999): Wie sozialistisch ist die Marktwirtschaft?, in: BKU-Journal 4/99 - Gelbe Seiten, Nr. 44, Dezember 1999: S. 1-6.

Schüller, A. (1999a), Subsidiäre Sozialpolitik: Neuordnung des Verhältnisses von Selbsthilfe, freiwilliger Solidarität und staatlicher Absicherung, in: BKU (1999): S. 191-220.

Schüller, A. (1999b): Friedrich A. von Hayeks Sozialprinzipien und das Beschäftigungsproblem in Deutschland, Volkswirtschaftliche Beiträge der Philipps-Universität Marburg, Nr. 08/1999, Marburg.

Schüller, A. (2000): Der Euro - Anfang vom Ende des "neuen Leviathan" in Europa? Zur Ordnungspotenz des Euro, Volkswirtschaftliche Beiträge der Philipps-Universität Marburg, Nr. 05/2000, Marburg.

Schüller, A. (2000a): Herrschaft der Verbände über die Wirtschaft, in: Frankfurter Allgemeine Sonntagszeitung, Nr. 16, 23.4.2000.

Schüller, A. (2000b): Auf dem dritten (Schleich-)Weg, in: Neue Zürcher Zeitung - Internationale Ausgabe, Nr. 123, 27./28.5.2000: S. 57.

Schüller, A./H.-G. Krüsselberg, Hg. (1991): Grundbegriffe zur Ordnungstheorie und Politischen Ökonomik, Arbeitsberichte zum Systemvergleich, Nr. 7, 2. überarb. und erw. A., Marburg.

Schüller, A./R. L. Weber (1993), Von der Transformation zur Integration: Eine ordnungs-, handels- und währungspolitische Aufgabenstellung, in: H. Gröner/A. Schüller (1993): S. 445-491.

Schüller, A./R. L. Weber (1998), Sozialpolitik in den Transformationsländern, in: E. Knappe/N. Berthold (1998): S. 393-428.

Schulte, B. (1998): Europäische Sozialpolitik und die Zukunft des Sozialstaats in Europa - Herausforderung und Chancen, 2. unveränderte Auflage, Bonn.

Schulten, T. (1999): Mit Koordinierungsregeln gegen wettbewerbsorientierte Tarifpolitik, in: Die Mitbestimmung, 5/99, (45): S. 36-38.

Schumpeter, J. A. (1934/1993): Theorie der wirtschaftlichen Entwicklung, 8. A., unveränderter Nachdruck der 1934 ersch. 4. A., Berlin.

Schumpeter, J. A. (1993): Kapitalismus, Sozialismus und Demokratie, 7., erweiterte Auflage, Tübingen, Basel.

Schuster, T./R. Vaubel (1996), Europäische Sozialpolitik, in: R. Ohr (1996): S. 173-199.

Sen, A. (1999): Die Freiheit gleicher Lebenschancen, in: Frankfurter Allgemeine Zeitung, Nr. 305, 31.12.1999: S. 15.

Siebert, C. (1995), Europäische Interessenverbände, in: W. Weidenfeld/W. Wessels (1995): S. 155-157.

Sinn, H.-W. (1995): Implikationen der vier Grundfreiheiten für eine nationale Fiskalpolitik, in: Wirtschaftsdienst, Nr. 5, 1995, (75): S. 240-249.

Sinn, H.-W. (2000): Eine Quarantänestation auf dem Weg in die EU, in: Frankfurter Allgemeine Zeitung, Nr. 186, 12.8.2000: S. 13.

Soltwedel, R. (1997): Die Marktwirtschaft muß neue Kraft schöpfen, in: Frankfurter Allgemeine Zeitung, Nr. 57, 8.3.1997: S. 15.

Starbatty, J./U. Vetterlein (1998), Forschungs- und Technologiepolitik, in: P. Klemmer (1998): S. 665-733.

Statistisches Bundesamt (1999): Wahl der Abgeordneten des Europäischen Parlaments aus der Bundesrepublik Deutschland am 13. Juni 1999 - Erste Ergebnisse aus der Repräsentativen Wahlstatistik, Wiesbaden.

Statistisches Bundesamt (2000): Bevölkerung: Wanderungen (Aussenwanderung), Wiesbaden.

Stehn, J. (1996), Vertiefung und Osterweiterung der Europäischen Union: Ein Widerspruch?, in: M. E. Streit/S. Voigt (1996): S. 68-81.

Steppacher, B. (1996): Regional- und Strukturpolitik der EU und nationale Interessen - Aktuelle Probleme und Reformansätze, Konrad-Adenauer-Stiftung, Interne Studien, St. Augustin.

Steppacher, B. (1997): Die Europäische Union vor einer neuen Erweiterungsrunde - Kernpunkte der intensivierten Heranführungsstrategie für mittel- und osteuropäische Beitrittsaspiranten, Konrad-Adenauer-Stiftung, St. Augustin, Arbeitspapier der KAS, 2. A., Internet, Download vom: 21.7.1998, http://www.kas.de/publikationen/themen/ europa.html.

Stigler, G. J. (1971): The theory of economic regulation, in: Bell Journal of Economics and Management Science, Vol. 2, No. 1, (Spring 1971): S. 3-21.

Stigler, G. J. (1992), Die politische Umverteilung des Einkommens, in: Institut für Politische Bildung (1992): S. 11-24.

Straubhaar, T. (1993): Leitbilder der Sozialpolitik, in: Hamburger Jahrbuch für Wirtschafts- und Gesellschaftspolitik, (38. Jg.): S. 153-171.

Streissler, E./C. Watrin, Hg. (1980): Zur Theorie marktwirtschaftlicher Ordnungen, Tübingen.

Streit, M. E. (1995a): Dimensionen des Wettbewerbs - Systemwandel aus ordnungsökonomischer Sicht, Max-Planck-Institut zur Erforschung von Wirtschafts-systemen Jena, Diskussionsbeitrag 01/95, Jena.

Streit, M. E. (1995b): Ordnungsökonomik - Versuch einer Standortbestimmung, Max-Planck-Institut zur Erforschung von Wirtschaftssystemen Jena, Diskussionsbeitrag 04/95, Jena.

Streit, M. E. (1995c): Systemwettbewerb und Harmonisierung im europäischen Integrationsprozeß, Max-Planck-Institut zur Erforschung von Wirtschaftssystemen Jena, Diskussionsbeitrag 09/95, Jena.

Streit, M. E. (1996): Zur Interdependenz der Ordnungen - marktwirtschaftliche Ordnungspolitik im Sozialstaat, in: List Forum für Wirtschafts- und Finanzpolitik, Bd. 22, Heft 3: S. 253-266.

Streit, M. E. (1998a), Comment on Douglas North, in: P. Bernholz/M. E. Streit et. al. (1998): S. 29-34.

Streit, M. E. (1998b), Soziale Marktwirtschaft im europäischen Integrationsprozeß: Befund und Perspektive, in: D. Cassel (1998): S. 177-199.

Streit, M. E./U. Mummert (1996): Grundprobleme der Systemtransformation aus institutionenökonomischer Perspektive, Max-Planck-Institut zur Erforschung von Wirtschaftssystemen Jena, Diskussionsbeitrag 09/96, Jena.

Streit, M. E./W. Mussler (1995): Wettbewerb der Systeme zur Verwirklichung des Binnenmarktprogramms?, Max-Planck-Institut zur Erforschung von Wirtschaftssystemen Jena, Diskussionsbeitrag 03/95, Jena.

Streit, M. E./S. Voigt, Hg. (1996): Europa reformieren: Ökonomen und Juristen zur zukünftigen Verfaßtheit Europas, Contributiones Jenenses, Bd. 4, Baden-Baden.

Thieme, H. J. (1992), Wirtschaftssysteme, in: D. Bender et. al. (1992a): S. 1-48.

Thuy, P. (1999): Sozialstaatsprinzip, Wirtschaftsordnung und Sozialpolitik, Habilitationsschrift der Rechts- und Wirtschaftswissenschaftlichen Fakultät der Universität Bayreuth, Manuskript liegt dem Verfasser vor, Bayreuth.

Tichy, G. (1992): Theoretical and Empirical Considerations on the Dimension of an Optimum Integration Area in Europe, in: Aussenwirtschaft, Heft 1, (47. Jg.): S. 107-137.

Tiebout, C. M. (1956): A pure theory of local expenditures, in: Journal of Political Economy, Feb.-Dec., (64): S. 416-424.

UNICE (2000): Occupational Safety and Health, Brüssel.

(Union 1993) Rat der Europäischen Union (1993): Richtlinie 93/104/EG des Rates vom 23. November 1993 über bestimmte Aspekte der Arbeitszeitgestaltung, in: Amtsblatt der Europäischen Gemeinschaften, Nr. L 307 vom 23 November 1993: S. 18-24.

(Union 1994) Rat der Europäischen Union (1994): Verordnung (EG) Nr. 1164/94 des Rates vom 16. Mai 1994 zur Errichtung des Kohäsionsfonds, in: Amtsblatt der Europäischen Gemeinschaften, Nr. L 130 vom 25. Mai 1994: S. 1-22.

(Union 1994a) Rat der Europäischen Union (1994a): Richtlinie 94/45/EG des Rates vom 22. September 1994 über die Einsetzung eines Europäischen Betriebsrats oder die Schaffung eines Verfahrens zur Unterrichtung und Anhörung der Arbeitnehmer in gemeinschaftsweit operierenden Unternehmen und Unternehmensgruppen, in: Amtsblatt der Europäischen Gemeinschaften, Nr. L 254 vom 30. September 1994: S. 64-72.

(Union 1996) Rat der Europäischen Union (1996): Richtlinie 96/34/EG des Rates vom 3. Juni 1996 zu der von UNICE, CEEP und EGB geschlossenen Rahmenvereinbarung über Elternurlaub, in: Amtsblatt der Europäischen Gemeinschaften, Nr. L 145 vom 19 Juni 1996: S. 4-9.

(Union 1998a) Rat der Europäischen Union (1998a): Richtlinie 98/59/EG des Rates vom 20. Juli 1998 zur Angleichung der Rechtsvorschriften der Mitgliedstaaten über Massenentlassungen, in: Amtsblatt der Europäischen Gemeinschaften, Nr. L 225 vom 20. Juli 1998: S. 16-21.

(Union 1998b) Rat der Europäischen Union (1998b): Richtlinie 98/49/EG des Rates vom 29. Juni 1998 zur Wahrung ergänzender Rentenansprüche von Arbeitnehmern und Selbständigen, die innerhalb der Europäischen Gemeinschaft zu- und abwandern, in: Amtsblatt der Europäischen Gemeinschaften, Nr. L 209 vom 25. Juli 1998: S. 46-49.

(Union 1999a) Rat der Europäischen Union (1999): Verordnung (EG) Nr. 1257/1999 des Rates vom 17. Mai 1999 über die Förderung der Entwicklung des ländlichen Raums durch den Europäischen Ausrichtungs- und Garantiefonds für die Landwirtschaft (EAGFL) und zur Änderung bzw. Aufhebung bestimmter Verordnungen, in: Amtsblatt der Europäischen Gemeinschaften, Nr. L 160 vom 26. Juni 1999: S. 80-102.

(Union 1999b) Rat der Europäischen Union (1999): Verordnung (EG) Nr. 1260/1999 des Rates vom 21. Juni 199 mit allgemeinen Bestimmungen über die Strukturfonds, in: Amtsblatt der Europäischen Gemeinschaften, Nr. L 161 vom 26. Juni 1999: S. 1-42.

(Union 1999c) Rat der Europäischen Union (1999): Verordnung (EG) Nr. 1263/1999 des Rates vom 21. Juni 1999 über das Finanzinstrument für die Ausrichtung der Fischerei, in: Amtsblatt der Europäischen Gemeinschaften, Nr. L 161 vom 26. Juni 1999:
S. 54-56.

(Union 1999d) Rat der Europäischen Union (1999): Verordnung (EG) Nr. 1264/99 des Rates vom 221. Juni 1999 zur Änderung der Verordnung (EG) Nr. 1164/94 zur Errichtung des Kohäsionsfonds, in: Amtsblatt der Europäischen Gemeinschaften, Nr. L 161 vom 26. Juni 1999: S. 57-61.

(Union 1999e) Rat der Europäischen Union (1999): Verordnung (EG) Nr. 1265/1999 des Rates vom 21. Juni 1999 zur Änderung von Anhang II der Verordnung (EG) Nr. 1164/94 zur Errichtung des Kohäsionsfonds, in: Amtsblatt der Europäischen Gemeinschaften, Nr. L 161 vom 26. Juni 1999: S. 62-67.

(Union 1999f) Rat der Europäischen Union (1999): Verordnung (EG) Nr. 1266/1999 des Rates vom 21. Juni 1999 zur Koordinierung der Hilfe für die beitrittswilligen Länder im Rahmen der Heranführungsstrategie und zur Änderung der Verordnung (EWG) Nr. 3906/89, in: Amtsblatt der Europäischen Gemeinschaften, Nr. L 161 vom 26. Juni 1999: S. 68-72.

(Union 1999g) Rat der Europäischen Union (1999): Verordnung (EG) Nr. 1267/1999 des Rates vom 21. Juni 1999 über ein strukturpolitisches Instrument zur Vorbereitung auf den Beitritt, in: Amtsblatt der Europäischen Gemeinschaften, Nr. L 161 vom
26. Juni 1999: S. 73-86.

van der Beek, K., Hg. (1995): Sozialpolitik im Transformationsprozess: ordnungs- und sozialpolitische Reformen in Polen, Gesellschaften im Wandel, 5, Berlin, New York.

Vanberg, V. (1981): Liberaler Evolutionismus oder vertragstheoretischer Konstitutionalismus - Zum Problem institutioneller Reformen bei F.A. von Hayek/J.M. Buchanan, Tübingen.

Vanberg, V. (1997a), Subsidiarity, Responsive Government and Individual Liberty, in: K. W. Noll/T. Oppermann (1997): S. 253-269.

Vanberg, V. (1997b), Systemtransformation, Ordnungsevolution und Protektion: Zum Problem der Anpassung von Wirtschaftssystemen an ihre Umwelt, in: D. Cassel (1997): S. 11-41.

Vanberg, V. (1999): Der Weg zur Freiheit, in: Frankfurter Allgemeine Zeitung, Nr. 106, 8.5.1999: S. 15.

Vaubel, R. (1989): Der Mißbrauch der Sozialpolitik in Deutschland: Historischer Überblick und Politisch-Ökonomische Erklärung, in: Hamburger Jahrbuch für Wirtschafts- und Gesellschaftspolitik, (34. Jg.): S. 39-64.

Vaubel, R. (1990): Sozialpolitik für mündige Bürger: Optionen für eine Reform, Baden-Baden.

Vaubel, R. (1992): Die politische Ökonomie der wirtschaftspolitischen Zentralisierung in der Europäischen Gemeinschaft, in: Jahrbuch für Neue Politische Ökonomie, 11. Band: S. 30-65.

Vaubel, R. (1995): Social Regulation and Market Integration: A Critique and Public-Choice Analysis of the Social Chapter, in: Aussenwirtschaft, Heft 1, (50. Jg.): S. 111-132.

Vaubel, R. (2000): Die Macht der europäischen Mehrheiten, in: Frankfurter Allgemeine Zeitung, Nr. 139, 17.6.2000: S. 14.

(Versicherungswissenschaft 1997) Gesellschaft für Versicherungswissenschaft und -gestaltung (1997): Das Postulat der Freizügigkeit und die Systeme der sozialen Sicherung, in: Informationsdienst der Gesellschaft für Versicherungswissenschaft und -gestaltung e.V., Köln, Nr. 259: S. 21-30.

von Beckerath, E./F.W. Meyer et al., Hg. (1957): Wirtschaftsfragen der freien Welt, Frankfurt/Main.

von Delhaes, K./U. Fehl, Hg. (1997): Dimensionen des Wettbewerbs: Seine Rolle in der Entstehung und Ausgestaltung von Wirtschaftsordnungen, Schriften zu Ordnungsfragen der Wirtschaft, 52, Stuttgart.

von Delhaes, K./U. Fehl (1997a), Dimensionen des Wettbewerbs: Problemstellung, in: K. von Delhaes/U. Fehl (1997): S. 1-27.

von Donat, M. (1995), Das Subsidiaritätsprinzip in der Europäischen Union aus der Perspektive der Europäischen Kommission, in: R. Hrbek (1995): S. 9-16.

von Hayek, F. A. (1952): Individualismus und wirtschaftliche Ordnung, Erlenbach-Zürich.

von Hayek, F. A. (1952a): Die Verwertung des Wissens in der Gesellschaft, in: F. A. von Hayek (1952): S. 103-121.

von Hayek, F. A. (1952b): Die wirtschaftlichen Voraussetzungen föderativer Zusammenschlüsse, in: F. A. von Hayek (1952): S. 324-344.

von Hayek, F. A. (1967/1994), Grundsätze einer liberalen Wirtschaftsordnung, in: F. A. von Hayek (1994): S. 108-125.

von Hayek, F. A. (1971): Die Verfassung der Freiheit, Tübingen.

von Hayek, F. A. (1981): Die Illusion der sozialen Gerechtigkeit, Landsberg am Lech.
von Hayek, F. A., Hg. (1994): Freiburger Studien: Gesammelte Aufsätze von F. A. von Hayek, 2. Band, 2. Auflage, Tübingen.
von Hayek, F. A. (1994b), Die Ergebnisse menschlichen Handelns, aber nicht menschlichen Entwurfs, in: F. A. von Hayek (1994): S. 97-107.
von Hayek, F. A. (1994c), Der Wettbewerb als Entdeckungsverfahren, in: F. A. von Hayek (1994): S. 249-265.
von Hayek, F. A. (1994e), Recht, Gesetz und Wirtschaftsfreiheit, in: F. A. von Hayek (1994): S. 47-55.
von Hayek, F. A. (1994i), Rechtsordnung und Handelnsordnung, in: F. A. von Hayek (1994): S. 161-198.
von Mises, L. (1944/1997): Die Bürokratie, St. Augustin.
von Nell-Breuning, O. (1957), Solidarität und Subsidiarität im Raume von Sozialpolitik und Sozialreform, in: E. Boettcher (1957): S. 213-226.
von Nell-Breuning, O. (1980): Gerechtigkeit und Freiheit - Grundzüge katholischer Soziallehre, Wien, München, Zürich.
von Nell-Breuning, O. (1983): Soziallehre der Kirche - Erläuterungen der lehramtlichen Dokumente, 3. erw. u. erg. A., Wien, München, Zürich.
Wagner, A. (1993), Soziale Mindestsicherung in Europa. Vom gemeinsamen Markt zum europäischen Sozialraum, in: G. Kleinhenz (1993): S. 179-209.
Wahl, J., Hg. (1994): Sozialpolitik in der ökonomischen Diskussion, Marburg.
Watrin, C. (1977), Ordnungspolitische Aspekte des Sozialstaates, in: B. Külp/H.-D. Haas (1977): S. 963-985.
Watrin, C. (1980), Zur sozialen Dimension marktwirtschaftlicher Ordnungen, in: E. Streissler/C. Watrin (1980): S. 476-501.
Watrin, C. (1994), Die marktwirtschaftliche Integration Europas, in: R. H. Hasse (1994): S. 293-305.
Watrin, C. (1994), Ordnungs- und wirtschaftspolitische Grundlagen Sozialer Marktwirtschaft, in: W. Klein (1994): S. 9-29.
Weber, R. L. (1994), Die Europäische Währungsunion zwischen wirtschaftlicher und politischer Rationalität, in: H. Leipold (1994b): S. 109-151.
Weber, R. L. (1994a): Außenwirtschaft und Systemtransformation: Zur Bedeutung der Zahlungsbilanzrestriktion im Übergang von der Zentralverwaltungswirtschaft zur Marktwirtschaft, Stuttgart, Jena, New York.
Weidenfeld, W./W. Wessels, Hg. (1995): Europa von A-Z: Taschenbuch der europäischen Integration, Bonn.
Weinacht, P.-L. (1995): Aktive und passive Subsidiarität: Prinzipien europäischer Gemeinschaftsbildung, in: Aus Politik und Zeitgeschichte, Bd. 3-4, 13.1.1995: S. 33-39.
Weinstock, U. (1989), Europäische Sozialunion - historische Erfahrungen und Perspektiven, in: W. Däubler/G. Fels (1989): S. 15-33.
Weise, P. (1991): Neue Mikroökonomie, 2. vollst. überarb. u. erw. A., Heidelberg.
Welfens, P. J. J. (1993), Osterweiterung der EG: Anpassungserfordernisse, Konvergenzprobleme und ordnungspolitischer Reformbedarf in Europa, in: H. Gröner/A. Schüller (1993): S. 517-549.

Welfens, P. J. J. (1997), Konsequenzen einer Osterweiterung für die EU und deren Reformbedarf, in: O. G. Mayer/H.-E. Scharrer (1997): S. 155-191.

Wellner, W./G. Schmich (1988): Europa auf dem Weg zur Sozialunion - Entwicklungen, Analysen, Perspektiven, Bonn.

Welter, P. (1996), Die Europäische Sozialunion: Notwendiger Bestandteil des Binnenmarktes oder Verletzung des Subsidiaritätsgebots?, in: M. E. Streit/S. Voigt (1996): S. 202-216.

Wentzel, D. (1993), Zum Spannungsverhältnis von Migration, Transformation und Integration, in: H. Gröner/A. Schüller (1993): S. 493-516.

Wenzler, H. M. (1996), Subsidiarität als Verfassungsprinzip Europas, in: F. A. Zimmermann (1996): S. 73-84.

Wessels, W. (1995), Europäischer Rat, in: W. Weidenfeld/W. Wessels (1995): S. 183-187.

Wessels, W./U. Diedrichs (1995), Europäische Union, in: W. Weidenfeld/W. Wessels (1995): S. 172-178.

Willgerodt, H. (1985), Thesen zum "demokratischen Sozialismus", in: A. Rauscher (1985): S. 229-277.

Willgerodt, H. (1992): Armut als Integrationshindernis? Zum Konflikt zwischen Vertiefung und Erweiterung der Europäischen Gemeinschaft, in: Zeitschrift für Wirtschaftspolitik, Heft 2, (41. Jg.): S. 95-123.

Willgerodt, H. (1996): Keine Angst vor pfiffigen Partnern, in: Frankfurter Allgemeine Zeitung, Nr. 221, 21.9.1996: S. 15.

(Wirtschaftsgemeinschaft 1968) Rat der Europäischen Wirtschaftsgemeinschaft (1968): Verordnung (EWG) Nr. 1612/68 des Rates vom 15. Oktober 1968 über die Freizügigkeit der Arbeitnehmer innerhalb der Gemeinschaft, geändert durch Verordnung (EWG) Nr. 2434/92 vom 27. Juli 1992, in: Amtsblatt der Europäischen Gemeinschaften, Nr. L 257 vom 19. Oktober 1968 und Amtsblatt der Europäischen Gemeinschaften, Nr. L 245 vom 26. August 1992: S. 2-12/1-2.

(Wirtschaftsgemeinschaft 1971) Rat der Europäischen Wirtschaftsgemeinschaft (1971): Verordnung (EWG) Nr. 1408/71 des Rates vom 14. Juni 1971 zur Anwendung der Systeme der sozialen Sicherheit auf Arbeitnehmer und Selbständige sowie deren Familienangehörige, die innerhalb der Gemeinschaft zu- und abwandern, konsolidierte Fassung vom 30. Januar 1997, geändert durch Verordnung (EG) Nr. 1399/1999 vom 29. April 1999, in: Amtsblatt der Europäischen Gemeinschaften, Nr. L 149 vom 5. Juli 1971, Amtsblatt der Europäischen Gemeinschaften, Nr. L 28 vom 30. Januar 1997 und Amtsblatt der Europäischen Gemeinschaften, Nr. L 164 vom 30. Juni 1999: S. 2-50, 1-229/1-9.

(Wirtschaftsgemeinschaft 1972) Rat der Europäischen Wirtschaftsgemeinschaft (1972): Verordnung (EWG) Nr. 574/72 des Rates vom 21. März 1972 über die Durchführung der Verordnung (EWG) Nr. 1408/71 zur Anwendung der Systeme der sozialen Sicherheit auf Arbeitnehmer und deren Familien, die innerhalb der Gemeinschaft zu- und abwandern, konsolidierte Fassung vom 30. Januar 1997, geändert durch Verordnung (EG) Nr. 1399/1999 vom 29. April 1999, in: Amtsblatt der Europäischen Gemeinschaften, Nr. L 74 vom 27.3.1972, Amtsblatt der

Europäischen Gemeinschaften, Nr. L 28 vom 30. Januar 1997 und Amtsblatt der Europäischen Gemeinschaften, Nr. L 164 vom 30. Juni 1999: S. 1-83/1-229/1-9.

(Wissenschaftlicher Beirat 1996) Der Wissenschaftliche Beirat des Instituts für bankhistorische Forschung e.V., Hg. (1996): Währungsunion und politische Integration: Historische Erfahrungen und europäische Perspektiven., Bankhistorisches Archiv - Zeitschrift zur Bankgeschichte, Beiheft 30, Frankfurt am Main.

Wojtkowska-Lodej, G. (1997), Polen auf dem Weg zur Mitgliedschaft in der Europäischen Union - Korreferat zu Gerd Tebbe, in: O. G. Mayer/H.-E. Scharrer (1997): S. 79-93.

Zacher, H. F. (1988), Sozialstaatsprinzip, in: W. Albers et. al. (1988): S. 152-160 (Band 7).

Zangl, P./H. Arndt (1997), Die EU als sozialpolitischer Handlungsrahmen und die Perspektive der Regierungskonferenz: Die Sicht der Akteure - Europäische Kommission, in: H.-W. Platzer (1997): S. 117-125.

Zimmermann, F. A., Hg. (1996): Ordnungspolitische Aspekte der europäischen Integration: Freiburgs Botschaft für ein offenes Europa, Baden-Baden.

Zimmermann, H. (1996): Wohlfahrtsstaat zwischen Wachstum und Verteilung: zu einem grundlegenden Konflikt in Hocheinkommensländern, München.

Zimmermann, H./K.-D. Henke (1994): Finanzwissenschaft: eine Einführung in die Lehre von der öffentlichen Finanzwirtschaft, 7. A., München.

Zohlnhöfer, W., Hg. (1998): Perspektiven der Osterweiterung und Reformbedarf der Europäischen Union, Schriften des Vereins für Socialpolitik, Neue Folge, Band 255, Berlin.

Zöllner, W. (1997), Subsidiarität zwischen den Gestaltungsfaktoren der Arbeitsbedingungen, in: K. W. Noll/T. Oppermann (1997): S. 227-238.

Peter Lang · Europäischer Verlag der Wissenschaften

Anna-Maria Herfeld

Reformansätze zur Alterssicherung in Deutschland und intergenerationelle Gerechtigkeit

Frankfurt/M., Berlin, Bern, Bruxelles, New York, Oxford, Wien, 2001.
371 S., zahlr. Abb. u. Tab.
Volkswirtschaftliche Analysen. Bd. 8
Verantwortlicher Herausgeber: Christian Scheer
ISBN 3-631-37199-3 · br. DM 98.– / € 50.10*

Die deutsche Gesetzliche Rentenversichung folgt dem Umlageverfahren. Dieses Finanzierungsverfahren und die damit verbundene Ausgestaltung des Generationenvertrages stehen in der Kritik. Politik und Wissenschaft müssen beantworten, wie eine zukunftssichere und gerechte Rentenreform aussehen soll. Als Beitrag zur Beantwortung dieser Frage werden unterschiedliche Reformen im Rahmen eines allgemeinen Gleichgewichtsmodells analysiert. Im Vordergrund stehen die intertemporalen Wohlfahrtswirkungen auf unterschiedliche Generationen. Die Reformübergänge werden auf ihre intergenerationellen Belastungswirkungen und mit Hilfe von Gerechtigkeitsprinzipien auf ihre ethischen Eigenschaften verglichen. Für eine umfassende Bewertung wird so die notwendige Verbindung von Inzidenz *und* Ethik hergestellt.

Aus dem Inhalt: Alterssicherung als Generationenvertrag · Konzepte von Generationenverträgen · Ethische Konzeptionen des Gesellschaftsvertrages · Die Gesetzliche Rentenversicherung in Deutschland · Reformvorschläge zur Alterssicherung · Dynamische Inzidenzanalyse · Simulationsergebnisse und Bewertung der Reformvorschläge

Frankfurt/M · Berlin · Bern · Bruxelles · New York · Oxford · Wien
Auslieferung: Verlag Peter Lang AG
Jupiterstr. 15, CH-3000 Bern 15
Telefax (004131) 9402131

*inklusive der in Deutschland gültigen Mehrwertsteuer
Preisänderungen vorbehalten

Homepage http://www.peterlang.de

FSC
www.fsc.org
MIX
Papier | Fördert
gute Waldnutzung
FSC® C083411

Kolibri 360 GmbH
Ferdinand-Jühlke-Straße 7
99095 Erfurt, Deutschland
produktsicherheit@kolibri360.de

Druck:
CPI Druckdienstleistungen GmbH
im Auftrag der
Kolibri 360 GmbH
Ferdinand-Jühlke-Str. 7
99095 Erfurt